大数据背景下高职财经教育创新研究

蔡大勇 欧阳少娟 于 昆 著

燕山大学出版社
·秦皇岛·

图书在版编目（CIP）数据

大数据背景下高职财经教育创新研究 / 蔡大勇，欧阳少娟，于昆著. — 秦皇岛：燕山大学出版社，2025.2

ISBN 978-7-5761-0615-2

Ⅰ. ①大… Ⅱ. ①蔡… ②欧… ③于… Ⅲ. ①财政经济—教学研究—高等职业教育 Ⅳ. ①F8-4

中国国家版本馆 CIP 数据核字(2024)第 000186 号

大数据背景下高职财经教育创新研究
DASHUJU BEIJING XIA GAOZHI CAIJING JIAOYU CHUANGXIN YANJIU

蔡大勇　欧阳少娟　于　昆　著

出版人：陈　玉	
责任编辑：臧晨露	策划编辑：唐　雷
责任印制：吴　波	封面设计：刘韦希
出版发行：燕山大学出版社	电　　话：0335-8387555
地　　址：河北省秦皇岛市河北大街西段 438 号	邮政编码：066004
印　　刷：涿州市殷润文化传播有限公司	经　　销：全国新华书店
开　　本：710 mm×1000 mm　1/16	印　张：15
版　　次：2025 年 2 月第 1 版	印　次：2025 年 2 月第 1 次印刷
书　　号：ISBN 978-7-5761-0615-2	字　数：230 千字
定　　价：62.00 元	

版权所有　侵权必究

如发生印刷、装订质量问题，读者可与出版社联系调换

联系电话：0335-8387718

前　言

当今社会发展日新月异，人的知识、能力和素养成为推动经济高质量发展的重要源动力。我国高等院校作为中国特色社会主义建设合格接班人的"培养摇篮"，在以高科技为基础的知识经济中，其重要作用日益凸显。随着我国职业教育的飞速发展，高素质技术技能人才的培养也日趋得到社会的重视，而高职院校向社会输送人才的质量及其是否符合社会经济发展的需求，是高职院校赖以生存的根本，同时也是社会关注的焦点。因此，加强大学生综合素质与能力培养是社会和高等职业教育共同关心的话题。

人才培养始终是各类大学发展建设的最终目的，大数据时代对高职院校财经类专业建设和人才培养也提出了新的要求。高等职业教育财经类人才培养需要聚焦相应行业企业的发展需求，这不仅是财经类专业建设和人才培养质量提升的内在体现，也是财经类相关专业进行课程体系构建创新的重要特征和指导原则。因此，创设一个大数据背景下具有职业教育类型特色的财经类专业人才培养模式，最重要的是明确财经类不同专业在课程设置中的定位，即每个专业的人才培养定位，要明确大数据技术应用与专业的关系以及行业企业对专业的需求，以此来建构高等职业教育财经类专业的课程体系。

财经类专业是指经济类和经济管理类专业。常见的专业包括会计、金融、资产评估、国际贸易、企业管理、统计、财税、市场营销等，是多年来人才市场上的热门专业。该类专业在人才培养中十分强调理实一体，要求学生既要掌握专业技能和必要的专业知识，又能灵活运用知识解决业务操作方面的问题。相对于工程类专业而言，财经类专业的专业综合技能往往不涉及具体产品的制作，更多地体现在团队协作、沟通交流、语言表达、推销谈判、方案策划、过程管控、数据分析等"软技能"方面。此外，财经类专业培养的人才直接面对创新发展时代，互联网与信息技术支撑下的新商业模式层出不穷，对从业者的沟通和组织协调能力、职场应变能力、跨岗位操作能力要求更高，学校应重点关注学生在新商业模式环境下的个性化、开放性视野培养。因此，高职院校构建财经类专业课程体系要对企业需求和学生学情进行充分分析，在教育教学中既要注意培养学生的协作精神，又要注重学生个性化发展。因此，对财经类专业有效课堂进行研究尤为必要。

高职院校中财经类专业人才培养的制度构建、体系建设、路径选择或者就业分析，都是为了财经类人才最终能够学有所用、学以致用。大数据背景下高职财经院校在人才培养方面需要有新的思维方式，要在漫长的探索中不断地发现问题，并提出解决办法。本书具有理论性、实践性、可操作性的特点，以大数据背景下的高职财经教育为主线，分别介绍了高职财经教育专业课程设置、高职财经教育任务型课程整体教学设计、高职财经教育任务型课程单元教学设计与实施；充分分析了高职财经教育任务型课程实施的条件建设；重点研究了高职财经类专业大学生职业道德教育和廉洁文化教育；最后，提出了高职财经教育有效课堂持续改进的创新举措。

由于编者水平有限，书中难免存在不足之处，恳请各位专家和读者批评指正。

2024 年 10 月

目　录

第一章　大数据背景下高职财经教育概述 ·· 1
　　第一节　大数据对高职财经教育的影响 ··· 2
　　第二节　高职财经教育专业人才培养定位 ·· 7
　　第三节　高职财经教育课程体系的构建原则 ····································· 10

第二章　高职财经教育专业课程设置 ·· 14
　　第一节　高职财经类专业的课程体系框架 ······································· 14
　　第二节　1+X 证书制度与课程体系构建 ··· 16
　　第三节　高职财经类专业课程的目标确定 ······································· 20
　　第四节　高职财经类专业的课程标准 ·· 24

第三章　高职财经教育任务型课程整体教学设计 ···································· 33
　　第一节　课程整体教学设计的概念及原则 ······································· 33
　　第二节　高职财经教育课程的教学载体设计 ··································· 39
　　第三节　高职财经教育课程的教学评价设计 ··································· 50
　　第四节　高职财经类专业课程的课程思政 ······································· 53

第四章　高职财经教育任务型课程单元教学设计与实施 ······················· 60
　　第一节　任务型课程单元教学设计的概念及总体原则 ···················· 60
　　第二节　任务型课程单元教学设计及教学模式 ······························· 62

第三节　财经类专业任务型课程课堂教学方法……………… 67
　　第四节　任务型课程常用的课堂教学组织方式………………… 75

第五章　高职财经教育任务型课程实施的条件建设……………… 83
　　第一节　高职财经类专业校内外实训基地建设………………… 83
　　第二节　高职财经类专业教学资源开发与建设………………… 92
　　第三节　高职财经类专业课程师资团队的建设………………… 99

第六章　高职财经类专业大学生职业道德教育研究……………… 107
　　第一节　职业道德教育概述……………………………………… 107
　　第二节　高职财经类专业职业道德教育现状…………………… 118
　　第三节　加强财经职业道德教育的策略与路径………………… 126

第七章　高职财经类专业大学生廉洁文化教育研究……………… 139
　　第一节　廉洁文化教育概述……………………………………… 139
　　第二节　廉洁文化的发展历史…………………………………… 146
　　第三节　高职财经类专业廉洁文化教育现状分析……………… 155
　　第四节　高职财经类专业大学生廉洁文化教育的策略………… 163

第八章　高职财经教育有效课堂持续改进创新举措……………… 187
　　第一节　高职财经教育有效课堂持续改进的缘由……………… 187
　　第二节　高职财经教育有效课堂持续改进的方法……………… 196
　　第三节　高职财经教育有效课堂的持续改进措施……………… 211

附录："销售与收款循环全流程审计"教学实施报告……………… 217

参考文献………………………………………………………………… 229

第一章　大数据背景下高职财经教育概述

大数据是 21 世纪重要的技术创新之一，它不仅将计算机与互联网紧密连接起来，而且将数字思维渗透到人们的生活中。在商业、经济和其他领域，决策将越来越多地基于数据分析[1]。大数据为时代带来了历史性的变化，最重要的特征是大数据完全改变了人们的思维方式，作决策不再仅基于经验和直觉。人们不仅拥有更多的数据，而且将拥有更多的信息、更广阔的视野和更丰富的思维。人们对传统的商业和社会经济体系也有了颠覆性的理解，这种思维方式的转变使人们对工作、生活、制度等方面产生了新的看法，并带来了更多的需求，更好地激励人们使用新的思维改进现有技术来满足这些需求。大数据时代的到来，不仅给整个社会带来了革命性的变化，甚至促进了整个社会文明的进步。随着中国经济发展进入新时期和"一带一路"等国家倡议的深化，中国与世界的联系越来越紧密，中国的经济脉搏与时代的变化越来越密切相关。信息媒体和互联网技术的飞速发展，使中国同世界其他国家一样，进入了信息爆炸的时代。有学者指出，大数据时代要求人才具有极强的"数据视野""数据意识""数据能力"，即对所处行业数据的形式种类详尽把握，对数据的作用深刻理解，对数据分析方法和分析软件熟练运用。其中"数据能力"是前两者的基础，是实现大数据所有思想和理念的根本保证[2]。

---

[1] URBINATI A，BOGERS M，CHIESA V. Creating and capturing value from big data：a multiple-case study analysis of provider companies [J].Technovation，2019（5）：21-36.

[2] 任韬. 大数据时代背景下对数据分析教育的思考：以财经类高校为例 [J]. 学周刊，2016（34）：40-42.

第一节　大数据对高职财经教育的影响

信息技术的飞速发展，在全世界范围内引发了一场数据的浪潮，电子化数据形式与数据信息为高职院校教育模式改革带来了新的挑战与机遇。在信息时代，网络信息技术已成为企业经济管理的有效工具，可以极大地促进生产力的发展和企业经济管理手段的优化。在新时代背景下，高职院校财经类的许多专业建设利用信息技术，引入大数据技术、云计算、云存储等信息技术工具提升学生的能力和水平，更符合新时代科教融汇新方向，服务了我国职业教育高质量发展的创新驱动战略。

一、大数据技术应用背景分析

一般而言，数据（data）是指通过科学实验、检验、统计等方式所获得的，用于科学研究、技术设计、查证、决策等目的的数值。通过全面、准确、系统地测量、收集、记录、分类、存储这些数据，再经过严格地统计、分析、检验这些数据，就能得出一些很有说服力的结论。大规模和长期地测量、记录、存储、统计、分析这些数据，所获得的海量数据就是大数据（big data）。大数据是现代生产手段，它指的是可以在一个统一的处理平台上获取、收集和聚合的海量、大规模和全面的数据。大数据也是一种管理工具，可以通过专业的计算机处理为管理人员或用户提供决策和应用支持[①]。

在大数据时代，各类行业数据的增长速度远远超过企业人员的人工处理能力。这在企业风险管理中尤为明显，传统的企业管理方法已不能满足当今的需求。此时，大数据技术在处理海量数据及预测方面是高效便捷的。大数据技术为拓展企业管理的深度和广度、推动企业生产管理等方面从事前预测到事后监管都开辟了新思路。譬如，国家税务总局于2019年底成立了税务大数据与风险管理局，主要负责全国税务大数据与风险管理相关工作。这也是

---

① MISHRA B K, KUMAR V, PANDA S K, et al. Handbook of research for big data：concepts and techniques [M]. Florida：Apple Acadamic Press，2022.

国家层面首次将大数据与税务风险管理紧密联系起来。

同样,高职院校财经类专业的教育教学也受到大数据的影响。人才培养体系需要与产业体系深度融合、协同发展,由此,财经类专业的就业趋势与工作职能随之发生巨大转变,其课程体系、教学方式、实习实训内容要与科技创新和产业技术研发的实际需求相契合。高职院校财经类专业主要包括财务管理、金融科技、财务会计、财务审计以及经济贸易等课程,每个课程都对应了不同的专业方向。基于大数据背景,这些课程在实际运用与开展过程中将发生一定的变化,因此,要注重高职院校财经类专业教育的改革与创新,按照市场需求与导向合理地设置课程。

二、高职院校财经类专业教学现状分析

(一)教学观念滞后

现阶段,很多高职院校财经类专业的教师仍然停留在传统、陈旧的教学观念中,甚至一些年龄较大的教师,不愿意尝试用新鲜的事物来辅助教学。究其原因,这些教师随着年龄的增长,自身教学经验与资历逐年加深,传统教学观念根深蒂固,对一些新的教学理念与方法接受能力有限。摒弃原有教学模式,重新学习新的教学方法,会给教师带来很大的精神压力与工作压力。另外,一些教师普遍认为学校教育中理论知识传授十分重要,学生的实践与技能以后可以在工作中慢慢培养,从而造成了财经类专业教育教学效果不佳。

(二)未能结合企业实际需求设置课程

目前,很多高职院校财经类专业在课程设置中存在不合理的现象。从财经教育课程与人才培养目标来看,高职学生在校时间较短,通常经过在校两年半的学习之后就要离校展开实习。在这两年半内,财经类专业学生要完成所有专业基础课程、核心课程以及公共课程的学习。由于课程种类与学习内容较多,给学生掌握知识与巩固所学内容带来一定的困难。除此之外,高职院校财经类专业课程内容与知识结构得不到及时更新,特别在实践课程方面,与企业实际生产需求脱节,大多数课程的设置与规划,未能结合企业岗位所需的技能进行调查与研究,导致专业课程内容更新缓慢,浪费学生的大

量学习时间与精力，而且学生在校期间所学的知识技能，在企业实际岗位中无法得到有效运用，企业还需要花费大量时间去培养新人，给企业带来了诸多不便。

（三）教学方法单一

目前，很多高职院校已经和企业建立了合作关系，但是整体教学效果并不理想。实际调查结果显示，高职院校与企业的合作仅仅体现在为学生提供就业机会方面，未能实现按照企业岗位实际技能需求制订培养方案。虽然高职院校转变了传统灌输式的教学模式，但是还没有掌握一些新的教学模式与方法，未能对教学展开深入的研究与实践。有些高职院校不重视信息技术的运用，教学手段仍然停留在使用PPT课件上。这些对受到现代化科学技术熏陶的学生来说，毫无新意可言，导致学生学习动力不足，学习积极性与兴趣不高。

（四）教师教学水平有待提高

高职院校教师的教学水平与信息化水平直接影响着高职院校财经类专业与大数据技术的融合效果。基于大数据背景进行财经类专业教学的改革，首先要提高教师的专业技能与教学水平，教师的信息化素养直接影响学生能力的培养。但是在高职院校财经类专业实际教学中，一些教师的教学能力与信息化水平严重不足，未能理解大数据技术的特点与应用价值，对相关技能掌握欠缺，尤其是数字化技能方面欠缺。扁平化、模块化和科学化将突破现有的科层管理结构，治理方式上出现从凭经验管理转向用数据说话的态势。

三、大数据技术给高职财经类专业带来的影响

（一）影响高职院校财经类专业知识与技能的传授

大数据代表着现代化社会中先进的技术理念与技术水平，对人们的工作与生活带来本质上的改变，也给高职院校财经类专业教育带来了很大的冲击。针对财经类专业的教育情况，大数据技术使其在知识结构上发生变化。以往在财经类专业教学中会按照教材内容向学生传授知识与技能，并且过于重视核算知识的传授，往往忽视技能方面的传授，如信息化技术、大数据技术以及财务管理等技能。首先，高职院校财经类专业与企业实际岗位需求相

脱节，对大数据认识与理解不全面。其次，财经类专业教育理念得不到转变，导致高职院校财经类专业教育模式变革无法满足时代发展的需求。大数据已走进企业生产中，相应地，高职院校财经类专业教育模式也要作出改革与创新。

（二）影响高职院校财经人才就业

有学者提出，职业教育的开展往往坚持以市场为导向、以就业为核心的教育原则。目前，90％以上的高职院校相继开展财经类专业。在对高职院校教育研究的过程中发现，财经类专业人才的就业市场十分火热，财经类专业将课程进行细致划分，对行业类别、职业特点与所有制进行明确规定[①]。然而，这种传统就业意识需要基于大数据技术产生衍变与更新。现代信息技术在企业的充分应用，使得财务工作的形式与方式也日渐多元化。当下，财务部门不再是某单位的专属部门，共享已经成为其重要特征。与此同时，与财务相关的部门也不再同过去一样，需要大量人力参与其中，而是只需要对数据流程进行加工与分析，便可以完成财务工作任务。在这个意义上，传统财经类专业教育教学模式已经无法满足当前市场对财经人才的紧迫需求。基于此，高职院校财经类专业按照市场需求导向合理设置课程，对教育教学模式的改革与创新势在必行。

四、大数据背景下高职院校财经类专业教育改革策略

（一）转变教学观念，注重学生综合能力的培养

大数据技术在财务专业中的应用，主要方式就是借助计算机的功能，以计算机软件与硬件作为载体，实现对数据信息的分析与处理。要实现财经类专业教育模式的优化与创新，需要注重财经类专业教育观念的转变与更新，全面了解知识框架，实现知识结构与技能的重新组合，以传统教学模式作为基础保障，对新教学模式进行优化。现阶段，大数据技术的运用需要以人为载体，只有掌握扎实的财务理论知识，才会处理好细节工作。因此，学校要

---

① 张余.大数据背景下高职院校财经专业教育改革研究[J].中国管理信息化，2021，24（21）：234-235.

加强学生对新技能的理解与掌握，培养出更适合企业发展的人才。

除此之外，高职院校在培养学生时应将财经能力素养与技能重新组合，在实际教育过程中，既要求学生掌握基础的财经工作技能与技巧，又要培养学生的沟通能力、判断能力以及职业素养能力，从而促进学生综合素质的全面发展与进步。

（二）走进市场环境，优化课程设置

针对前面提出的高职院校财经类专业课程设置与企业岗位技能需求相脱节的问题，应从课程设置方面入手。各院校应走进市场环境内，做好市场调研工作，结合相关部门发布的财经行业政策、制度文件等，与企业人才需求调研数据结果进行融合，然后展开全面的分析与研究，从而总结出目前高职院校财经类专业需要培养的人才的类型、知识、技能以及能力等，并以此作为参考依据，进行课程体系的优化设置，构建全新的人才培养方案目标，摒弃陈旧理念与知识内容，加强实践教学环节的引入，结合新技术、新技能、新方式，促进学生实际操作能力的提升，以保证学生可以掌握最新的财经知识与大数据技能，从而满足企业对人才的需求。

（三）促进教师专业技能与信息素养的提升

教师的专业素养直接决定着学生的能力水平。因此，在高职院校财经类专业教育改革中，要注重教师专业能力的培养与提升。高职院校首先要鼓励教师不断进行创新，加强对教师创新思维的培养，通过定期培训教育活动的开展，提升教师对大数据技术与信息技术的认识，并通过专业知识技能研讨会等方式使其加深对大数据技术的理解。其次，鼓励教师将大数据技术与信息技术应用到实际教学中来，促进教师大数据思维能力的发展。教师作为教育的主导者，不仅要掌握大数据的思维模式，还要结合财经岗位的实际需求进行自身能力的调整与转型。先要加强"双师型"教师的培养，使教师不仅掌握理论知识，还能具备良好的实践技能；再朝向"复合型"教师方向转变，对教师职业素养、专业技能与信息化应用能力提出更高的要求，使教师不断提升教学质量与水平。

大数据背景下高职院校财经类专业教育改革，要完善相关课程教学设

计，实现现有资源与大数据技术的整合，将信息化教学融入课程教学中，结合多种教学方法，实现混合教学模式的制订与创新，积极引进校外合作企业走进学校课堂教学与实训中，从而为学生提供更多的实践实习机会与平台，提高学生知识的实际运用能力、社会竞争能力与适应能力。

第二节 高职财经教育专业人才培养定位

一、高职财经教育人才培养的主要特点

课程设计必然要围绕专业人才的培养目标定位来展开。反过来讲，一个专业的人才培养定位目标不清晰、不准确就会影响到下一步课程体系的架构、课程标准的制订乃至课程的有效实施。财经类专业技术技能人才培养具有以下几个特点。

（一）高职财经教育人才培养的特殊性

通常人的技能可分为以智力和思维应用为主的"软技能"和依靠固定程式可以由具体动作重复操作的"硬技能"。软技能更多的是需要通过人的脑力劳动来根据实际工作需要针对性制订计划和决策方案，工作性质具有一定的变通性。硬技能则在实际应用中不会有太大变化，体现一种相对固定的刚性操作。将财经类专业与工程类专业对比，明显的区别在于财经类专业以软技能为主，工程类专业则以硬技能为主。财经类专业以软技能为主的工作特征决定了人才培养缺少标准的评价指标体系，很难对学生的技能掌握情况作出标准化的鉴定。

（二）高职财经教育人才培养的灵活性

财经类专业学生就业以后的工作对象主要是人而不是物。其岗位工作任务是与人打交道，需要根据实时场景和条件灵活处理事务。他们通常都服务在企业一线，其所面临的工作环境和各类条件也各不相同。因此，此类人才的培养就需要高职院校教师灵活应变，在课堂上将具体工作情境融入课堂项目任务中训练学生灵活应对的能力。

（三）高职财经教育人才培养的实践性

高职财经类专业培养的人才具有较强的实践性，要满足企业对财经类专业人才的技能需要。因此，要求财经类专业学生在校期间通过接触源自实际的课程案例、跟岗位工作对接的实践操作来提高专业技能，锻炼处理复杂工作、分析问题、解决问题的能力。其能力也展现在具体的工作过程中。如果学生没有在真实工作情境中学习过，毕业后就很难适应岗位工作千变万化的任务，很难较快地进入工作状态。对于学生来说，如果能在真实企业的管理业务项目中实践，则能积累宝贵经验。

（四）高职财经教育人才培养的个性化和创新性

新商业模式层出不穷，财经类专业要基于开放理念，开发适应新商业环境和业态的课程体系和能够适应企业工作岗位实际问题、个性化的特色课程。同时为了应对不断变化的岗位工作情形，对财经类专业学生的创新能力要求也相对更高。因此，职业院校财经类专业课程体系要在充分结合学生的实际学情基础上，结合企业需求设置课程，精心设计课程教学模式。在对人才培养的过程中既要培养学生的团队合作能力，又要鼓励学生的个性化发展，培养他们的创新能力。

（五）高职财经教育人才培养的跨界性

当前形势下的高职财经类专业人才培养还需要进行跨学科的培养。不仅需要财经类专业之间的跨界，甚至还需要工程类专业与财经类专业之间的跨界，例如市场营销专业学生，除了了解市场规律、研习营销技巧之外，还要懂得企业经营过程中与资金运作流程相关的经营预算、成本测算、利润核算等财务知识。又如从事机电产品营销的市场营销专业学生，他们还必须了解机电产品的基本工作原理、操作性能和操作方法。因此，高职财经类专业人才必须要提升综合职业能力，根据专业培养方向和个人发展规划来跨界获取更多的知识技能，以便能够适应企业经营管理的多样化需要。

二、高职财经教育人才培养目标定位案例

在高职财经类专业人才培养中，首先要通过调研清楚专业定位，才能形

成明确的人才培养目标。高职财经类专业培养的是面向商贸服务企业的一线工作人员，初始岗位可能是基层员工，目标岗位则应是一线管理人员。高职院校要关注就业，更要关注学生的可持续发展，促进其未来职业发展。在明确培养目标时，不仅要在目标设定上符合学生就业初始岗位的要求，也要考虑学生未来目标岗位的需要。某职业技术学院财经相关专业人才培养目标和就业方向如下。

（一）会计专业

培养目标：培养适应社会主义市场经济建设需要，德、智、体、美、劳全面发展，掌握会计专业的基本知识与核算、审计鉴证的基本技能，具备会计核算、财务管理与分析、审计鉴证等职业能力，可以在各种社会组织中，包括营利组织、非营利组织、政府机构等（如企业、行政事业单位、会计公司与会计师事务所等社会中介机构、各类社团组织）的各种财会岗位上，从事出纳、会计核算、审计鉴证、财务管理与分析、会计管理与会计监督，以及财会咨询、代理服务等工作的高素质高级技术技能型专门人才。

就业方向：本专业毕业生可在社会各类组织中从事会计管理与服务工作。如任职于各类企业等营利性商业组织和金融机构，任职于机关事业、社团等非营利性组织单位、任职于财会管理咨询公司与会计师事务所等社会中介服务机构的专业技术或管理岗位。

（二）财务管理专业

培养目标：培养能主动适应社会主义市场经济建设需要，德、智、体、美、劳全面发展，掌握管理、经济、金融、法律及会计学方面的知识和能力，具备现代企业管理、服务意识及创新意识，具有会计、财务管理及税务等方面的知识和较强的会计核算能力、熟练的税务筹划与处理能力，以及理财规划能力的高素质人才。

就业方向：本专业毕业生可到国家机关、事业单位、工商企业、证券公司、银行、保险公司、会计师事务所、审计事务所、税务师事务所从事出纳、会计核算、理财规划、纳税筹划、财务管理、内部审计、财务分析等方面的工作。

（三）审计专业

培养目标：本专业培养理想信念坚定，德、智、体、美、劳全面发展，具有一定的科学文化水平、良好人文素养、职业道德和创新意识、较强的就业能力和可持续发展能力，掌握从事会计、审计、财务管理、纳税申报等知识和技术技能，面向生产、经营、管理和服务一线会计审计岗位群，能够从事出纳、会计、审计、银行柜台、纳税申报、财务管理工作的高素质复合型技术技能人才。

就业方向：企事业单位内部审计、政府审计、民间审计；在会计师事务所、审计师事务所从事会计审计咨询、代理记账、审计业务助理和审计业务复核助理等工作；各类企事业单位的出纳、会计核算、纳税申报、财务管理等工作；从事各类企事业单位的会计与审计软件的使用与维护等工作。

（四）会计信息管理专业

培养目标：会计信息管理专业借助深度融合的校企合作平台，以"工学结合双元育人"的人才培养模式，为社会发展培养思想政治坚定、德技并修，具有良好的职业道德和工匠精神，掌握本专业所需会计信息处理职业岗位的实践技能、专业技能和判断技能，具备适应大数据信息化时代要求的关键创新、创业能力，能够胜任各类企事业单位、咨询代理机构的财税管理应用领域的高素质会计信息管理人才。

就业方向：本专业毕业生可从事各类企业事业单位财务信息化、会计信息系统的实施与管理工作；会计信息大数据分析和管理工作；企业内部预算、统计、审计等基础工作；集团企业财务共享中心业务财务和审核岗位等工作；中小企业一般性出纳、结算、成本、记账、报账及纳税申报等工作；代理记账公司和财务咨询公司会计基础和纳税筹划管理等专业性工作。

第三节　高职财经教育课程体系的构建原则

高职院校的课程建设是人才培养的核心，也是教学改革的重点。根据财经类专业人才目标定位，在构建专业人才培养方案课程体系中需要摒弃传统的"三段式"学科体系课程，突出人才培养的实践性和应用性，在适合职业教育"做中学"课程理念指导下，构建以实现知识、技能、态度（素质）综合职业能力发展为目标的财经类专业人才培养课程新体系。

一、高职财经教育课程体系构建的基本原则

（一）以就业为导向的原则

为主动适应经济社会发展的需求，高职财经类专业课程必须根据企业对财经类专业人才的需求设置，体现岗位工作需要和学生的实际与未来发展的需求。从学生的综合素质和专业能力必须适应经济发展和企业的多样化需求的角度出发，设定课程的性质、门类和内容。

（二）以能力本位为导向的原则

财经类专业课程应注重实际应用能力的培养和与应用能力相关的知识学习，要强调课程与实际工作之间的联系，特别强调实践性目标，更多关注学生的软技能和创新创业能力的培养，课程开发、课程标准、课程内容和考核评价等都必须体现能力本位的导向。

（三）以"X"标准对接为导向的原则

1+X 证书制度试点实施为职业院校人才培养与专业对应某职业岗位的资格标准的对接提供可能。专业课程设置要与职业技能等级证书"X"接轨。因人力资源和社会保障部的职业资格考试近几年变化较大，财经类专业除参照教育部公布的"X"之外，也建议参照行业协会或同类典型企业的标准，把职业资格标准所要求的知识、技能、态度（素质）分解到有关的课程中，使课程设置和教学内容与职业技能等级证书有机结合。

（四）以可持续发展为导向的原则

职业教育课程体系开发除了要关注学生可以获得的知识和技能，还要更多地考虑一些专业之外的职业核心能力的培养。特别是对财经类专业学生的软技能培养是其可持续发展和终身发展的内在需要。在财经类专业课程实施过程中，要以学生为主体、教师为主导，教师开发创设接近真实的工作任务和情境，让学生学会学习的方法，掌握财经类专业学生必备的重要技能。

二、高职财经教育课程体系的开发路径

财经类专业技术技能型人才的"软技能"特征，决定其技能的获得更强调工作实践的层级积累。因此，以工作任务分析为基础构建的项目课程，应体现从低层（单层）结构向高层（多层）结构，最后向综合层面逐渐递进的过程。

高职财经类专业课程体系应体现其专业化特征和"软技能"特征，其课程开发、设计和实施的基本依据是工作项目和任务，其课程设置与学科课程设置的最大区别是按照工作过程的相关性而非知识系统性。财经类专业课程开发与普通高职专业课程开发类似，课程体系开发的关键是把握高职院校人才培养的规格要求，基本路径为：职业和岗位—工作过程—典型工作任务—核心技能—核心课程—支撑课程—职业延展课程。具体课程开发主要有以下三个环节。

（一）确定专业所面向的职业岗位

不管是传统专业还是新开设专业的课程开发都需要开展市场调研，根据地区、市场和行业企业的人才需求并结合学校自身办学条件，确定开设专业的职业岗位。基本方法有：一是将企业专家各自罗列的专业工作岗位进行汇总，筛选出意见较为集中的岗位；二是统计专业毕业生的主要就业岗位作为分析依据；三是结合地方经济发展和人才培养特色，在明确专业发展方向基础上确定专业的职业岗位。因此，财经类专业可以联合企业通过智能终端设计，利用现代信息技术，引入大数据技术、云计算、云存储等提高经济管理效率和水平，进而使校企进行深度合作，培养出更符合新时代市场环境的优秀技术技能人才。

（二）职业岗位的典型工作任务分析

典型工作任务分析可以说是决定专业课程设置的关键因素，是制订专业课程标准的主要依据，也是专业课程目标的源头。对典型工作任务分析得越精准，专业课程目标与内容才能越符合人才培养对职业能力的要求。典型工作任务是通过邀请课程专家召开研讨会的形式来获取的，通过讨论、整理，确定出一个完整的典型工作任务框架，并进行详细描述。在整个研讨过程

中，企业专家主要负责对梳理出的岗位的具体工作内容进行完整的描述，学校的专任教师根据企业专家的描述进行逐条科学表述。例如，在构建税收风险管理课程体系的过程中，首先要明确关键控制税务风险点是其典型工作任务。与此同时，应该梳理清晰的税务风险管理流程，并以控制管理风险为核心出发点，系统设计基于大数据的税收风险管理过程与标准。

（三）典型工作任务的职业能力分析

在典型工作任务分析之后，应将其具体任务细化为专项工作任务，并建立起工作任务与职业能力之间的对应关系，从而确定专业课程及其课程目标。得到"典型工作任务与职业能力关系表"（见表 1-1）。

表 1-1　典型工作任务与职业能力关系表

专业名称：

典型工作任务	专项工作任务	职业能力要求
A 任务	A1 A2	— —
B 任务	B1 B2	— —
……	……	……

不同专业大类、不同职业方向的工作任务，分析方式也是不同的。工作任务分析可以依据职业岗位、工作业务流程、岗位工作情境的逻辑思路，以典型服务或某个管理或策划项目为载体，根据提供某项服务或某个管理或策划项目的需要来制订"典型工作任务与职业能力关系表"，并以此确定课程及课程内容，课程的教学进程需要按照完成工作任务的先后顺序来安排。

在以完成工作任务为导向的课程中，能力本位课程体系的构建不是理论课程与实训课程的粗糙组合，也不是对学习深度和所需学时的简单调整，而是在新的课程体系中突出理实一体并以实践为主，理论知识的学习一定是"做中学"，形成以项目教学为主的专业课程体系。

在从工作任务到课程的转化过程中，每一个任务领域不可能都与每一门课程完全对应，需要根据教学规律对任务领域的具体内容进行分配和组合，同时，为学生未来可持续发展考虑，在制订相应的课程标准时也应高于工作任务所要求的职业能力标准。

第二章　高职财经教育专业课程设置

专业课程体系是学校根据行业企业需求对专业系统开发而形成的，专业课程体系下的每一门课程对人才培养都能起到一定的支撑作用。授课教师要很清楚专业人才培养目标是什么，所授课程在专业人才培养方案课程体系中处于什么样的位置，能够对人才培养发挥什么样的作用和价值，同时还要了解毕业生是否能满足用人单位的需要，培养目标的制订是否综合考虑了就业市场的中长期发展趋势，以及课程对学生今后职业发展的作用。

第一节　高职财经类专业的课程体系框架

要高质量完成财经类专业人才培养，需建立能力本位的项目化课程体系，突出岗位工作任务在整个课程体系中的主线位置，用工作过程来引领理论知识的学习，改造课程结构和内容，贯彻"做中学"。培养学生可持续发展能力，建立以工作过程为导向的能力应用型课程体系。

一、搭建通识基础平台课程

职业教育作为一种教育类型，培养的技术技能人才不仅需要掌握操作知识，更要拥有丰富的文化知识。这样，才能在复杂、多变的工作情境中进行权变创新。将通识基础课作为完善现代职业教育体系的重要抓手，选择合适的课程内容并进行合理的课程设计与评价，从而实现终身学习与可持续发展[①]。财经类专业通识基础平台的搭建，需要从学校层面进行统筹，从财经类专业的核

[①] 陆纯梅. 财经类高职院校文化素质教育实施创新路径[J]. 高教学刊, 2015（20）: 137-138.

心能力培养出发，开设财经类专业相关的通识课程，主要任务是立德树人。要处理好培养学生高素质和技术技能的关系，主要从培养学生的职业素养、人文素养和创新精神出发，重点培养学生学会做人、学会做事、学会学习、学会合作，还需要重点关注自主学习、团队合作和沟通、责任意识、敢于创新等方面的职业素养。根据财经类专业特点，建议重点开设外语、信息化操作、商务礼仪、财经应用文写作、中华优秀传统文化、沟通与交流等课程。

二、构筑财经类专业相关专业群大类基础平台课程

对一些专业群内各专业共同的"服务领域"和基本的专业技能和知识要求，可以开设专业群内必修的专业大类基础平台课程。平台课程具有共享性特征，即课程的目标、要求、内容等通常是一致的，师资、教材、实训设施、场所是可共享的。

财经类专业群根据商业类相关行业背景和地方经济社会发展需求、自身的办学条件及专业师资水平，可以将大数据审计、会计、财务管理、金融科技、国际贸易等专业建设为现代式的具有职业教育特色的财经类专业群。在建设中，充分调研专业群所面向的"服务领域"，围绕财经类行业中核心岗位的工作领域和工作任务，构建相应的专业群平台课程以及群内不同专业凸显共享开放、相互渗透、彼此联系的课程体系[1]。

在专业群平台课程建设中，要根据学生就业岗位的共性要求确定通用的岗位基本技能要求，将基本技能要求融入课程中，把专业群平台课程如经济学基础、市场营销、财务运营管理、商业计划书制订、外贸基础等建设成为线上线下相结合的课程。

三、建构财经类专业核心平台课程

每个专业通常会有 6~8 门专业核心课程。这些核心课程所培养的专业技能和知识是与专业职业岗位高度相关的，可以保障学生有基本的能力来应对未来岗位工作在专业技能和职业素养层面的挑战，同时具有较强的自我提

---

[1] 徐松. 财经类高校人才培养的制度、选择与路径 [M]. 北京：中国原子能出版社，2019.

升和可持续发展能力。一般而言，财经类专业的核心课程培养学生既具备微观经济学、会计学、审计学、管理学、信息安全、大数据技术等职业知识，更具有数据分析能力，尤其是能够运用大数据、人工智能、移动互联网等技术和专业知识，解决会计、财务、金融、审计和企业管理等领域的问题的能力。只有通过坚持系统和整体的发展理念，构筑财经类专业核心平台课程，才能够推进财经类课程、专业、学科的一体化建设，推进财经类专业的数智化育人模式改革。

四、构建专业选修平台课程

从专业群的角度来分析专业选修平台课程，可以分为以下几种类型：一是专业群选修课程，可以是专业群内所有专业的学生都可以选择的课程；二是专业方向课程，根据专业学生未来岗位发展需要和个人成长发展需要设定，在专业内或者专业群内可以互选课程的专业方向，通常以 3～5 门课程为一组供选修；三是专业综合技能训练课程，通常为与企业合作开设的学生顶岗实习前以岗位工作技能训练为主的生产性实训项目类课程；四是专业相关活动类课程，主要有专业技能创新活动、财经文化社团活动、专业科研活动、技能比赛活动、劳动教育活动、勤工助学活动以及各类专题讲座等，这里所说的是与专业相关的，如专业工作坊、工作室、专业讲座等活动，其余与专业无关的课程宜作为第二课堂选修课程。

第二节 1+X 证书制度与课程体系构建

一、财经类专业 1+X 证书制度的特点

随着数字化技术浪潮的到来，我国的产业结构正在发生深刻的变化。目前，财经商贸类专业对接的现代服务业与战略性新兴产业的技术技能人才结构性与学生就业的矛盾显得较为突出。1+X 证书制度将学历证书与职业技能等级证书、专业教学标准、职业技能等级标准、专业教学内容与培训内容、课程考试与技能考核统筹评价，这有利于院校及时调整财经类专业课程，使其主动适应科技发展新趋势和就业市场新需求，不断深化"三教"改革，将新技术、新工艺、新规范、新要求融入人才培养过程，促使院校职业教育适应经济社会发展。1+X 证书制度的推行，有利于提升我国职业院校财经类专业学生的就业竞争能力和职业院校的人才供给能力，增强职业院校的市场吸引力，为推动我国职业教育的深入改革提供持续动力。

从 2019 年首批职业技能等级证书公布至今，已经公布的四批共 473 个职业技能等级证书中，适合于财经商贸类专业的职业技能等级证书共 61 个，占全部证书的 12.9%[①]。纵观这些财经类职业技能等级证书，有如下特点：首先，职业技能等级证书的名称上，"智能""共享""数字化""大数据""信息化"等关键词凸显现代财经类研究的热点和发展方向；其次，财经类职业技能等级证书的职业教育培训评价组织，都是在国内相关领域领先并有多年校企合作经验的企业，比如在资产评估领域领先的中联集团教育科技有限公司开发了"智能财税职业技能等级证书"和"智能估值数据采集与应用职业技能等级证书"，在中小型企业会计信息系统占领先地位的用友网络科技股份有限公司下属的新道科技股份有限公司开发了"财务数字化应用职业技能等级"和"业财一体信息化应用职业技能等级证书"；最后，从已经颁布的考试标准来看，财经类职业技能等级证书的等级分为初级、中级和高级三个等级，这可满足各种程度考生的需要。

二、1+X 证书制度下高职院校课程体系构建案例

（一）会计行业的发展趋势

随着科学技术的进步，重复性的、简单的、标准化的工作将逐步被计算机或者机器人所代替。这种变化在会计行业的表现更为明显，会计岗位工作已经朝着自动化、智能化以及数字化的方向发展。借助自动机器人等工具将规则的、重复且耗时的事务性工作进行自动化处理，比如银企对账机器

---

① 王巍. 财经类专业 1+X 证书实践研究：以智能财税职业技能等级证书为例 [J]. 质量与市场，2020（19）：159-161.

人、业务核销机器人、合并报表机器人、费用报销机器人等。同时利用人工智能等新技术，为财务工作提供多个场景的智能化应用，来提高效率和生产率。比如，借助高效稳健的 OCR 技术，获取财务票据的结构化信息，并通过规则引擎的植入，实现单独的智能化审核，使财务工作向高附加值工作转型。此外，财务人员应通过大数据应用中心及时、广泛地采集企业内外部数据，借助经营预测、风险预测等模型和工具，为管理者提供数据驱动的决策支持、深入价值链的业务支持以及更有效的风险控制[①]。由此可见，传统的基础会计岗位中的很多工作必然将被计算机替代。高职会计专业的人才培养定位及方向也应提前布局，结合目前国家开发的前沿智能化、数字化职业技能等级证书对传统会计课程进行系统重构。

（二）会计专业书证融通总体思路

目前一些职业技术学院会计专业对接的职业技能等级证书有：中联集团教育科技有限公司的智能财税职业技能等级证书（初级、中级）、新道科技股份有限公司的财务数字化应用职业技能等级证书（初级）、北京东大正保科技有限公司的财务共享服务职业技能等级证书（初级、中级）。在职业技能等级证书与传统会计专业课程对接过程中应把握的总体思路如下。

（1）应做到专业核心课程融入。将"会计学基础""初级会计实务""纳税实务""成本核算与管理""企业 ERP 财务应用""管理会计""财务管理"等专业核心课程的知识点涵盖进证书考核标准，通过理实一体化教学方法满足认证要求。

（2）专业选修课程补充。将"出纳实务""业财一体化实训""财会分岗核算实务""云财务智能核算"等课程的实训操作碎片化地融入证书考核中大部分的技能考核点。

"合同法专题""公司法专题""人力资源管理""企业战略与风险""人工智能""财务大数据分析""财务机器人应用与开发"等选修课程补充证书考核中剩余技能考核点。

---

① 戚高峰. 集团公司数字化财务管理共享平台建设的研究[J]. 当代会计，2021，31（4）：42-46.

（3）应有校企合作保障。院校可与中联集团教育科技有限公司、北京东大正保科技有限公司、新道科技股份有限公司等评价组织合作开发教材，在代理外包业务、税务实训、财务数字化等模块打造与企业导师共同授课的双师结构课程。

院校还可与金桥中小企业财会服务公司、百源税务师事务所、东海会计师事务所、华玺财务咨询有限责任公司等合作企业探讨合作开发以真实企业任务为载体的职业技能等级证书实训资源，开发书证融通课程。

（三）会计专业书证融通的实施方案

（1）智能财税（初级）——以实训形式植入课程。将专业的"出纳实务"课程与证书的"社会化共享企业管家"融通；证书中票据采集、识别、制单等任务补充入专业"企业ERP财务应用"课程；"创新创业教育"课程与企业管理模块融通；证书中"社会化共享外包业务"的部分工作内容作为"成本核算"课程的实训项目；证书中税务处理模块作为"税收申报与核算"课程的学生自主练习模块。

（2）财务共享（初中级）——课程置换模式（图2-1）。

（3）财务数字化（初中级）——专业课程重构模式。一是在人才培养方案中设立"云财务"方向；二是新增"财务机器人应用与开发""财务大数据分析""Python在财务中的应用"课程；三是同步打造数智化财务实训室；四是校企合作，产教融合，共建云财务会计师班。

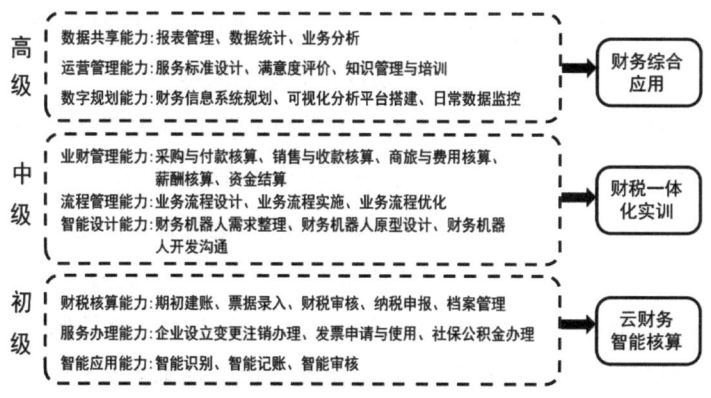

图2-1 财务共享职业技能等级证书（初中级）对应的置换课程

第三节 高职财经类专业课程的目标确定

课程教学都会涉及"教什么"的问题,这里的"教什么"通常会包括传授知识、技能、态度(素质)等方面的内容。从高职课程来看,一般来说知识即专业基础理论知识;技能通常是指运用所学、借助工具解决岗位工作问题的能力;而态度(素质)则是指导自身行为的意识和基本的职业素养。

一、能力目标和技能目标的区分

"能力本位的教育"英文原文为 Competency Based Education,简称 CBE 课程。Competency——能力:主要是指一个人从事某项工作的资格胜任力,比 skill(技能)的概念更宽泛,除了通常人们认为的技能之外,还包括诸如沟通协作、解决问题、革新创新等能力。

一般而言,职业能力分为专业能力和专业之外的方法能力、社会能力(又统称关键能力)。其中,专业能力是能够胜任特定职业所需的岗位工作能力,应视同"技能"的概念。如,教师必须具备专业的教学能力。电子商务人员应具备电子商务项目评价能力,网络营销项目的策划、实施和管理能力,运用电子商务系统处理合同、交易、结算等商务事务的处理能力等。方法能力是在复杂的工作事务中具备能够通过自我学习来使用最便捷的方式解决问题,获取新的技能和知识并不断提升自我的能力。社会能力是在社会群体和工作团队中能够有效地开展协作交流,与成员一起以最合适的相处方式完成工作的能力,更多的是人文和职业素养层面的能力。

专业能力、方法能力和社会能力不是孤立的,而是互为一体但又各有特色,培养的途径和方法又有所不同。对专业能力的培养可以有相对明确的技能层面的标准和可实施的项目载体,过程是可控的,也可以有类似于"1+X"中的"X"等职业资格证书来证明是否具备专业能力。因此,教师在确定课程目标的时候,首先可以明确的是专业能力,也就是确定技能目标。而方法能力和社会能力是在专业能力训练过程中逐渐养成的,是一种软技能,具有在不同职业间的可迁移性,比如一个营销人员的公关能力、分析能力和协调能力是在营销业务的处理过程中逐步养成的。因此，当教师依照课程的技能目标实施有载体的任务型课程教学的时候，可以通过一定方法结合专业技能的训练，将对学生的方法能力和社会能力的训练渗透其中，比如通过课程项目任务的实施训练学生的沟通理解能力、团队合作能力，这样的训练效果比单独开设一门沟通技巧课程所达成的训练效果要好得多。

因此，能力本位课程首先应把目标放在"技能"上，但又不能仅仅停留在对学生单项技术技能的训练中，需要更多地关注影响学生可持续全面发展的软技能的培养。

二、能力本位课程目标的训练

以谷歌公司为例，其招聘新员工的五大标准：第一，具备学习的能力。接受新鲜事物，随时随地学习，在分散的信息中发现规律并迈出下一步。第二，具有领导力。能够在必要的时候挺身而出，指导并影响其他人取得成果，无论他们的头衔是什么。第三，谦逊。当别人的点子比你更加完美，或者办事比你更加在行的时候，就要抱着接受的心态。第四，富有主人翁意识。寻找能解决问题并能推动这家企业向前发展的负责职员。第五，掌握专业知识。能够运用专业知识解决岗位中的实际问题。

从谷歌公司的招聘标准中可以看出，对人才的培养不能仅仅关注专业知识和专业技能的学习，企业很重视专业能力之外的关键能力。而这些专业之外的关键能力，其内涵远远比课堂上传授的适应岗位工作所需的专业知识和技能要来得宽泛许多，也是作为高职教育必须要重视的学生可持续发展能力和职业岗位的迁移能力，这样的人才培养观比单纯的技能培养更能符合现代社会对人才的需要。

能力本位课程应避免知识和实践的脱节，同时还要关注专业之外的关键能力的培养。职业教育更关注学生履行岗位职责的"能力"，以及产生于职业岗位的工作过程中所需要懂得的与工作相关的知识[①]。比如会计专业的纳税实务课程要使学生掌握从事财务岗位应该知道的报税、为企业进行基本的税

---

① 苏春林．关于高职课程目标的再探讨 [J]．北京经济管理职业学院学报，2016，31（4）：42-46.

收筹划的知识，相关纳税知识也是基于报税跟税收筹划工作所必需的基础知识。很多纳税知识不需要学生单独去学习，只要在完成与报税和税收筹划相关的工作任务中去学习即可。教师需要引导学生在完成工作任务的过程中去搜集相关信息，并做到活学活用。在这个过程中还需要考虑通过什么方式将专业之外的关键能力的训练渗透其中。比如，将学生以团队形式进行组合，在团队中明确分工，训练学生的领导力、团队协作能力和沟通能力。能力本位的课程以工作岗位的实际工作任务为主线开发教学项目、设计教学实施载体，可以将关键能力的培养目标融入整个项目载体（从工作任务的目标确定、计划制订、信息收集、组织实施到检查反馈的全过程），从而使学生的个性化得到体现，自主性得到尊重，成为学习的主体，教师则成为学生学习的组织者、协助者，成为学生完成学习过程的一部分。

三、高职院校课程目标的结构

好的课程设计和实施需要确定专业课程目标的结构。教育学家布卢姆将教育目标分为认知、动作技能和情感三大领域[①]。以此为借鉴，结合高职院校专业课程自身特点，将高职院校专业课程目标设置为两个层次：第一层次为总体目标，即概括描述该专业课程的总体要求，宏观说明通过课程教学最终要达到的目的，总体目标通常是用总结性的一段话来概括课程总体要求，会以典型工作任务分析内容作为参照。第二层次为具体的目标结构，包括知识目标、技能目标和态度（素质）目标三个方面，是对学生的课程学习结果要达到的程度进行有针对性的描述。

（一）知识目标

一般情况下，人们将为达成某项技能目标所需要用到的知识叫作知识目标。知识目标通常是对原理、概念的陈述，以及关于技能如何操作的程序或方法类知识。比如，技能目标要求"学生能运用餐饮生产组织、人员配置、厨房生产流程及产品生产质量和成本管理的基本知识和方法，根据餐厅具体

---

① 刘莹，胡淑红，汤百智. 高职院校专业课程目标开发的理念、结构与方法[J]. 职教论坛，2018（9）：67-73.

的餐饮生产环境和生产管理标准，完成该餐厅厨房的生产管理任务"，为了使学生具备此项技能，其需要掌握的知识目标包括"餐饮生产组织、人员配置、厨房生产流程及产品生产质量和成本管理的基本知识和方法"等。在课程目标的确定中，对某项技能所需要的知识进行梳理时，有可能出现不同技能需要同类知识的情况，因此知识目标有可能会重复，后续应对知识目标进行汇总。

（二）技能目标

高等职业教育培养的是高素质技术技能人才，其核心是基于典型工作任务分析得到岗位职业能力要求，再将岗位职业能力转换为专业课程目标的技能目标，而职业能力的获得很大程度上是通过大量技能训练来实现的。技能目标是学生在已有知识的基础上，通过参与教师主导的课堂项目实践训练获取的专业技能。技能目标关注的是学生实际完成工作任务的能力，因此技能目标的表述中通常是以"能够"或"会完成"等动词来表述的，培养的是学生未来从事某一职业所必需的专业操作技能。

（三）态度（素质）目标

态度（素质）目标具体到高职院校专业课程目标层面是指道德品质、职业意识、职业素养、核心能力、情感和价值观等方面的发展，如"学生应具备一定的时间管理能力。即在业务操作过程中，在任务内容多且集中的情况下，需要学生合理分配工作及时间以顺利完成工作"。高等职业教育人才培养目标明确指出应该促进受教育者在德、智、体、美、劳等各个方面的发展。当前在就业环境中，专业之外的关键能力培养、学生的职业素养、职业道德的重要性已经越来越被认可。用人单位越来越关注员工各方面素质的发展，比如独立工作的能力、团队合作的能力、认真严谨的职业态度、创新精神等。过去把这一类的目标都统称为素质目标，2015年起又将其称为态度目标，但是这里的态度目标的外延比传统的情感层面的态度目标的解析更为宽广。

四、高职财经类专业课程目标的特殊要求

财经类专业人才的关键能力是具有通用性和可转换性的,它不针对某个具体的岗位,但无论从事哪一种商业服务行业都离不开它。除了要求掌握一般专业技能,还需具备从事该行业所需要和通用的一些特殊能力、素质及知识。具体包括以下几个方面。

(1) 应具备的方法能力。从事商业服务行业的员工应具备从事职业活动所需的工作方法及学习方法,具体涉及自主学习的能力、解决商业问题的能力、商业信息技术应用能力、商业大数据分析和数字应用能力,具有创新意识和品质。

(2) 应具备的社会能力。比如从事职业活动所遵守的行为规范和具备的价值观念,具有团队合作、与人共处的能力,具有积极、乐观的人生态度。具体主要体现在团队合作能力、组织协调能力、语言表达能力、分析观察能力、社交信息收集与处理能力等。

(3) 个人素质要求。包括敬业精神、为人诚信、团队意识、合作精神及社会责任感等。

(4) 行业通用知识。除应具备自身岗位应有的专业知识以外,还应具有政治、人文、经济及法律等相关知识。

第四节 高职财经类专业的课程标准

一、课程标准与教学大纲

(一) 对教学大纲与课程标准的认识

国家专业教学标准和专业人才培养方案构建都属于专业及专业课程体系层面的内容,教学大纲与课程标准则是针对课程体系中具体课程而言的。

教学大纲是指学校每门课程以纲要形式规定其教学内容的文件。通常包括这门课程的教学目的、任务,教学内容的范围、深度和结构,教学进度,以及教学法上的基本要求等。有的教学大纲还包括参考书目、教学仪器、教

具等方面的提示。教学大纲是考核学生学业成绩和评价教师教学质量的重要依据，也是教师课程教学和编写教材的主要依据。

课程标准是规定某一课程的课程性质、课程目标、内容目标、实施建议的教学指导性文件。

（二）教学大纲与课程标准的区分

"教学大纲"一词在苏联使用得比较多，"课程标准"一词在英美国家使用得比较多。我国最初采用的都为教学大纲，随着对英美等国家职业教育的研究及引入，职业教育开始正式采用课程标准取代教学大纲。这不是为了追求称呼上的新意，主要是传统教学大纲一般只对课程教学目标和相应教学内容作简单罗列，只就知识体系的内容说明课程的重点和难点；而课程标准则会全面涉及课程的性质、课程的设置目的、课程开发和实施的基本要求等问题，课程标准中的教学目标和教学内容，更多关注与职业教育相关的技能和素质的培养目标和方法。这与教学大纲只对教学内容的纲要性规划是有较大区别的。职业教育的课程建设需要系统说明课程产生的因果关系，故需要用课程标准取代教学大纲。

二、高职院校课程标准建设原则

（一）规范性原则

课程标准制订必须以人才培养为出发点，通过课程标准将课程的建设和课程的教学实施联系起来。课程标准制订的规范性原则是指必须依据课程建设规范来操作，依照课程专家多年来对于课程标准制订的研究成果和必要的编制程序来科学规范地完成课程标准的制订，规范好教学过程，严格按标准的各个模块内容规范编制。

（二）实践性原则

课程标准制订的导向也必须依据任务型课程的"做中学"理念，梳理课程教学实施的具体要求，将教学融入社会实践中去，才可以达到教学的真正目的。

(三）可操作性原则

在课程标准的建设过程中，必须遵循可操作性的原则，保证课程标准的建设和教师的教学应用是可执行且合理的，使教学安排正常进行和获得预计的教学成果。激发学生的学习热情，促进学生开阔思路，增长见识，更好更快地实现教学目的。

（四）稳定性原则

教学需要一定的延续性，那么课程标准在一定时间内也需要保持相对的稳定性，才能保证稳定的教学质量。所以编制课程标准、选择教材内容，包括更新和补充知识，都应当贯彻少而精、量力性原则，分量要适当合理，不要有大起大落的变化。

（五）先进性原则

课程标准要及时反映现代科学技术的最新成就和当代科技发展的最新水平。保证课程标准的"先进性"，需要定期更新内容。内容的更新一定是基于课程教学目标要求，不能一味追求拔高高度、内容新颖，加重学生负担，降低教学质量。

三、高职财经类专业课程标准案例

不同院校的课程标准模板各不相同，但所应该具备的要素大致相同，下面是某职业技术学院会计专业大数据方向开设的"管理会计"课程标准。

"管理会计"课程标准

课程代码：××××××

课程英文名称：Management Accounting

课程类别：专业课

课程类型：理实一体化课

课程性质：必修

课程学时：48学时

课程学分：3学分

适用专业：会计（大数据方向）

开设学期：第三学期

1. 课程概述

本课程在会计专业课程体系中，属于"专业核心能力"模块课程，具有较强的实务性和技能性，采用理实一体化教学模式。课程面向管理会计岗位群工作的全过程和各岗位，为学生搭建在数字经济下现代企业制度环境中业、财、税、资的整体工作体系框架，使其能够领会和运用战略管理、预算管理、成本管理、营运管理、投融资管理、绩效管理等领域所需的各种工具和方法，从而以规范的方式提高企业经营业绩，为企业管理部门做好参谋工作。

课程以"会计学基础""初级会计实务""成本核算与管理"课程学习为先导，通过后继的"财务管理""财务分析"等课程针对性地深化、夯实、提高各项能力，实现与多门"1+X"书证融通；进一步细化、强化、提高学生的岗位操作技能及管理会计的掌控能力。课程对接数据可视化分析技术，实现知识结构（管理＋会计）、思维模式（单赢＋多赢）和工作内容（报表＋业务）的跨界。

2. 课程目标

课程以企业管理的事前、事中和事后职能为主线，通过任务训练，培养学生从事管理会计工作应具备的基本知识、基本技能和操作能力，养成良好的敬业精神、优质的职业道德、和谐的团队精神和务实的创新精神，提高学生的岗位职业能力。

2.1 培养学生下列知识与技能

2.1.1 知识

熟悉我国管理会计体系的内容；

熟悉预算管理的含义、原则、工具、方法、应用环境等基本知识；

掌握预算的类型及其编制的方法；

熟悉成本的概念，了解成本的不同分类；

掌握成本管理领域应用的工具方法；

理解本量利分析的基本原理；

掌握保本点分析和目标利润管理的方法；

熟悉绩效管理的原则及应用环境；

掌握关键绩效指标法的计算和应用；

掌握经济增加和平衡计分卡的基本原理和应用。

2.1.2 技能

能够充分认识到管理会计的重要性，积极宣传和推动管理会计工作；

能够运用预算编制原理和方法，编制各种预算；

能够结合企业的具体情况熟练地应用成本管理领域的工具；

能够运用本量利分析的基本原理进行保本点预测和敏感程度分析；

能够运用绩效管理基本方法进行单位绩效管理。

2.2 培养学生下列职业态度与思想政治品质

培养规矩意识、全局意识、团队意识、审美意识；

提高抗压能力、分析和解决问题能力、沟通协调能力；

秉承严谨、诚信、踏实、精益求精的工匠精神；

具备知敬畏、守底线、明是非的职业品质；

锻炼逻辑思维能力和管理决策能力；

具备良好的思想品德素质，做到思想健康、品德优良。

2.3 奠定学生进一步开展下列学习的基础

培养学生的信息收集与整理能力，利用信息资源的能力，独立完成工作的能力。

3. 实施建议

3.1 教学模式

3.1.1 以学生为本位

教师在组织教学活动时，应坚持"以学生为本位"的理念，突出学生学习的主体地位，注重"教""学""做"相结合，采用现代信息技术，以提高学生的学习兴趣和学习的主动性。

3.1.2 注重教学设计

教学中，教师应突出专业技能培养目标，注重对学生实际操作能力的训练，强化案例和流程教学，让学生边学边练，通过小组讨论、案例分析、情景模拟等方式激发学生兴趣,增强教学效果。教师应努力实现管理会计理论知识与管理会计工作岗位技能的无缝对接,培养学生的学习能力、社交能力与业务素质能力。

(1)从课程目标的三个维度来设计教学过程

课程标准在知识、技能、素质三个维度上,提出了课程教学目标。在教学中,这三个维度不是相互孤立的,它们都融于同一个教学过程之中。教师在设计教学过程时,需要从三个维度来构思教学内容和教学活动的安排。

(2)努力创设仿真学习情境

创设学习情境可以增强学习的针对性,有利于发挥情感在教学中的作用,激发学生的学习积极性,教师在教学中演示的资料应从真实的会计实践活动中获取。在创设学习情境时,应力求真实、生动、直观而又富于启迪、取材于真实的会计实践活动并经过一定的加工整理;实训材料应尽量采用商品化材料,如使用自制材料,其样式应与实际使用材料相符;学生训练环境应与实际会计工作环境相近,以创造高度仿真的学习情境。

(3)运用现代信息技术,发挥多种媒体的教学功能

多媒体技术和网络技术具有的强大的信息传播功能,为"管理会计"课程教学提供了极为有利的条件。在教学中,要从实际出发,重视多种媒体的配合使用,增加直观性,扩大信息时空,提高教学效率和学习效率。但教师应清晰地认识到,使用现代信息技术的目的在于辅助教学,其作用在于改变传统的学习方式,不能以此完全代替教师的教学活动[1]。

3.2 教学资源

3.2.1 教材选用

教材是体现课程目标和内容的重要载体,是学生学习和教师教学的工具。本课程所阐述的课程目标和内容都应在教材中得到体现。

(1)教材内容的选择不能只注重知识,要打破传统知识型教材编写体例,应依据财政部管理会计指引体系、中国总会计师协会发布的《中国管理会计

---

[1] 王炜,杨欣. 基于能力本位的高职"会计职业基础"课程标准设计 [J]. 长春理工大学学报,2011(11):167-169.

职业能力框架》和教育部推行的第三批1+X证书的"数字化管理会计职业技能等级证书",结合数字经济和智能化发展对管理会计岗位的新要求,构建一体化的课程框架体系,以完成具体工作任务为目标,培养懂技术、精财务、会业务、能管理的高素质技术技能人才,合理安排教材内容。

(2)应选择能体现管理会计的基本特征,包含模拟职场管理会计工作过程、工作内容和职业要求的教材。各项技能训练活动的设计应实用、具体,并具有可操作性。

(3)教材内容安排要有开放性,即在注重管理会计基本方法、技能训练的同时,与时俱进地把企业在实际过程中发生的新情况、新技术和新方法融入教材,使教材内容更加贴近企业实际。

(4)教材呈现形式应当符合高职学生的认知规律。文字表述要深入浅出,内容展现应图文并茂。

(5)教材应融合课程思政,在学习专业知识、锻炼专业技能、培养专业素养同时融入做人做事的基本道理、社会主义核心价值观的要求和实现中华民族伟大复兴的理想和责任。

3.2.2 网络教学资源

应利用现代教育技术,建立立体化的网络课程资源,搭建起多维、动态、活跃、自主的课程训练平台,使学生的主动性、积极性和创造性得以充分调动。本课程的网络课程平台应具备三大基本系统:课程教学资源管理系统、自主支持学习系统和书证融通训练系统。课程教学资源管理系统主要内容应包括课件库、案例库、媒体素材库、文献资料库、题库等。自主支持学习系统应包括多媒体授课系统、教学评价系统、作业评阅系统、网络题库系统、辅导答疑系统、虚拟实验系统、远程考试系统等。书证融通训练系统包括1+X证书中的数字化管理会计职业技能等级证书(初级、中级和高级)、总会计师协会的管理会计师(初级、中级、高级)等自主学习链接平台。课程应利用网络开发工具整合三大基本系统内容,构建网络课程资源,便于学生自主学习。

3.2.3 教学辅助资源

（1）财政部发布的《管理会计基本指引》《管理会计应用指引》和案例集；

（2）"1+X"数字化管理会计（中级）培训指导方案；

（3）"1+X"财务数字化（初级）培训指导方案。

3.3 师资条件

（1）具备管理会计理论知识；

（2）具备企业生产经营的规划、控制、分析、考核的能力；

（3）实训指导教师具备企业3年以上管理会计工作经历，并具备中级会计师及以上或高级管理会计师职业资格；

（4）具有良好的职业道德和社会责任心；

（5）通过有效课堂认证，具有较强的课堂组织和过程协调能力；

（6）具有"双师"结构的教学团队，老中青年龄梯度、学缘结构合理。

3.4 教室及实践教学条件

（1）教室：多媒体教室；

（2）校内实训条件：电脑、管理会计仿真实训软件、大数据可视化分析软件；

（3）校外实训条件：产教融合实训基地，可接收学生进行实地调研。

4. 学习评价

4.1 评价内容和评价方式

评价由过程性考核＋终结性考核构成。

（1）过程性考核（占比50%），如表2-1所示。

表2-1 "管理会计"过程性考核表

考核构成	比例/%	说明
课堂学习进度	10	根据所在团队整体任务完成的工作量评定
平时出勤	10	即到课率，可以从系统记录的每日签到情况进行评定
课后实训任务	15	课后实训任务完成率
	15	课后实训任务正确率

（2）终结性考核（占比50%），如表2-2所示。

表2-2 "管理会计"终结性考核表

考核构成	比例/%	考核方式	说明
实训后岗位能力测评结果	15	独立岗位能力测评	预算管理岗、成本管理岗、资金管理岗和财务主管的业务能力水平
实训报告	35	Word格式的命题工作总结	工作总结内容翔实程度、行文逻辑的严谨性、总结的深刻性、有无未来改进方面的思考

4.2 评价标准（见表2-3）

表2-3 "管理会计"评价标准

评价构成	评价要素	评价主体	评价标准
课前	课前测试	智慧职教	系统评价标准
	企业考察调研	企业专家评价	企业标准
课中	课堂考勤	雨课堂	系统评价标准
	课堂活动	学生自评、互评，教师点评	项目活动评价标准
	课中测试	雨课堂	系统评价标准
课后	拓展任务	团委、企业评价	校积分奖励规则
	资源浏览	智慧职教	系统评价标准

5. 教学建议

（1）本课程建议学时为48学时，建议在第三学期开设；

（2）本课程标准在使用过程中，要根据教学情况不断完善与修订；

（3）教师应根据教学情况，完成整体课程教学和单元设计，教学学时可浮动10%左右。

编写：×××

校对：×××

审核：×××

×××职业技术学院财经系

202×年×月

第三章　高职财经教育任务型课程整体教学设计

有效的高职课堂的教学实施一定是基于"做中学"要求，以学生为主体、教师为主导开展的。可将一个专业的课程开发成全新的任务型课程，也可以将传统学科体系的课程改造成任务型课程。什么是任务型课程？即将一系列学习性工作任务作为教学载体，整合优化课程教学内容，并让学生以完成相关任务为主要学习方式的课程。其中，高职财经类专业的课程载体更多采用的是以项目为核心的理实一体化教学，既可以增强学生的职业技能，又能够加深学生对经营管理工作流程和工作相关概念的理解和认识，同时可以在项目实施的"做中学"过程中渗透对学生可持续发展能力的培养。所以在开展财经类专业的课堂建设中，课程的整体设计是较为关键的一个环节，其中对课程教学实施的载体特别是"项目"的设计显得尤为重要。本章围绕任务型课程的整体教学设计系统介绍整体教学设计、教学载体设计、教学评价设计，并展示相应的财经类课程的典型整体设计案例。最后介绍在 1+X 证书制度下课程体系的构建，以及高职院校财经类专业课程思政的融入。

第一节　课程整体教学设计的概念及原则

一、课程教学设计要点

（一）正确认识课程教学设计

教学设计是教师在综合考虑教师自身、学生以及教学条件等因素的基础上，通过开发教学载体、创设教学情境、规划教学进程、制订教学策略、实施有效评价，最终实现教学目标的过程。教学设计通常需要按照理实一体原则，一般分为整体设计和单元设计两部分。两者缺一不可，互为补充。整体设计是课程的顶层设计，单元设计必须依照整体设计要求实施，是对单元设计的高度概括；单元设计是对整体设计的细化，涉及课程中观和微观层面的教学实施的内容，是将教学目标、内容和方法落实到课堂的重要保证。

（二）任务型课程教学设计思路及流程

任务型课程的教学通常是以项目为载体，通过贯彻理实一体的"做中学"来实施的，教师根据课程标准要求开发设计课程载体任务——项目，并根据实际教学条件来引导学生去完成。在理实一体化的课程当中，通过给学生下达项目任务，调动学生的参与积极性，使学生在技能训练的基础上加深对相关知识的理解，实现"做中学"。基于项目教学法的理实一体化教学是高职院校财经类专业培养满足企业需求人才的主要教学方式。教师在完成课程教学设计过程中需要遵循的基本路径有以下几点。

（1）阅读人才培养方案，确定专业定位和课程定位；

（2）阅读课程标准，确定课程目标，搞清课程"典型背景工作过程"；

（3）根据"典型背景工作过程"梳理"工作任务内容"及"相关理论知识"；

（4）选择包括工作过程（工作任务）的项目载体（或案例、活动、问题载体）；

（5）按项目（任务）载体的实施过程和对应知识学习分解课程内容，形成单元；

（6）确定单元目标，细化"学习任务"，进行单元教学活动设计。

二、对课程整体教学设计的理解

在真正的课堂教学实施之前，教师需要根据课程标准的要求对课程进行整体教学设计，通常我们将与任务型课程对应的课程称为讲授型课程。传统的讲授型课程教学设计一般体现为编制"课程学期授课计划"，主要内容包括：授课专业、班级，授课课时，单元教学内容（按教材章节）。这样的教学设计是围绕教材进行的，课程教学重知识传授、轻技能训练，重理论考试、轻技能考核。

任务型课程的整体教学设计，是按照能力本位的理念对课程进行整体教学优化，围绕课程整体教学目标要求，将课程的每一个"单元"进行系统化处理，形成一个优化的整体教学结构，最后达到"1+1>2"的效果。不管是工程类专业课程、财经类专业课程还是通识类课程，都需要对课程进行必要的整体设计，以达到最优教学效果。对于财经类专业课程来说，在具体的课程整体设计中需要根据财经类专业课程的课堂教学载体（项目、案例、活动、问题等）的实施条件，设计出最适合财经类专业课程教学实施的、能达到最佳教学结果的教学方案。

课程整体设计必须依据课程标准进行。同一个专业（方向）不同的班级开设的同一门课程，课程的学习目标与内容应该保持一致。在可以借用的前提下，允许借用他人的课程设计（主要是借用内容载体的设计），但署名时应将原创者排名第一，借用者排名在后。不同的专业开设的同名课程，课程标准未必相同，在进行课程设计时要予以关注，如公共基础课。

三、高职课程整体教学设计的"6+2"原则

教师需要彻底摆脱讲授型课程教学模式的束缚，站在一门课的角度，从整体上对课程目标、训练项目、教学情境、进度安排、考核方案、教学资源等进行具体的设计和安排。其原则归纳如下。

（一）以职业活动、工作过程为导向原则

课程内容的教学可以围绕知识体系展开，也可以围绕工作任务展开，当知识体系为主的学习线索和工作任务为主的工作线索两者相互匹配的时候，工作内容就要简单得多了。但是在课程教学中教师实际遇到的困难会大得多，特别是财经类专业课程，这些课程原本的学科化知识体系痕迹很浓厚，在教师对课程进行任务型改造的过程中，往往会导致工作任务的开展过程跟知识体系之间发生冲突。为此，教师需要对课程内容进行基于职业活动导向的系统梳理。"职业活动导向"是对"工作过程导向"更进一步的要求。工

作过程不一定都是职业活动的过程,单纯实现"工作过程导向"还不够。

(二)职业素养培育原则

职业素养培育原则,是指职业教育教学要渗透到对应行业企业的业务工作中去,善于发掘学生在学习中的思想、心理特点和学习接受特征,融德、智、体、美、劳于一体,并贯穿于各项学习任务的各个环节和全过程。例如,财经类专业课程要实现的教学目标,需要以相应职业领域中的职业活动需求为依据。因此,教师在进行课程设计之初,应深入相应的职业领域,对其职业活动进行全面调研考察,认真做好职业素养的分析工作,在课程设计中突出财经类专业的职业素养目标及其目标达成的方法和途径。

(三)任务训练贯穿原则

高等职业教育的人才培养目标是培养高素质技术技能型人才,其最终指向是让学生获得职业核心能力和职业素养。所以,财经类课程教学的整体设计首先应科学合理地制订职业能力目标,以此目标为核心,驱动职业能力的训练和职业素质的培养,契合企业需求的任务式教学才能够真正得到改革创新。在整个教学过程中必须贯穿于与职业岗位相衔接、课程目标相符合的工作任务,任务载体建议以项目为主,任务训练应覆盖课程主要教学目标,贯穿课程教学全过程,知识目标必须服务于技能目标和态度(素质)目标,以"必需、够用"为尺度。

(四)"以学生为中心"原则

"以学生为中心"原则的重要理论支撑是建构主义。建构主义认为,学习者是信息加工的主体,学习是学生通过自己对必要学习资料的主动学习以及同教师、同学的交流互动,来发现新知识并融入自己原有知识体系,从而建构自己知识系统的过程[1]。职业教育之所以是类型教育,其主要特征之一就是课堂教学"以学生为中心"。通过教师的"师傅""教练"式的点拨指导,学生"学徒""学员"式的实践操作练习,为企业培养德能双馨的基层人员。为此,财经类专业教师在课堂上一定要以职业能力训练为核心,驱动学生的

---

[1] 王重润,李恩,赵冬暖.精品课程资源共享应用现状、问题及对策[J].高教论坛,2010(2):20-23.

学习兴趣，为学生设计相关的职业岗位角色，创设一定的职业情境，然后让学生在职业场景中感受岗位工作情形并完成学习性工作任务。因此，坚持"以学生为中心"原则，教学设计的目标重点不是知识的获得，而是能力的培养，包括问题解决的能力、协作的能力与创新的能力。

（五）"教、学、做"理实一体化原则

理实一体化教学是突出职业能力培养、提高教学效果和效率所要求的。所谓"教、学、做"理实一体化，是指教师的教授和学生的练习、应知与应会等在课程教学中相互渗透。"教、学、做"理实一体化设计首先应考虑的是"做"，即要求学生做什么、怎么做，通过"做"训练学生的职业能力。教师的"教"应围绕"做"来安排和选择。"教、学、做"理实一体化设计的结合点就是职业能力训练项目，教师的"教"、学生的"学"、知识的积累和能力的培养都应有机融合在项目训练之中[①]。该原则注重理论和实践交替进行，直观和抽象交错出现，没有固定的先实后理或先理后实，而是理中有实，实中有理，突出对学生动手能力和专业技能的培养。

（六）考核评价多元化原则

课程的考核评价是激发、调动学生学习兴趣和动力的手段。为此，应坚持"多元多维＋动态考核"，需要通过考核客观评价学生的职业能力，重视过程性的增值考核，以学生完成项目的情况和过程中的表现为考核关注点，建立多元化的考核评价体系。一般要围绕模块任务中的教学目标，设计多元评价主体、评价内容、评价方式、评价标准。如，对知识与技能获取、兴趣动机、学习方法、调控能力、创新意识、出勤率、日常文明素养等不同内容的评价，成果评价、测试评价、成长记录卡评价等不同的评价方式。

（七）职业核心能力渗透原则

未来的劳动者需要具备什么样的能力？这个针对就业市场提出来的问题，直接关系到一个国家和企业能否在激烈的市场竞争中取胜。前面我们已经就学生专业之外的关键能力作过说明，这是一种从事任何职业都需要的，

---

① 祁丛林.高职课程项目化教学整体设计要素研究[J].吉林省教育学院学报（下旬），2015（9）：25.

能适应岗位不断变换和技术发展的综合能力。

我国将劳动者的职业能力划分为职业特定能力、行业通用能力和核心能力三个类别。推出包括八个模块的中国劳动者的核心职业能力体系，即交流表达能力；数字运算能力；革新创新能力；自我提高能力；与人合作能力；解决问题能力；信息处理能力；外语应用能力。由于职业核心能力在职业能力结构中的特殊地位，决定了它在促进就业方面具有不可替代的作用[①]。

由此可见，职业核心能力是提升人才培养质量的一项极其重要指标，三类八模中的任何一种能力，都是在潜移默化的过程或环境中养成的。因此，需要从事职业教育的教师在所有课程中都要有意识地通过"做中学、学中做"方式对学生进行长期的训练和培养。课程教学中必须要将职业核心能力训练渗透在以项目为载体的任务型课程的教学中。

（八）专业英语渗透原则

高职学生的英语水平总体不高，英语基础比较差，在英语学习中开设专门的专业英语课程的教学效果不够理想。一直以来，让英语教学能力较强的英语教师来教专业英语课程的效果不太好，而让专业教师来教专业英语课程，教师的教学方法和教学能力也不足以完成课程的教学。故在课程整体设计中教师就要有意识地将本课程相关的专业英语教学渗透其中。

对专业英语的渗透通常有高低不同层次的教学要求。低层次的要求是教师列出与本课程相关的专业英语词汇表，并将这些专业英语词汇相对均匀地分配到整个课程的各个教学单元中，使每一个单元教学中都能够渗透3～5个英语单词，让学生做到能够读和写。在课程过程考核和终结性考核中也能渗透对专业英语读写能力的考核。高层次的要求适用于教师所授专业及课程与今后学生工作岗位中对英语的要求相关度较高的情况，比如财经类专业中的国际贸易、跨境电商、旅游等专业相关课程的教师应该采取以双语教学为主的课程设计，将与课程相关的职业岗位英语的语言工作采取情境化设计，在课堂教学中30%～50%的教学语言采用英语。

---

① 潘绍来.TAFE 关键能力培养目标的研究 [J]. 职教论坛，2006（4）：62-64.

第二节　高职财经教育课程的教学载体设计

任务型课程是理实一体、工学结合的职业教育课程，学生完成的工作任务就是学习的内容，学习与工作融为一体。任务型课程教学载体源自专业课程开发，需要对专业所面向的目标岗位的工作任务进行系统分析—典型工作任务分解—教学处理—任务载体设计。

常见的任务型课程的任务有以下四种：做项目；解决问题；分析案例；参与活动。也就是说任务型课程的载体主要有：项目、问题、案例和活动四类。教师在课程设计中所采用的载体可以是单一形式的项目、问题、案例、活动，即项目课程、问题课程、案例课程、活动课程等，也可以是混合形式的，选择几种载体混合使用，涵盖课程全部内容。

一、项目（任务）载体

（一）什么是项目载体

在现代职业教育中，课程教学项目（任务）是指以生产制作一件具体的、具有实用价值的产品或提供某种服务为目的的工作任务。

项目载体即教师在课程教学中为了达成课程的教学目标，通过引导和组织学生（独立或组成小组）实施一个完整的"项目"工作而进行的教学活动，是理实一体、工学结合的任务型课程中最常用和最理想的教学载体。

（二）项目、任务和技能的区别

教师在课程教学中可能对一些与课程设计相关的词汇的理解存在一定偏差，因此在整体设计中，首先要厘清项目、任务和技能的区别。

项目是一件具体产品的设计制作、一项服务的提供或一项决策的完成，有相对独立的成果。项目也是任务，但是任务不一定是项目。

任务是指完成某个项目所做的具体工作。通常是项目工作的细化。

技能是做某项工作所进行的肢体或智力操作。

比如：某产品的（市场）调研就是项目；为了完成调研任务所进行的问

卷编制、数据统计、数据分析等工作就是任务；为了完成上述任务而需要运用问卷编制方法和使用统计分析工具等则是技能。

（三）项目载体和案例、模块标题的区分

通常工程类专业课程的项目、案例和教材的章节模块是有较为明确的区分且便于比较和理解的。但是财经类专业教师在做课程整体设计过程中，对项目的选择和确认存在一些误区，最常见的有两类。

（1）把案例当成项目（任务）。要知道，案例是教师在课堂上将过去发生的事情或者是生产的物品告诉或展示给学生，并以此引出问题请学生们进行分析讨论，所以案例是在课堂教学之前已经存在的事物。而项目则是教师引导学生在课堂上或课下去完成的一个具体工作任务，有具体的成果展示。案例和项目在发生时间点上有明显的区别。

（2）把学习知识的任务或者是传统的章节模块标题直接作为项目（任务）。此种情况是最常见的，如表3-1所示，这是某高职院校会展策划与管理专业"节事运营管理"课程某位教师所设计的6个教学活动项目。

表3-1 某教师的"节事运营管理"课程教学活动项目表

编号	教学活动项目名称
1	节事策划相关理论
2	节事市场环境分析
3	节事活动策划
4	招徕策划
5	客户关系管理
6	展后跟踪管理

编号1是"节事策划相关理论"，明显是理论知识的学习而不是项目，也有不少教师将"……概述""……方法认知"等作为项目，这些都是错误的。如果教师认为在做项目之前要学相关知识的话，可以通过案例载体来学习，但是这类学习知识的教学活动不能作为项目任务出现在项目表里面。

同样，编号2～6从名称上来看似乎是工作任务，但是这些工作任务是不完整的，且工作任务的具体指向不够明确，这就是教师们最容易犯的一个错误，就是将教材的章节标题或者模块标题作为项目名称。那么什么才是这门课程合适的项目呢？首先要清楚项目载体的具体认定标准。

（四）项目载体的认定标准

北京师范大学赵志群教授关于项目的认定标准有以下八个方面的表述：

（1）具有轮廓清晰的工作/学习任务，具有明确而具体的成果展示；

（2）具有完整的工作过程，该工作过程可用于学习特定教学内容；

（3）能将某一教学课题的理论知识和实践技能结合在一起；

（4）课题与企业实际生产过程或商业活动有直接的关系，具有一定的应用（教育）价值；

（5）学生有独立计划工作的机会，在一定时间范围内可以自行组织、安排自己的学习行为；

（6）学生自己处理在项目中出现的问题；

（7）具有一定难度，不仅是对已有知识、技能的应用，而且要求学生运用已有知识，在一定范围内学习新的知识技能，解决过去从未遇到过的实际问题；

（8）学习结束时，师生共同评价项目工作成果以及工作和学习方法[①]。

以上八条可以作为教师设计课程项目载体的重要依据。财经类专业课程的项目成果与工程类专业课程的项目成果有较大区别，工程类专业项目成果可以是一个作品或一个设计方案，财经类专业的项目成果通常是一份分析报告、策划方案、财务报表等，或者是由一套完整资料组成的"外贸业务成果""网店经营成果""促销策划成果"等。

（五）项目的类型

根据项目结果不同可以将项目分为以下三种类型。

（1）"封闭型"项目。项目实施的结果是唯一的，通常教师会给出详细指导和提示。如：国内某企业某商品出口美国某企业的单证制作。

（2）"开放型"项目。项目实施以后可以有多个结果，通常教师会给出概括的提示。如：某产品的消费者市场调研。

（3）"设计型"项目。项目实施的结果不确定。如：某玩具淘宝网店的

---

① 赵志群. 职业教育工学结合一体化课程开发指南 [M]. 北京：清华大学出版社，2009.

开发和运营。

（六）项目载体在课程整体设计中的编排方式

教师需要根据课程目标来设计项目，那么一门课程通常有多少项目，这些项目的实施过程怎么编排，也需要根据目标要求结合学生的实际学情进行设计，常见的项目编排方式有以下几种。

1. N 个串行项目，训练综合、单项能力

教师围绕课程目标在进行课程整体设计时选择多个涵盖不同目标的项目，借助这些串行项目训练学生的综合和单项能力，如表 3-2 所示。比如计算机基础课程教师设计宣传文稿编制、计件工资发放表编制、校园文化演示稿制作、个人网页设计等项目就是属于此种类型，此种类型的项目设计的覆盖面较小，综合能力训练效果一般。

表 3-2　N 个串行项目的任务型课程整体设计模式

时间	1	2	3	4
内容	项目 1	项目 2	项目 3	项目 4
技能目标				
知识目标				
态度（素质）目标				
考核				

2. 一个大的贯穿项目训练综合能力

教师围绕课程目标通过一个从头至尾的大型贯穿项目训练来达成课程教学目标，如表 3-3 所示。比如"市场营销"课程"娃哈哈某分公司'锌多多''钙多多'产品市场营销策略制订"的贯穿项目设计，此类模式的综合能力训练效果较串行项目要好。

表 3-3　一个大的贯穿项目的任务型课程整体设计模式

时间	1	2	3	4
内容	贯穿项目			
	子项目 1-1	子项目 1-2	子项目 1-3	
技能目标				
知识目标				
态度（素质）目标				
考核				

3. 双线并行贯穿项目，训练可迁移的综合能力

教师围绕课程目标通过课内和课外两个大型贯穿项目训练来达成课程教学目标，如表 3-4 所示。此类模式通过教师课内引导学生"做中学"完成一个贯穿项目的同时，要求学生课外独立完成另一个相对更复杂的贯穿项目。此类模式通过触类旁通反复加强对学生综合能力训练，效果更为突出。

表 3-4 双线并行贯穿项目的任务型课程整体设计模式

时间	1	2	3	4
内容	课内贯穿项目（1）			
	子项目 1-1	子项目 1-2	子项目 1-3	
	课外贯穿项目（2）			
技能目标				
知识目标				
态度（素质）目标				
考核				

此种双线并行项目是目前财经类专业课程中较为常见的一种整体设计方式。

案例："采购作业管理"课程的双线并行贯穿项目设计。

课程项目设计融合了采购初始岗位（采购文员）和二次晋升岗位（采购专员）对知识、技能和态度的要求。在对企业采购业务岗位工作任务和职业能力分析的基础上，依据初始岗位及晋升岗位的顺序，设计符合实际的岗位工作流程的教学内容。如图 3-1 所示。

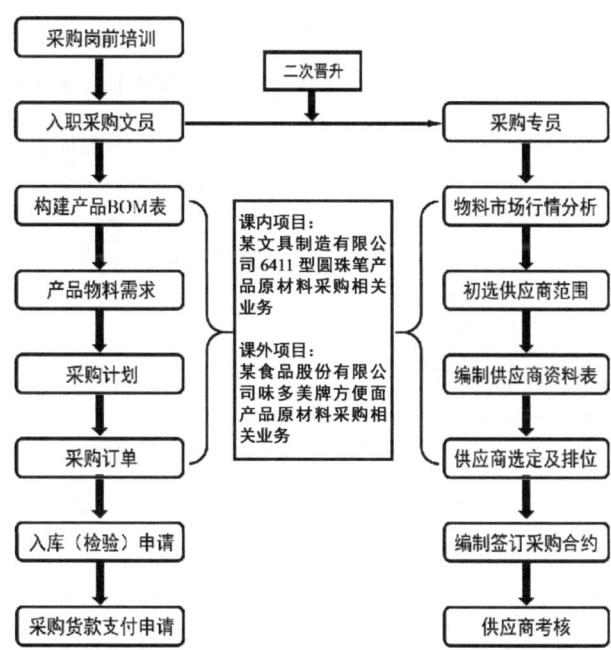

图 3-1 "采购作业管理"课程的双线并行贯穿项目设计

案例："会计学基础"课程的双线并行贯穿项目设计（见表 3-5）。

表 3-5 "会计学基础"课程的双线并行贯穿项目设计

	项目总情境设计	项目名称
课内项目	某有限公司即将成立，该有限公司为一家电子产品的研发、生产、销售企业，注册资本为 500 万元，产品主要面向我国华东市场。根据企业实际，该公司核定为一般纳税人，适用《企业会计准则》。公司招聘会计助理一名，你应聘成功后处理该公司 2021 年从建账到日常处理、期末处理、编制会计报表等一个完整会计循环的全部会计工作。	某有限公司 2021 年经济业务处理
课外项目	某有限公司是一家负责文具批发、零售的企业，注册资本为 10 万元。公司财务简单，适用《小企业会计准则》。为提高经济收入，你在公司上班的同时应聘了该有限公司的兼职会计，主要处理该公司 2021 年的经济业务。	某有限公司的 2021 年经济业务处理

4. 三线并行贯穿项目，综合能力迁移、提升训练

教师围绕课程目标，在课内和课外两个大型贯穿项目基础上针对学有余力的学生再给予其能力提升项目的训练，在达成课程教学目标的同时实现一定程度的分层教学，见表 3-6。

表 3-6 三线并行贯穿项目的任务型课程整体设计模式

时间	1	2	3	4
内容	课内贯穿项目（1）			
	子项目 1-1	子项目 1-2		子项目 1-3
	课外贯穿项目（2）			
	课外工作室、兴趣小组、工作坊等贯穿项目（3）			
技能目标				
知识目标				
态度（素质）目标				
考核				

此种三线并行的课程整体设计方式除课内和课外要求所有学生都参与的贯穿项目之外，教师还给予一部分学有余力的学生更多且更高难度的任务训练，通常是教师利用自身的工作室、工作坊、兴趣小组、其他教师承接的科研或社会服务项目，这一类项目与课程相关且由教师引导部分学生完成。此类项目通常对教师的要求较高，也都是在课外完成。这一类不是全部学生参与的课后项目的考核通常是根据这一部分学生的不同表现给予适当加分方式

进行。

案例:"网络营销"课程的三线并行贯穿项目设计(见表3-7)。

表3-7 "网络营销"课程的三线并行贯穿项目设计

	项目名称
课内项目	某文化股份有限公司旗下"纸器时代""奇思妙玩"产品网络营销
课外项目	保税东区某进出口贸易有限公司"全球GO"红酒产品网络营销
第二课堂项目	新媒体营销工作坊"某生活精品馆"淘宝店运营(企业出资5万元)

二、案例载体

(一)什么是案例载体

教学案例通常是真实、典型且含有问题,值得教师拿来在课堂上分析解决问题,并从中达成一定学习目标的事件。在心理学、管理学、教育学、医学、法学等学科的教学中经常会将案例作为有效的教学或研究工具之一。

案例载体指高职院校教师在课程教学中,将案例作为向学生传递的有针对性教育意义内容的有效教学载体。教学中常常把案例作为一种工具进行思考,进行教育。故案例在教师的教学和研究中逐步形成了一定的书写格式,方便学生更好地适应案例情境和理解案例内容。

(二)案例载体选择的基本原则

(1)相关性:案例分析的目的就是让学生对所学理论知识加深理解,并提高运用理论知识解决实际问题的能力,从而达到知行合一。因此,所选案例必须是针对某一课程内容的,与教师的教学目标和教学内容有高度相关性。

(2)真实性:案例必须是经过深入调查研究得来的、真实发生过的,不允许由教师对其进行虚构、编造或随意改造。

(3)典型性:案例内容具有一定的代表性、示范性和普遍性,具有举一反三、触类旁通的典型借鉴作用。将实际工作中根本不会发生的情形作为案例就毫无意义。

(4)趣味性:案例的描述不能只是枯燥的事例、数据的罗列,要尽可能做到生动、形象。如有可能,多借助现代多媒体手段来描述案例可以起到更好地吸引学生兴趣的作用。

（5）多样性：案例应该只有情况没有结果，有激烈的矛盾冲突，没有一套简单的处理办法和结论。案例的结果越复杂，越多样性，越有价值。

（三）财经类专业课程教学中案例载体运用的注意事项

（1）不要将案例和项目载体混为一谈，但是在特殊情况下案例可以改造成模拟项目。财经类专业课程的设计经常会将案例和项目搞混，前面在项目载体中已经作了说明，案例和项目是不同的。但是有必要的话，教师可以将涉及面广、资料完备的案例改造成项目，此类改造而成的项目通常无法真实操作，只能作为课堂上的模拟项目进行模拟操作。因为往往绝对真实的项目很难在学校课堂上运行，所以此类模拟项目经常会出现在财经类专业课堂上，但是模拟运行的项目毕竟没有真实项目那么有意思，为避免模拟项目给学生太假的感觉，应提高项目操作的趣味性，任课教师在设计模拟项目的时候尽可能获取更多的背景数据和资料，给学生接近真实的项目运行的各类情境。所以模拟项目最好是教师自己亲身实践过的，训练效果才会有保证。

（2）财经类专业课程的设计不能仅仅使用案例这一种载体。案例教学在财经类专业课程教学中已经得到普遍使用，并非什么新方法。财经类专业的任务型课程教学千万不能只停留在使用案例载体的层面上，因为案例教学往往无法达到课程的覆盖性和综合性要求，且案例教学更多是在对一些单项技能的训练及理论知识的深化和理解中运用比较多，无法满足任务型课程所需要的职业活动导向、任务训练贯穿等"做中学"原则，所以在财经类专业课程的设计中，案例载体往往作为项目载体的有效补充，其只有与项目载体充分结合才能在高职课程教学改革中发挥更好的作用。

三、活动载体

（一）什么是活动载体

活动由目的、动机和动作构成，具有完整的结构系统。通常动作的指向是单一目的的，而活动则是有一系列完整目的，由一系列动作构成的。

活动载体指高职院校教师在课程教学中为了解决某一个问题，或为了使学生对所学内容加深理解和体验，而由教师精心设计的、利用一种能使学生主体作用得到更充分发挥的互动形式作为教学载体，如提问、辩论、讨论、表演、歌唱、制作、比赛、游戏等。

（二）常见的课程活动载体形式

①表演类：情景剧表演、角色扮演、歌唱表演；②演讲类：讲故事、讨论会；③竞赛类：演讲比赛、辩论赛；④模拟操作类：模拟法庭审判、模拟新闻发布会、模拟产品营销策划、模拟导游、模拟客户服务。此类活动在财经类专业课程中通常非常接近于前面提到的模拟项目，只不过模拟项目要求教师对项目及其情境任务的设计更接近真实工作任务，而活动通常对情境的要求不会很严格。此类活动更多是用于通识课程或语言类课程的教学。比较容易实现项目载体的财经类专业课程通常不会大量采用活动载体。

（三）活动载体应用案例

采用活动载体的课程通常是一些通识课程、语言类课程，比如"大学语文"（表3-8）、"思想道德与法治"（表3-9）、"职场英语"（表3-10）等。

表3-8 "大学语文"课程的活动载体设计

活动1	演讲比赛
活动2	经典诗文朗诵比赛
活动3	交际口语情景剧
活动4	辩论赛
活动5	模拟求职面试
活动6	汉字听写大赛

表3-9 "思想道德与法治"课程的活动、案例载体设计

活动1	辩论赛：大学生恋爱的利与弊
活动2	爱国主义主题红歌比赛：我和我的祖国
活动3	道德主题微视频大赛：我行动 我发现
案例	法律案例剖析：法治观察

表3-10 "职场英语"课程的活动、案例载体设计

活动1	情景剧表演：My College Life 我的大学生活
活动2	演讲赛：My Dream 我的梦想
活动3	情景模拟：For An Interview 参加职场面试
活动4	辩论赛：Buying a House VS Renting a House 买房还是租房
案例	职场企业案例分析：Advertising 广告宣传

四、问题载体

(一) 什么是问题载体

问题,指要求回答或解答的题目,即需要研究讨论并加以解决的矛盾、疑难。

问题载体指高职院校教师在课程教学中将教材的技能点、知识点以问题的形式呈现,让学生在解决问题的过程中培养技能、掌握知识、发展软技能的一种教学载体。教师在课堂上创设问题,组织学生沟通研讨,让学生分析问题、解决问题。"问题教学"可以在课堂为学生提供合作、交流、探究的平台。

(二) 问题载体的使用原则

(1) 问题应紧扣教学目标。问题必须与教学目标和教学内容有关。把重点放在有助于完成教学目标的问题上,并精心设计可以作为课程载体的问题来引导学生展开探索。通过解决这些问题,达到课程的教学目标。

(2) 问题的难度要适当。太简单的问题没有学习价值,太难的问题学生不能解决。难度适当的问题,教学效果最好。

(3) 问题要切中学生兴趣。枯燥乏味的问题、远离学生生活经验和认知范围的问题,难以调动学生思考问题、研究问题的积极性。

(4) 问题要明确具体。能准确把握学生要思考什么、回答什么。问题需要的结论指向如果不确定,学生就会无所适从,教师从学生那里得到的答案也会是五花八门。

(5) 问题要关注整体性。教师要做好以问题为载体的课程设计,需要就课程内容设计一系列问题链,通过有价值的问题链来激发学生的思考,使学生的思维保持积极状态,因此问题的整体性就显得比较重要。其中教师最需要把握的是课程实施的核心问题,当核心问题确定之后,才能设计出一组有深度并能多方面培养学生思维能力的问题链。

(6) 问题要注重层次性。教师要遵循认知规律,依据学生的实际,预先设计出较低层次的问题,然后一问接一问,一环套一环,努力使每一个问题都能让学生的思维产生一次飞跃,最终解决问题。

（三）问题载体在课程中的应用

1. 问题载体的应用形式

①纵向相连——形成问题串；②横向相关——形成问题群；③渐次递进——符合认知规律。

下面是一个有效的问题改造案例。

原来的问题：你对会计岗位的渎职行为怎么看？

改造以后的问题（要求团队合作完成）：

（1）常见的会计岗位的渎职行为有哪些？（网络搜索相关案例、相关文件规定）

（2）你认为会计发生渎职行为的主要原因是什么？

（3）会计渎职行为有没有具体分类？（同步查找相关文件规定）

（4）不同类型会计渎职行为的行政和法律处理办法有哪些？（同步查找相关文件规定）

（5）企业解决会计渎职行为的具体举措有哪些？（同步查找相关文件规定）

（6）你作为会计专业学生如何应对未来岗位工作中同事的渎职行为？

2. 问题教学的实施

教师在课堂上采用问题载体进行教学时，通常应按照六步法原则进行操作。具体包括：①明确任务——提出问题；②制订计划——收集信息、分析如何解决这个问题；③作出决策——确定解决问题的方案；④执行计划——在这个过程中学习解决问题必需的知识与技能；⑤解决问题——验证并得出结论；⑥交流总结——知识的系统化与拓展。

（四）问题载体的应用案例

表 3-11　会计专业"应用数学"课程的问题载体设计

载体		教学内容模块
1. 产品销售问题	1.1 产品销售业绩分析	数据的统计分析
	1.2 产品销售预测	
2. 企业融资贷款问题	2.1 借款方案的决策	函数与极限
	2.2 库存成本预测	
	2.3 制定融资还贷策略	
3. 企业利润的最优决策问题	3.1 边际成本分析	微分学及应用
	3.2 误差分析	
	3.3 利润分析	
	3.4 弹性分析	

五、载体的选择和运用原则

（1）可行性：在现有教学条件下能够顺利实施。

（2）覆盖性：尽可能覆盖课程的学习目标。没有覆盖到的目标需要采用单项能力训练等其他方式达成。

（3）真实性：采用的载体原则上应该源于真实、高于真实。越接近真实训练的效果越好。

（4）典型性：所采用的载体在工作领域或者生活领域中应具有典型性，比如采用的项目载体通常学生会做了，以后其他相关的项目或任务也都应该能完成。

（5）趣味性：教师采用的载体应尽可能贴近学生的兴趣点，有利于激发学生的学习兴趣。

（6）挑战性：载体要具有一定难度，体现学习价值，需要在一定范围内学习新的知识、技能才能完成。从而激发学生的创新能力。

（7）跨界性：载体的选择应考虑跨行业、跨领域、跨文化、跨专业拓展。在适当情况下跨越课程学习的边界，根据任务主题，向外整合多元资源，多元素交叉完成任务。

（8）德育性：载体的实施应渗透课程思政，有具体的实施举措。

第三节 高职财经教育课程的教学评价设计

一、课程教学评价的设计内涵

课程的教学评价设计体现在课程整体设计中就是课程的考核方案设计。在任务型课程教学中，应坚持形成性考核与终结性考核相结合的原则。课程教学的"做中学"理念也决定了教学评价也必然要坚持理实一体的原则，强调理论教学和实践教学的一体化，不仅关注学生的最终学习成果，更需要关注学习的整个过程，强调学生完成实际工作任务的职业能力。因此，在课程评价中，应该将应知与应会结合，注重对理实一体化教学过程中专业技能、解决实际问题的能力和软技能的考核和评价。

二、课程教学评价的基本要求

课程考核和评价的主要目的是检验学生对教学内容的整体掌握情况。课程考核方案不能是简单的"10%考勤+40%平时作业+50%期末考试",而应以课程的教学目标为依据,考核的内容与形式要围绕目标来进行,需要重点关注态度(素质)目标的考核。在高职教育课程考核评价中应做到:形成性考核与终结性考核方式相结合,重点关注形成性考核;评价不仅仅是对学生学习成绩的评定,同时也是一种学习经历,要重点关注学生通过学习得到了多少;课程的考核评价不在于形式如何丰富,重在能否改善教师的教和促进学生的学。在课程考核评价中,应积极引入行业企业评价元素,更要注重学生良好的职业道德、工作态度和行为习惯的养成。

三、任务型课程教考一体化评价体系建构

现在大多高职院校在考试改革中把终结性考核和形成性考核结合起来,体现全过程、多元化的课程考核理念,既要考核学生的专业技能和专业知识掌握情况,也要考核学生的思想道德和工作态度。这种渗透职业核心能力的考核评价需要贯穿在人才培养的全过程中,在所有教师的每一门课程中都能够体现,才能使学生具备较高的职业素养和职业能力,以达到社会和企业的用人标准。当然,专业的不同,其考核方式也应不同,财经类专业学生的职业核心能力培养可以说比工程类专业学生更加紧迫。

(一)强调形成性考核和终结性考核相结合,以考促学

以考促学,是为了达成课程教学目标,通过考核激发学生的学习积极性和自主性,注重考核的目标性、过程性和有效性;用项目任务工作和理论知识相结合的"做中学"方式,设计考核方案,及时进行考核并实时公布考核成绩,对考核结果进行点评。在考核过程中教师要始终关注学生的学习状态,因人而异进行引导鼓励或批评指正,实现考核评价与课堂教学的相互促进。

（二）注重对不同能力层次学生的评价考核

教师需要针对高职院校学生的具体情况和学习能力进行分层次的考核评价，考核时根据学生基础能力层次差异选用不同的考核方法。在财经类专业课程的项目教学中建议成立项目小组，每个小组成员能力有差异，为防止大家在做项目任务时出现"搭便车"情况，教师应根据学生特长和实际情况分配相应的工作任务。

教师在设计任务型课程的主要载体——项目时，需要根据课程目标把握项目实施的难易度，实际在课程教学中经常会出现项目难度过高的情况，导致一部分学生感觉自己再怎么努力也不可能通过考核，干脆就放弃课程的学习等情况；反之，项目过于简单也会导致一部分学生学习动力不足，学习效果不好。面对一个班级的学生层次差别过大的情况，建议教师在任务型课程的项目设计中考虑根据学生的能力层次不同采取分层考核办法。主要有两种方法：一是在课程中设计难度有级差的项目任务让学生自主选择，难度大的项目考核起评分高，简单的项目考核起评分低，学生可以根据自己的能力选择适合难度的项目去完成。比如，对于"营销策划"课程，教师可以设计以下项目：①学校周边大型超市的节庆营销策划方案制订；②学校超市某产品的促销策略制订；③班级中某饮品的促销方案制订。完成以上三个项目，教师提出不同难度的考核评价标准，并分别给予 80 分、70 分、60 分的起评分标准，让学生们根据各自能力选择合适的项目去完成。二是在课程中设计的项目任务是完全一样的，只不过对学生完成任务的要求进行区别对待。对于高质量完成任务的学生给予高的评分，给予只能按低要求完成任务的学生低评分。比如：同样是"营销策划"课程，教师制订的项目是学校周边大型超市的节庆营销策划方案制订，但是在对学生完成项目的考核评价标准方面规定了不同层次的要求，如高标准评价要求学生最后的项目成果必须是企业和消费者调研问卷、调研分析报告、营销策划方案及其可行性报告，并对完成质量提出高要求。中低标准的要求就适当降低。高标准、中标准和低标准的起评分，分别为 80 分、70 分、60 分。同样也是让学生根据自身条件和意愿来自主选择完成。

（三）注重评价主体的多元化

财经类专业的职业特点决定了任务型课程的实践性需要，因此考核要放弃原有的单一教师评价主体，将评价考核主体多元化。除教师考核之外，还可以引入企业考核，或者采取学校与企业评价相结合的方式。同时也可以把学生自评、互评和学生项目小组的相互考评以及小组内部自我评分纳入考核体系。虽然考评流程变得复杂，但是这样一方面可以增进学生对项目考核的积极性，保证考核的公平性，使评价更为合理和全面；另一方面适应了财经类专业对应岗位的职业特点，也为企业遴选优秀学生提供重要依据。

（四）搭建在线题库，促进教考分离

与技能以实操为主的考核不同，知识点的考核可以事先根据教学目标以单选题、多选题、判断题等题型组建课程题库，并且借助在线平台进行自动组题考核。可以集中安排一次性在线考核，也可以让学生随时通过计算机或手机终端登录题库进行考核。既能达成知识点考核的目的，又实现无纸化、低碳环保。同时针对不同教师平行班上课的情况，也可以利用在线题库直接组题考核，实现教考分离。

第四节 高职财经类专业课程的课程思政

一、财经类专业课程的课程思政

财经类专业的课程内容与社会经济发展的进程联系非常密切，在给学生传授专业知识的过程中，会涉及我国经济整体改革开放的成就，比如金融类专业课程会涉及我国金融体制改革与金融开放，国际经济与贸易、跨境电子商务相关的专业课程中含有我国对外开放的进程与成就，而财经商贸大类专业课程也会涉及我国管理体制、税收制度的变革。这些为财经类专业课程教学与思政教育提供了非常好的结合点。如在经济学基础课程中的宏观经济政策部分内容教学中，通过引导学生查阅不同时期我国的宏观财政政策和货币政策，让学生了解和体会我国与时俱进的宏观调控手段。在课程实际教学过程中，介绍我国经济发展所取得的巨大成就、对世界经济增长的贡献、中国

的"一带一路"倡议和人类命运共同体理念。让学生了解我国经济体制改革的成就离不开党的领导和社会主义制度，以及在建设中国特色社会主义道路上不懈努力所取得的成就。学生在增强民族自豪感的同时，能潜移默化地坚定"道路自信、理论自信、制度自信、文化自信"。

财经类专业课程教学中课程思政的落地需要重点考虑以下几个方面。

（一）合理挖掘财经类专业课程教学中的课程思政元素

在财经类专业课程教学中推行课程思政，首先要鼓励教师有意识地挖掘专业课程知识中的德育要素和课程思政典型案例，把平时讲课过程中涉及的思想教育、价值观教育内容梳理出来，并有意识地通过灵活多变又有趣的方式展示给学生。不同课程的课程思政重点不同，例如，管理类和金融类专业课程，需要注重诚信品质、法治观念、敬业精神的培育；而经济贸易类专业课程，则可以发掘富强、民主、文明、和谐、爱国、公正的社会主义核心价值观要素；在电子商务、物流管理、国际贸易、市场营销相关专业课程中还可以融入科技创新发展理念的核心思想等[①]。

（二）从立德树人高度审视财经类专业的课程内容

课程思政需要与时俱进，教师要把握党的二十大报告提出的新发展理念的要求，结合本专业课程相关的知识点来理解我国社会的主要矛盾，学习理解新时代坚持和发展中国特色社会主义的基本方略，从立德树人的高度来审视把握专业课程的教学内容。各学校可以通过教师课程思政素养培训或交流研讨，来提高全体教师对课程思政的领悟与把握，也可以通过课程思政课题立项、教学竞赛等方式，鼓励教师在专业课程的育德育人元素挖掘上积极投入，把专业教育的思政功能发挥出来。

（三）以多样化实践教学安排提升财经类专业课程思政教学效果

财经类专业课程有丰富的实践环节，教师在课程思政的教学中还要重视实践环节的作用。不管是虚拟的、仿真的还是真实的实践环节，都可以通过企业参访调研、案例分析、主题辩论、实务讲座等形式，结合社会经济发展的实际问题进行研讨，促进学生积极思考。还要深入社会经济发展的实际当

---

① 毕玉江. 财经类高校专业课程推行课程思政的对策建议 [J]. 大学教育，2019（9）：131-133.

中，通过自己的总结来理解我国的社会经济建设。例如，江苏财经职业技术学院程淮中、鲍建青两位教师在所授"财经法规"课程中，围绕不同的教学任务，借助大数据技术，系统设计了以"认同"为核心的思想引领教育、以"家国"为主题的情感培育教育、以"守法"为基础的行为规范教育、以"诚信"为根本的职业精神教育、以"向善"为导向的公民人格教育，将思政元素"溶盐于水"，提高了教学成效。

二、高职财经类专业课程思政的典型案例

（一）课程基本情况

"供应链基础"是供应链管理专业群平台共享课，通过学习，使学生掌握供应链理念、方法和工具，具备现代企业管理者应有的全局意识、合作意识、创新意识，适应供应链背景下德技并修复合型创新型技术技能人才的现实需求。

基于专业群"管理+技术+创新"复合型技术技能人才培养的定位，结合人文学科特点，"供应链基础"思政目标主要是帮助学生了解相关专业和行业领域的国家战略、法律法规和相关政策，引导学生深入社会实践、关注现实问题，培育学生经世济民、诚信服务、德法兼修的职业素养。

某职业技术学校该课程采用团队式结构化建课授课模式，团队由思政教师、企业教师和专业教师组成。其中，思政教师负责精选与行业相关的国家层面重大方针政策和辩证唯物主义理论、习近平新时代中国特色社会主义思想等显性思政内容；企业教师负责整理职业素养和企业文化等行业要求；专业教师负责挖掘专业知识、能力中的价值观、方法论等隐性思政元素（见图3-2）。

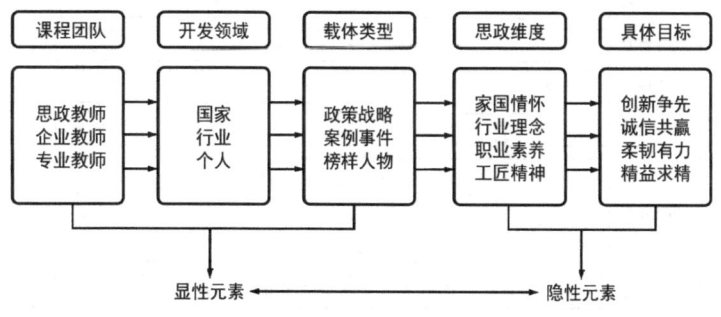

图 3-2　校企思政混编团队联合开发课程模式

（二）课程思政内容开发

1. 课程思政开发模式

深度挖掘提炼专业知识体系中所蕴含的思维方法和精神内涵，科学合理拓展专业课程的广度和深度，从课程所涉专业、行业、国家、国际、文化、历史等角度，增加课程的知识性、人文性，提升引领性、时代性。以辩证统一的思维方式设计课程思政，不是"课程+思政"两个元素的简单组合，而是既考察知识教育的真理性，也把握价值教育的导向性；既考查学生成才的需求，也把握学生成人的追求。遵循课程思政内生育德逻辑，遵循课程内在规律性，激发课程本身的育德潜质，回归教育本质，完成育人使命。

2. 课程思政地图构建

"供应链基础"课程在新发展格局引领高质量发展背景下，按照习近平总书记"产业链、供应链在关键时刻不能掉链子"的要求，传承地域文化中"敢为天下先"的开拓精神，勇担"重要窗口""模范生"的时代重任；以地方传统文化与区域社会发展为基础、以供应链管理行业特征与人才规格为基准，围绕学校"融港链天下、荟智育匠才"办学定位，结合"00后"大学生学习、成长与发展特点，以"链通、天下，信、韧、佳"为主线把握课程思政建设方向和重点，从情怀、文化、理念、素养、人格五个维度挖掘思政元素，确定"链通天下"家国情怀、"创新争先"企业文化、"诚信共赢"行业理念、"柔韧有力"职业素养与"精益求精"工匠精神五个课程思政目标，将价值塑造、知识传授和能力培养紧密融合（图3-3）。

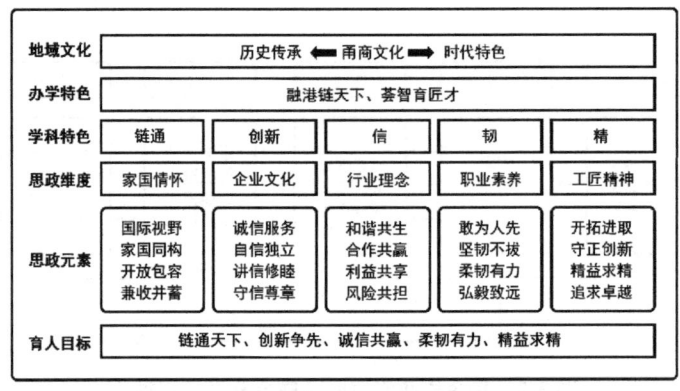

图3-3 "供应链基础"课程思政地图

3. 课程思政元素提炼

基于课程内生性挖掘思政点，找到课程中知识学习、技能训练与思政维度、思政目标最契合的环节，将链通天下、创新争先、诚信共赢、柔韧有力、精益求精等思政要素有机融入课程，形成与知识点、技能点对应的"显性"和"隐性"两条思政教育线，打造集开放性、引领性、知识性、人文性于一体的课程教学内容。

针对课程中知识内容学习主要通过阅读、理解、记忆的特点，对应挖掘理论、政策、战略、价值观等同样需要理解记忆的思政点，如"五位一体"总体布局、人类命运共同体、双循环新发展格局、"四个自信"等，构建"直观启发式"的显性思政教育线；针对技术技能掌握依靠"做中学、学中做"的特点，对应融入辩证思维、系统思维、创新思维、科学精神、工匠精神等需要反复体验感悟才能培养起来的思政点，如守正创新、开放包容、精益求精、敢为人先等，构建"润物细无声"的隐性思政教育线。实现在知识传授中注重价值引领，在价值传播中注重知识含量，提升学生的社会责任感和职业认同感。

4. 思政素材一体多能，开发"事件＋人物"对应"知识技能＋思政元素"的一体化案例载体

首先明确本次任务所需要的知识点、技能点，再寻找含有本课程知识点、技能点内容的案例素材。同时也要看所找案例企业的负责人（企业家）是否具备榜样力量，或该企业是否涌现出了具有工匠精神的劳模和科技攻关先进人物。确定案例之后再设计思政教学实施方案。下面以供应链体系构建单元为例。

教师选取海尔集团企业供应链体系构建案例和企业家张瑞敏实业报国事迹。课前任务安排学生搜集、查找张瑞敏的相关资料、创业事迹和人生故事，阅读学习张瑞敏质量第一意识、科技创新精神、产业报国情怀等优秀企业家精神。课中重难点突破环节任务，借助海尔集团供应链体系构建的实例，通过演示海尔集团供应链体系构建的过程，映射本次课上训练任务，使学生可以模仿该过程梳理供应链体系构建的实施步骤。 同时，采用演示法，

师生同步采用 SWOT 分析法对海尔集团供应链体系构建的影响因素进行分析，在此过程中总结方法使用的技巧和注意事项，为任务做好工具方法准备。课后安排阅读海尔集团科技转型、服务双循环发展格局的相关材料，再次体验海尔集团科技、管理、理念"三创新"的特有企业文化；调研学校机电工程学院和海尔集团共建工业互联网新专业的产学研合作情况，了解采用新技术新工艺培养职业院校学生的方式；小组撰写如何利用新技术新理念创新供应链运营模式的调研报告（图 3-4）。

图 3-4　海尔集团供应链体系 SWOT 分析与思政元素对接示意图

（三）教学方法与策略

整体教学设计分为课前—课中—课后三个环节，采用"三六三"浸润式课程教学模式（图 3-5）。显性思政教学策略采用三步递进认知法：课前搜集知名行业企业作为学习榜样；课中选取供应链行业企业案例，在学习知识技能的同时，感受行业发展新技术、新工艺、新标准，提升职业素养；课后推荐阅读国家重大战略相关案例，增强民族自豪感和自信心，激发爱国心、报国心。隐性思政教学策略上，将思政元素融入任务训练，采用"做中学，做中悟"，实施"体验—思考—行动"知行合一培养法，即首先通过具体项目训练逐步感悟、理解、认识，培养良好的思维、理念、意识、方法，再关注国家大事和观察身边事务，并对问题运用思政理论知识分析辨别，最后能用马克思主义唯物辩证法、习近平新时代中国特色社会主义思想指导行动，分析问题、解决问题。

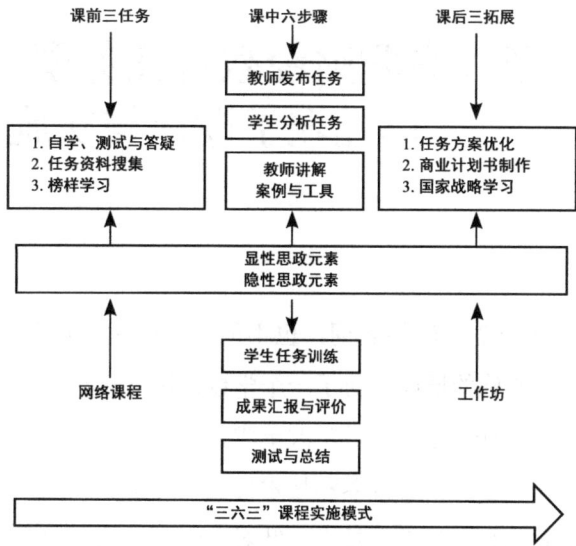

图 3-5 "供应链基础"课程教学实施模式

第四章　高职财经教育任务型课程单元教学设计与实施

有效课堂不是一个泛泛的名词，也不能仅仅停留在课程的设计层面，需要落实到具体操作实施的层面。对于一个学校来说，只有深层次地基于职业教育的教学理念改造课堂，才能使教学改革成果真正惠及学生，最终完成人才培养目标，整体提升学生的核心素养和技术技能。对于教师来说，必须适应职业教育的课堂教学方法和现代教学技术，针对教学对象的专业、生源特点、年龄及心理特点，通过一定的方法在课堂上进行以生为本的能力本位教学，才能真正表明该教师具备了职业教育的基本教学能力。因此，有效课堂建设的关键还在于课堂的教学实施，即单元课堂教学。财经类专业任务型课程具有特点鲜明的单元教学模式，在教学方法的应用层面也有其相对应的独特教学组织方式。本章立足于任务型课程的单元教学设计实施，系统介绍单元教学设计的原则、教学模式、教学方法和财经类专业课程的主要教学组织方式。

第一节　任务型课程单元教学设计的概念及总体原则

一、单元教学设计

所谓"单元"，指在时间上连续的一次课。高职院校课程最常见的是 2 学时一个单元，也有个别 3 学时或者半天连续 4 个学时一个单元的。除非是实训实践类课程，通常不提倡一门课程连续长时间地上课。单元教学设计是针对特定学习者，对一个教学单元的教学目标、教学内容、教学方式、教学评价等进行的设计。单元设计具有相对完整的教学过程结构和相对独立的教学内容。

在进行单元教学设计时，要以主题或任务为中心，对学习内容进行分析、整合、重组和开发，形成具有明确的主题（即专题、话题、问题）、目标、任务、情境、活动、评价等要素的一个结构化的具有多种课型的统筹规划和科学设计。而实践研究则是教师将单元教学设计在课堂上落地实施与呈现的过程。

二、任务型课程的单元教学设计原则

任务型课程的单元教学设计也同样要遵循整体设计的"6+2"原则，设计时应该充分体现"突出能力目标，以项目任务为载体，以学生为主体，以教师为主导"等理念。

（一）以学生为主体、教师为主导

在以完成典型情境任务为目标的任务型课程的单元教学过程中，教师是课堂教学的主导者，犹如导演，是课堂活动的设计者、组织者、管理者，是学生学习活动的主持人。学生是课堂教学活动的主体，也是典型情境任务的参与者。教师直接对学生的学习进行指导、修正和评价，引导学生自主完成典型情境下的各项学习性工作任务。

（二）单元教学内容的结构要完整

教师事先必须清楚地知道并告诉学生每一堂课的教学环节、要求和过程之中的考核点，一堂课的过程环节、内容结构必须完整，包括课堂的引入、展开、讲解、巩固、考核及总结。教师设计一个单元的课，一定要考虑到本次课的技能训练要点、需要解决的问题是什么，可以渗透的职业核心技能有哪些，课堂上需要在哪些时间节点设计一些提升学生学习兴趣的点。

（三）体现能力本位的"教、学、做"一体化模式

"教、学、做"一体化模式指在理论教学和实践教学的课堂活动中，教师以行动导向开展一体化教学。由教师引导、演示及下达任务，学生则通过

观看视频、模仿操练、小组角色演练等步骤分工协作完成任务，教师指导学生边做边学。这种一体化模式可以促进教学内容向岗位工作贴近，有利于高素质技术技能人才的培养。

随着教学经验的增长，教师对专业方面的知识越来越娴熟，自己认为很简单的理论知识只要讲解清楚就行了，没考虑到目前的高职学生对抽象的理论知识的学习本身就不擅长，同时也违背了从简单到复杂、从具体到抽象的认知规律，导致学生的学习效果很差。因此教师要学会"换位思考"，站在学生的立场、按照认知规律来有效安排课程的"做中学"，真正实现课堂的有效性。

第二节 任务型课程单元教学设计及教学模式

一、任务型课程单元教学设计

（一）单元教学设计的认识

课程单元设计，俗称教案，是每次课的教学实施方案。教师根据课程标准要求，明确每次课的教学目标，为了达成目标对整堂课的教学活动进行整体规划设计，包括课堂教学环节的各个实施细节，让别人和自己一眼看出课程设计的教学脉络、教学进程、教学方法、教学手段、控制过程、教师行为、引导方式和重要引导语句等。单元教学设计编写时可以使用各种符号、记号、图形、表格或不同颜色的文字等来表达。单元教学设计编写一般以2学时为一个单元。不同院校的单元教学设计文本各有不同。教师借助单元教学设计控制课堂教学进度，严禁照本宣科。新教师建议写详案。

课程单元设计的主要特征之一是系统分析，是指整个单元规划和课时设计，必须在课程标准、核心内容、基本学情的深度分析基础上"再建构"；特征之二是整体设计，是指课时教学以前，要在系统分析基础上组建单元，进行单元整体规划以及整体规划下的课时设计，确定主题—明确目标—逆向设计（评价早于活动设计）—结构化任务、递进性活动—课型、课时、作业、测试统筹安排与科学设计；特征之三是教学反思，基于学情分析和目标达成度进行对比反思、教学自我评估和教学改进设想。此外，还应及时撰写课后反思，突出单元整体实施的改进策略，后续课堂教学如何运用本教学成果，如何持续促进学生德智体美劳全面发展。

（二）单元教学设计的基本框架

通常单元教学设计文本包含以下几个方面的框架内容。

（1）单元基本信息：包括授课教师、所在部门、课程名称、单元序号和标题、单元课时、授课对象、授课日期、授课地点等。

（2）单元教学目标：在整体设计基础上，将整体设计的进程表中的每一个单元所覆盖的知识、技能和态度（素质）目标在单元设计层面落地。

单元教学目标应按照职业教育课程教学设计的要求，遵循"6+2原则"的指导思想来设计每一次课，要突出对学生的能力培养。目标应该逐项逐条列出。

表述时，知识目标应有"了解""熟记""掌握"等不同程度的要求。技能目标，一般应使用"能用……做（分析、处理）……"的句式来表达。对技能要求的内容描述不能太简单，要写出"能用……做……，做到……（程度），达到……（标准）"，要提出相应的要求。涉及工具设备时，不能单纯要求"会使用……工具"，而应写明："能使用……工具或设备做……或解决……（问题）。"对态度（素质）目标的描述不能停留在简单的"团队合作能力""忠诚敬业"之类的概括性描述，应说清楚在课堂上通过什么具体举措来落地。

（3）单元教学重点、难点及应对措施：重点、难点要根据教学目标与内容，从学生的实际水平和现有能力出发，按照认知规律和行动导向的原则来确定。要有切实可行的解决方法。不能将重点难点内容学习仅仅停留在知识点的理解上，还要兼顾技能操作层面目标的达成情况，同时必须要结合课程内容和学生实际情况来明确说明通过什么办法去教授重点、难点内容。

（4）单元课程教学资源：列出本单元教学所使用的课程平台，以及课件、软件、视频、微课等教学资源。

（5）形成性考核及课后作业：引出整个单元教学中的考核点及评价方

式，课后作业布置情况及评价方式。

（6）单元教学过程：单元教学设计要突出教学的过程设计和进程安排，不能是教科书的目录或章节内容的简单摘抄。单元教学设计过程应该遵循学生的认知规律，把握由具体到抽象、从简单到复杂、循序渐进的原则，形成一个完整的训练和认知过程。

单元教学设计需要对整个单元的所有教学时间进行合理分配，并对每一个时间段的教学内容作出具体说明，具体包括：预计时间、教学内容、教学活动、教学资源、覆盖目标。完整的单元教学设计要将每一个课堂教学细节都清楚呈现出来，建议包括描述情境、引出任务或问题、教师演示讲解或示范、学生模仿训练、理实归纳、单元考核、单元总结、布置作业等环节。在教学时间分配上要以学生为主、教师为辅，积极鼓励学生在"做中学"。

单元教学过程通常反映出与教学过程进程相关的内容即可，不要在教案中重复教科书内容细节。除教师自己补充和总结发挥的资料之外，课本上有的不必在教案中简单重复，有些具体内容可以用板书或课件来演示。

（7）课后自我反思：每次上课后，教师应对教学实施情况进行总结，内容包括教学设计的可操作性、教学内容的质与量、教学方法手段的有效性、学生活动和学生的学习效果等，并写在教案的"课后反思"栏中，便于今后加以改进。重点需要说明本次课的效果，存在哪些不足，提出今后的改进措施。

二、任务型课程单元教学模式

（一）传统知识本位的课程单元教学模式

传统知识本位课程的单元教学模式是上课—复习上次课的主要概念—引入本次课的新概念—讲授相关的理论知识—提出问题探讨相关知识的应用案例—总结概括本次课的要点内容—布置作业—下课。

（二）任务型课程的单元教学模式

1. 模式一：项目任务直接作为过程训练任务的单元教学模式

此种模式适用于教师所设计的项目任务难度不大的情况。把项目（或子项目）拆分成几个依据实际工作的相关任务（或子任务），比如任务1、任务 2、任务 3，在课堂上按照工作进程完成这三个任务（或子任务）。具体教学过程安排如下。

（1）复习上次课程内容并导入新课，用案例引入本次课的主题。

（2）描述任务情境。按照整体教学设计中设计的教学情境，描述工作任务和场景，提出任务，引发讨论，告知学生本单元教学内容和目标，引出本单元需要完成的项目任务。

（3）引出本单元的项目任务 1、2、3。告知学生本单元的项目任务完成要求、可检验的成果形式，并宣布考核方案和评价标准（注意要让学生清楚知道考核的评价标准）。此阶段教师应引导学生对要完成的项目任务进行分析讨论，进行师生互动，引发学生思考。

（4）教师演示或示范任务 1。教师通过操作示范，演示任务 1 的完成过程。演示过程中，教师要结合操作讲解必要的知识和原理，并通过互动讨论，逐渐深化学生对完成任务所需的技能、技巧、知识的理解或掌握。

（5）学生模仿训练任务 1。按照教师示范步骤，学生模仿操作，边做边学。

（6）反复训练巩固任务 1 的知识与技能。除了任务 1，教师还可以从不同角度设计多个与任务 1 类似且难度递进的训练任务，供学生反复训练、巩固、提高技能。

（7）理实归纳。引导学生归纳项目训练后所学到的知识、技能，并作总结。

（8）教师指导学生自主（或团队合作）完成任务 2 和任务 3。学生在规定的时间内完成任务 2 和任务 3，此时教师以指导为主，学生不懂可以提问。

（9）单元考核。教师事先准备一个与项目任务相似但难度适当加大并涵盖三个任务环节的考核任务，并按照事先宣布的考核细则进行验收，给出评定成绩。

（10）单元总结。总结本次课程所学知识、技能的重点和要点，深入讨论前面所完成的项目任务，并提出新的任务要求，引出下次课的内容，引导学生课后进行预习准备。

（11）作业布置。尽可能以本次课所完成的项目任务为基础，设计一系列的能力拓展项目，作为学生的课后作业，进一步巩固提高今天所学的知识、技能。

2.模式二：项目任务作为课堂考核或课后作业的单元教学模式

此种模式适用于项目任务难度较大，不适合直接作为课堂中"做中学"任务的情况。

（1）复习上次课程内容并导入新课，用案例或创设情境引入本次课的主题。

（2）描述工作情形和具体项目并将其设定为本单元的工作任务，引发讨论，告知学生本单元教学内容和目标。

（3）引出本单元的项目任务。因为此项目任务比较综合且有一定难度，所以不适合直接作为课堂中"做中学"的任务，而是作为学生考核任务最后完成，并提出考核的具体评价标准和要求。

（4）围绕课堂需要完成的项目任务，教师从操作简单的任务1入手。

（5）教师示范任务1。

（6）学生模仿学习完成任务1。

（7）归纳与任务1相关的知识点。

（8）在前面任务1的基础上，教师布置新的功能扩充或者难度加大一点的同类型任务2。

（9）教师引导学生自主（或团队合作）完成任务2，有不懂的及时提问、沟通、指导。

（10）归纳与任务2相关知识点。

（11）依次完成更大、更复杂的任务（学生反复进行技能训练和知识归纳）。

（12）单元考核：学生独立完成本次课程的项目任务作为考核，教师按照事先要求的评价标准给分。

（13）全面总结本单元的知识、技能。

（14）作业布置（项目任务也可以在此环节完成）。

（三）任务型课程模式下课堂教学注意事项

1.任务型课程的项目任务需要根据课程目标要求设计难易度

常见任务型课程的主要载体是项目，教师在设计课程实施的项目时，需要考虑课程的目标要求和学生的实际情况,对项目任务的难易度和考核评价方法进行细致斟酌,必要时可以采取分层考核评价手段。

2. 任务型课程的任务训练需要一个从简单到复杂的多重循环递进过程

按照学生学习的认知规律,教师在设计项目任务的时候需要从简单任务开始逐渐递进到复杂任务。在面对课堂上第一个任务时,学生往往摸不着头脑,不会做,所以需要教师示范,然后学生模仿。接下来的第二个、第三个任务渐渐放手让学生自己去完成,教师起到指导、答疑的作用即可。最后一定要尝试让学生独立完成新任务。有些教师担心学生不会做,所以对任务的下达和完成的具体细节要求过于具体,操作讲解过于细致,导致学生几乎像个机器人似的照抄照搬、模仿操作就可以完成,这样只能训练学生的简单模仿能力,而不能完成专业核心技能训练目标。

3. 任务型课程的任务完成需要与过程考核紧密结合

教师很容易犯的一个错误是在任务设计中只设计一个大型任务,在课堂教学中也是只有一个任务,没有给学生循环训练的机会。一个大型任务既是"做中学"的任务,也是考核任务,这样的做法是很不科学的。原则上学生应该可以带着轻松的心态来学习"做中学"的任务,有不懂的问题可以直接提问,请教师指导,但是考核任务必须是严肃进行的,评价标准要清晰,学生必须独立完成。所以建议教师在课堂上采取多重任务循环操作,同时分开设计课内学习任务和考核任务,避免出现将一个大任务既作为学习的任务,又作为考核的任务的情况。

第三节 财经类专业任务型课程课堂教学方法

一、基于建构主义的任务型课程教学

(一)建构主义的教学理念

建构主义的思想来源于认知加工学说,以及维果斯基、皮亚杰和布鲁纳等人的思想。建构主义提出"自我建构"的全新理念,批判教学过程的机械和僵化。该学派认为不同学生由于家庭背景、受教育程度和发展水平不同,对技

能的把握和知识的理解存在很大差异，教师必须要从学生的实际出发，围绕学生的认知特点引导学生自主建构学习内容。其基本观点包括以下几个部分。

（1）强调以学生为主体。整个教学过程的所有活动都必须以学生为主体实施，重视学生自主学习能力的培养，关注学生自我学习的积累。

（2）重视教学情境化设计。学生的学习必须是在一定的项目任务中完成的，而项目任务的实施一定要在特定的工作情境下引入，情境设计者是教师，对象是学生。财经类专业课程的课堂教学中，教师可以结合岗位工作实际通过一定的媒体技术或语言技巧来设定一个课堂任务实施情境，并由此引出具体项目任务，引导学生以学习小组为单位进行项目分析、方案策划、方案汇报等。

（3）突出教学的过程互动。教学过程中通常要求学生组建学习团队，相互之间目标一致，任务分工明确，便于沟通和合作交流，共同分析、处理和解决问题。师生之间的互动也很重要，教师要开发多种互动方式，加强课堂的互动性。

（4）关注多元学习内容。课程学习目标的多元性也决定了学生学习内容的多元性，除了教材的知识以外，也需要利用线上线下多元化的信息和资料来完成学习任务，达成多元目标。

建构主义认为学习是一个以学生为主体、教师为主导的学习过程，学生在教师的引导下，在特定的学习任务和情境下，通过与人交流合作、自我认知、自我展示等形式达到知识和技能的可应用性建构。

（二）建构主义观点下单元课堂教学方式的转变

建构主义观点下教师需要充分利用各种教学条件积极发挥学生的主观能动性和创新精神，帮助学生有效实现对所学知识的建构。课堂教学中的教师角色、学生角色和考核评价都发生了变化。

（1）教师的角色由"讲"变"导"。在建构主义教学方式下，教师在课堂发挥组织、协调、沟通、指导的作用，教师根据教学目标采取行动导向教学法设置项目任务、学习情境、案例分析、问题讨论、成果展示等形式进行教学。

（2）学生的角色由被动变主动。与传统的被动接受不同，建构主义教学中学生变成主动学习者，在教师的指导和帮助下主动思考，学生通过团队合作交流、问题分析和解决、信息搜集和整理、成果梳理和汇报等方式，提升合作、分析、交流和解决问题的能力。

（3）评价考核由结果导向转变为过程导向。为客观体现学生的过程学习和合作情况，建构主义将传统的"一考定成绩"的方式转变为形成性考核和过程性考核相结合的方式。教师根据教学进程安排，在项目任务的实施过程中进行全过程考核，对学生每一个阶段的团队合作情况和任务完成情况作出客观评价。小组考核重点考核任务成果和完成效率，个人考核重点考核个人在小组的贡献情况，学生成绩由小组成绩和个人成绩综合组成。

二、行动导向教学

（一）什么是行动导向教学

行动导向教学是指教师根据课程标准要求，在课堂教学中为达成教学目标，根据教学环境和学生自身条件而开发的以完成某项职业活动为目标以项目任务作为行动要求来实施及评价的一种教学活动。教师需要营造一个类似于工作环境的基于工作过程的学习环境，引导学生主动协作，让其用心、用手、用脑地在"做中学"，以达到培养学生综合职业能力的目的。

行动导向教学所倡导的是一个与综合职业能力养成直接相关的"行动过程"。是一种"有目标的活动"，即"行动"，强调"为了行动而学习"。教师围绕教学目标设计行动载体项目、任务或活动，让所有学生以团队合作形式参与整个工作流程。学生之间需要团队合作、沟通交流、解决问题。行动导向教学强调学生自己收集信息、完善计划、制定决策、实施方案、检查修正，教师指导并协助完成整个行动。

（二）行动导向教学的主要过程

行动导向教学注重教学中工作过程的完整。通常整个教学过程可划分为几个环节。

（1）确定任务：明确具体的工作任务和目标。

（2）制订计划：确定完成工作具体方案，包括工作目的、工作对象、工作材料、工作工具、工作方法等，明确实施途径和环节。

（3）实施工作：需要对实施过程进行完整记录。

（4）检查与评价：对工作过程进行质量控制，保证得出的结果符合方案设计的预期，并对结果进行客观评价。

（三）行动导向教学中的知识传授

教师应合理把握项目实施过程中的理论知识的学习线索和项目任务实施的工作线索之间的关系，原则上一定要贯彻"做中学"的原则。"做中学"的过程必须要做到边做边学、边学边做。在"做"的过程中，按完成任务的需要调用已知、学习未知。这种学习，就是为了完成任务而学习，也就是任务驱动的学习。总之，按照建构主义观点，知识是需要教师引导学生在完成任务"做"的过程中建构起来的。

常见的错误的理论知识教学方法就是先讲后练、先学后做、讲和练割裂的教学方法。也就是在任务实施前，教师先一次性讲完全部背景知识，然后让学生去完成任务。

正确的行动导向教学中的理论知识教学方法有：

（1）在课堂上解决知识的学习：合作学习、有指导的学习。

所需材料：学习指南、导学案、引导文等。

（2）在课前解决知识的学习：自主学习、翻转课堂。

所需资源：学习指南、微课、自测题等。

三、案例教学法

（一）什么是案例教学法

案例教学法源于西方，目前在国内教育界被广泛采用。案例的选择应比较贴合实际，有典型性。教师通过文本、语言、图片或视频对案例进行描述，引导学生进行分析和探讨，达到理想的课堂教学效果。财经类专业课程强调学生实践能力的培养，在项目教学法、问题教学法、合作学习法、游戏体验法、任务驱动法等新型教学方法应用的同时，传统的案例教学法仍然有其独特的作用并广泛应用于财经类专业课程的课堂教学中，将重点、难点学习内容通过一些生动有趣的案例来说明，有利于学生对学习内容的理解和整理。

（二）案例教学法在财经类专业课程教学中的优势

1. 提高学生学习参与感和主动性

案例教学中，教师可以将时下热点事件、热播剧、热门游戏等学生关注度较高的素材纳入案例讨论，引起学生兴趣。此类案例可以通过各种媒体途径来获得，案例的准备、陈述、分析、总结都可以由学生组织完成，增强学生主动性、参与感和责任感。学生自己查找案例、分析案例，这对他们既有挑战，又在其能力范围内，对学生具有较大吸引力、能够使学生产生较大参与感和成就感[1]。由于案例教学的内容是具体的实例，较为直观、形象、生动，学生易于理解。这样，在案例教学中，每位学生都会加入进来，注意力高度集中，极大地提升了学生的互动参与感与学习积极性。

2. 锻炼学生实际沟通协调、团队合作、分析问题与解决问题等职业核心能力

财经类专业课程案例教学能引导学生在专业教学要求下，在合作分析和讨论案例中去发现问题、分析问题并解决问题，从而能多角度认识实际工作中的问题，培养学生分析和解决问题的职业核心能力。课堂上，学生由被动变成主动，由教师提供案例素材，学生分析素材、讲解案例、与同学沟通案例、管理课堂；不仅要自己弄明白，还要回答同学们的提问，让同学们听明白，归纳出一套适合自己特点的思考问题的方法。这一过程可以锻炼学生与他人沟通合作及不断自我完善的职业综合能力。

3. 现实生活中存在大量可以不断补充的财经类专业课程案例

传统教材上的案例比较经典，但往往形式较为单一，且数量有限，能够接近学生生活、与时俱进的本土案例较少。实际上，现实生活中教师可以通过不同途径获取国际、国内和很多日常生活中的与财经类专业课程相关的案例素材，只要对其进行加工即可采用。除了教师本人有意识地搜集并丰富案例资料，也可以把案例教学的主动权交到学生手上，由学生分组、团队合

---

[1] 佘颖玲. 案例教学法在高职《管理沟通》中的运用研究[J]. 经贸实践，2018（22）：265.

作来搜集教学课题相关的案例，他们所找的案例素材更贴近学生的爱好。比如，有学生会从热门电视剧里找到契合财经类专业课程主题的视频片段，可以通过各类途径搜索到相关网络新闻，从而弥补教材案例的不足。

（三）财经类专业课程教学案例设计思路分析

财经类专业教师能否设计出合适的教学案例关系到案例教学法开展后学生学习的实际效果。教师选择案例素材时应注重以下几点。

1. 案例素材的选择

财经类专业课程的案例要为未来从事商业行业的学生培养商业职业化素养，案例素材选择应源自商业生产过程与管理实践。商业模式的不断创新促使授课教师需要到企业一线岗位实践，获取源自一线的服务与管理岗位的相关信息资料。因此建议教师与合作企业的管理人员协同开发教学案例，使专业案例素材丰富，与商业行业企业一线的实际管理工作对接，实现案例的实用性。

2. 案例素材的吸引力

案例要有吸引力，学生才更有兴趣参与学习活动。合理的案例情境可以激发学生的好奇心和求知欲，调动学生思考作为管理者角色自己如何在职权范围内进行工作决策，学会独立自主地分析问题，探寻并学习有关的知识技能，在学习中充分发挥主观能动性，真正成为学习的主体。

3. 案例素材的参与性

案例教学必须让学生参与到案例的分析探讨和问题解决过程中，而非作为旁观者，以此激发学生主观能动性并探讨可行的解决方法。通过案例教学，学生将自身学到的知识结合实际运用，在运用知识的过程中锻炼思维和创新能力。

（四）案例教学的具体实施及注意事项

1. 课前案例准备

教师需精心挑选符合教学重点的案例，要兼顾案例的时效性、新颖性。教师需要准备好与案例教学相关的包括案例、问题、辅助资料及学习指南等，将学生分组，在课前将资料分发给学生，给学生留下足够多的时间提前阅读案例材料，查阅相关案例资料，搜集案例信息，分析案例。

2. 课中案例讨论

案例讨论是案例教学的核心环节。①讨论前，由教师或学生通过语言、图片、视频、PPT等形式将案例介绍给学生，提出问题供学生讨论。②讨论时，由学生分组进行，各小组选派代表，发表本小组对于案例的分析和处理意见，在小组讨论中解决问题，教师充当组织者和主持人的角色。③讨论后，教师可提出几个问题处理方式，组织各个小组对此进行重点讨论。通过讨论鼓励学生自己分析、思考和发现问题，得出结论。

3. 案例总结拓展

案例讨论结束后教师应让学生进行独立思考和总结（可以书面形式），教师要对讨论情况进行总结点评，对学生表现进行积极评价，对学生的表面认识予以深入挖掘和系统概括，帮助学生深度理解和把握课程内容。

四、问题导向教学

（一）问题导向教学的概念

所谓问题导向教学就是在对教材内容理解和梳理的基础上，通过提出问题使学生主动思考，并借助问题研讨的活动形式对问题进行分析，使学生理解课程内容，实现课程教学目标。教师在使用问题导向教学法时不仅要注意问题的提出与引导，同样也要体现以学生为主体，关注学生对问题理解的情况，把握学生研讨过程，及时与学生沟通，以提高课堂教学效率。

问题导向教学在课程教学应用时往往会形成一组完整的"问题链"。这组问题链是教师为了实现课堂的教学目标，根据教学内容，结合学生的已有知识或经验设计相应的问题，按照一定的逻辑顺序把这些问题连接起来组成一条或几条问题链，教学过程紧紧围绕解决这些问题而展开。

（二）问题导向教学的优势

1. 激发学生学习兴趣

问题导向教学通过引导学生对比分析、思考判断、逻辑推理等训练学生对同一问题运用原有的知识进行多角度思考，这样不仅能增加教学问题的变化性与课堂活动性,同样也能培养学生的探究型思维,为学生学习奠定良好的思维基础。通过对问题情境的探索,促进学生主动学习、愿意学习,提升其解决问题、自主学习和终身学习的能力。

2. 发挥学生主体地位

问题导向教学变教师传授为学生主动探索,弥补了传统教学中以教师讲授为主的灌输式教学的不足,强调学生是认知过程的主体,课堂学习以学生为主,关注学生课堂教学中的情感体验与能力培养,让学生能够自主地从寻求解决问题的方法中学习到知识和技能。问题导向教学的应用同样也体现出以人为本的理念,它通过教师对学生的引导与把控,从宏观上把握学生课堂学习的节奏与效果,及时对课程进展进行调控[1]。

3. 提高学生综合素质

问题导向教学的应用,既可以提高课堂趣味性,也可以促进学生思维能力的发展,提高其综合素质。在教师主导的思维活动中,学生既学会抽丝剥茧的推理思路,又在解决问题的过程中使思维得到锻炼,有利于学生在掌握与应用知识的同时,养成善于思考、团队协作和创新意识等良好素质。自主学习能力也在发现、分析、解决问题的探索和训练中得以培养和发展。这是问题教学所要达到的主要目标。

(三)创设课堂有效问题的核心要素

基于需求导向和知识建构理论中的"融合共生"理念,课堂的有效问题应紧扣国家、区域产业发展和转型升级对智慧化与数字化人才的迫切需求,要将人、平台、内容、技术、环境等建构理论的基本要素统一到学习者的主体地位上,通过结构化师资、模块化课程、浸润化教法、碎片化学习、智慧化课堂等体系要素,做到因材而教、因需而学。具体而言,在职业教育的课堂有效问题的创设上,其核心要素有以下几点。

1. 强烈的问题意识

学习是从问题开始的,问题是思维的源泉,更是思维的动力。教师首先

---

[1] 宗叶君."问题导向式"教学法在高职数学教学中的应用[J].中国多媒体与网络教学学报(中旬刊),2018(10):77-78.

要有强烈的问题意识,要注意挖掘教材内容,通过创设合适的问题链,架设理论与实践的桥梁。

2. 关注学生的需求

教师应从高职学生的生活实际出发,直面他们成长中遇到的问题,满足他们发展的需要,精心创设符合学生心理的问题,使教学进程沿着问题情境有效引领学生去思考和探究。使学生在解读问题时,能够由此及彼、由表及里,把对知识的获得转换成对现实生活的思考,激发学生参与课堂探讨的兴趣,引导学生了解社会、感悟人生。

3. 紧密结合时政

有效问题的创设还必须紧密结合时政。通过接地气的问题链把财经类专业课程的一些专业知识与时事热点紧密结合,采用新闻发布、时事评述等形式,让学生根据提出的时事问题,选择自己喜欢的话题,用简洁的语言发表自己的看法。

第四节 任务型课程常用的课堂教学组织方式

一、翻转课堂教学

在财经类专业教学活动中,学生普遍乐于接受新型教育模式。其中,翻转课堂教学在信息化教学手段不断普及的当今被广泛应用,推动翻转课堂在财经类专业课程教学中的运用,会增强学生对财经类专业课程学习兴趣,对财经类专业课程教学会产生重要积极影响。

在翻转课堂模式下,传统的"信息传递"方向发生改变,将知识传授和知识内化的顺序颠倒安排,学生课下在网络平台完成对教师提供的微视频、课程资料等的学习并在线交流,课堂上则通过师生、生生之间的互动完成知识内化。因此它不是用播放视频来取代教师讲解,也不是在线课程。

(一)财经类专业课程教学引进翻转课堂的意义

翻转课堂与传统课堂教学模式有所不同,是一种新的教学模式,在财经类专业课程中引进翻转课堂具有重要的意义。

1. 保障人才培养目标的达成

高职院校目前正在实行 1+X 证书制度试点、"课证融通""现代学徒制""顶岗轮岗""产教融合、校企合作"等工学结合的人才培养模式，从教材建设、课程置换、师资培养、实习就业等多个层面提升教学质量。高职院校财经类专业人才培养模式执行到位、达到预期效果的关键在于学生的"内化"。

高职院校学生之间的差异性比较大，标准统一的课堂教学难以满足不同学生的"内化"要求。为了提高学生的参与度，让学生产生学习兴趣，通过翻转课堂将整个教学过程进行颠倒，课堂学习过程的各个环节发生变化，使学生学习更加便捷、灵活、主动。财经类专业课程在实施订单培养、工学交替、任务驱动、项目导向、顶岗实习等教学模式的基础上，实施翻转课堂成为高职院校财经类专业课堂全新改革的一种重要教学模式。

2. 提升财经类专业学生的综合职业能力

财经类专业学生的综合职业能力，包括专业能力、方法能力和社会能力。翻转课堂以建构主义学习理论为基础，以"能力本位"为主导，将以往"填鸭式"的教学方法向"启发式"的教学方法进行转变，有助于激发学生的学习兴趣和学习自主性，为启发学生的创新思维、鼓励学生提问、锤炼学生分析和解决问题的能力提供了有效的途径。财经类专业课程因为没有太多实操类设备设施方面的要求，多数课堂借助软件操作和通过网络学习即可完成，更便于应用翻转课堂教学模式。学生课前自主学习，课上大量时间用于汇报自主学习成果、交流疑难问题并展开讨论；教师作为引导者辅助学生学会交流沟通和团队协作，提高学生的实践能力、创造能力、解决问题能力等综合职业能力。

3. 调动学生学习积极性

翻转课堂的运用，让教学活动不仅仅局限于教室内，学生可以根据自己的生活习惯和思维习惯，选择自己喜欢的学习方式，教学内容也可以通过更多的方式传递到学生那里，丰富了学生的学习生活。翻转课堂为教师与学生创建了交流的机会。师生互动更加高效，增强了教师的工作热情和学生的学习热情。学生可以在日常生活中充分利用现有的教学资源，对自己的学习计划进行自主安排，实现课外学习与课堂学习的良性互动。

4. 实现教师的交流成长

翻转课堂使教师在课堂上的角色发生根本性变化。教师从课堂上的知识传授者转变为整个教学活动中的总设计、总导演，学生则由课堂上的接受者转变为教学活动中的"主体"。教师需要合理安排教学进程，对课程作总体规划设计，有效组织课堂汇报交流、互动讨论、体验探究，鼓励同学之间相互质疑，实现知识内化[1]。教师在翻转课堂的教学工作中，可以通过观看其他教师的微课或通过集体备课的形式来录制教学视频，实现教育资源的共享。

（二）高职院校基于微课的翻转课堂教学模式

1. 课前精心设计微课内容

在课前，教师应为学生准备好所需的教学资料，可以以视频形式呈现，激发学生自主学习的积极性，便于学生在课前结合自身学习能力选择适合的学习资料，进而规划自身学习进度与内容。通常比较能够被学生接受的自主学习资料是微课。微课一般包括教学设计、教学目标、教学内容和教学反思等部分，时长应控制在5分钟左右。教师应在课前精心设计微课内容，使其新颖、有趣，便于激发学生学习的积极性。

2. 课前引导学生利用微课自主学习

学生应在课前完成教师布置的微课学习任务，以便在课堂中能够跟上教师的教学思路。所以，在录制微课的过程中，教师需要结合教学任务，通过实训操作、PPT视频录制等形式做好习题测试与学习任务单编制等工作，为了确保学生自主学习的质量，教师还需要结合课前学习内容合理设置引导问题，便于学生能够有目标地学习。教师可以在网络平台中设置学生讨论模块，以便学生发布学习过程遇到的问题，提高学生的学习能力。教师还可在网络平台中上传全部学习资料，通知学生及时学习；通过自测题库考查学生学习效果；根据学生课前测试的情况，梳理课堂中需要突出的重点和难点。

---

[1] 张晶. 基于翻转课堂模式的高职商科课程教学研究[J]. 中国成人教育，2015（14）：179-181.

3. 课中结合教学内容推动学生沟通研讨

在翻转课堂教学中,要以学生为主体。教师已经设置了课前自主学习环节的引导问题,课堂上教师根据任务需要设置教学情境,引导学生明确学习任务,对学习任务进行分解,以小组为单位共同合作完成。课堂答疑解惑是翻转课堂教学中十分重要的环节,教师要深入分析学生自主学习时遇到的问题,通过答疑解惑帮助学生内化所学知识。此外,在课堂教学中,教师要充分运用微课视频设置教学情境,让学生可以自主使用微课教学资源。教师还可以结合教学重点内容,有针对性地对学生加以引导,组织学生开展讨论研究,引导学生学会总结和分析问题。

4. 课后引导学生利用微课巩固学习

课后学习巩固环节是强化学生学习效果的关键。在以往,课后教师布置作业,学生完成,教师批改给分。翻转课堂教学中,教师为每个小组布置学习任务,学生以小组合作形式完成学习任务。教师布置的任务需要学生充分利用所学知识解决遇到的问题,这是教师检测学生学习效果的一种有效方法。这种方法既有利于提高学生的团队协作能力,又有利于学生巩固学习的重难点。在这一过程中,教师可将微课教学视频上传到学习平台中,让学生在小组反复讨论中学习,帮助其完成课后学习任务。

5. 通过过程评价反馈提高学习质量

在翻转课堂教学中,很重要的一个环节是过程评价和考核。在整个教学过程中,教师要及时与学生进行交流和沟通并合理评价学生学习中的表现,提高学生学习的自信心,引导学生主动查找学习中的不足,有针对性地解决学习中存在的缺陷。当然,评价方式并不局限于教师对学生的评价,可以将团队互评、自我评价等融入其中。以确保评价的科学性、合理性,对学生后续学习进行具体的、可行的指导,帮助学生更好地完成今后的学习任务。

(三)财经类专业课程的翻转课堂教学模式设计

"客户服务与管理"课程是电子商务专业的必修课,作为一门专业性强、实践性强的课程,一方面,从企业角度出发,从思维模式转变开始训练,培养学生效益意识、规范意识、成本意识、竞争意识;另一方面,通过实践与学习相结合的方式，培养学生解决问题、自主学习和革新创新的能力。近年来，某职业技术学院开展了项目化教学、翻转课堂等多种教学模式的学习与改革，在课程实施过程中，授课教师采用项目化教学、网络学习平台、翻转课堂、案例教学等多种模式相结合的方式，以求改善课程中学生的"做中学"的效果。现以课程中"接待客户"为题进行课程单元设计，展示翻转课堂的教学模式。

1. 翻转课堂设计目标

开展翻转课堂教学设计的目标是：遵循学生的学习活动规律，结合学生的学情分析，以培养学生"做中学"、可持续发展的学习能力、创新素质为宗旨进行课堂创新教学活动。

2. 翻转课堂教学设计

（1）课前自主学习与预习。任课教师讲授该课程已有数年，手里积累了大量的教学案例、视频、微课、学生作业案例等素材，在授课过程中采用了高等教育出版社的职教云网络教学平台，将该课程的课件、学习资料、视频、动画、题库、作业等都放入网络教学平台。在每一次课程开始前，教师都会在平台中预先布置课前学习任务（包括各类学习资料、PPT、视频等），学生完成学习后，平台将自动对其进行评分。

本单元主题是"接待客户"。在课前，授课教师将接待客户涉及的接待礼仪、接待要求、接待案例、视频等在平台单元课程中进行分享和学习任务布置。教师通过平台可以进行查看并点评学生学习情况。

（2）课内知识检测和深化。课堂上，教师首先对学生的课前自主学习效果进行简短的小测试，通过测试对学生的学习有一个大致的了解。"接待客户"的单元课程设计是通过对来访客户的分析和分类，在了解客户的性格、身份、特征等的基础上，制订不同的接待方案。同时，要求对任务情境进行引入，让学生进行初步的客户接待"做中学"练习。其次，通过案例讨论，能够针对不同客户的特征采取适当的接待礼仪。授课教师首先让学生对本课程相关的知识进行梳理归纳；然后设计一个实操训练，提供给学生不同的模拟场景进行分组客户接待训练。

教师用职教云平台的软件将学生随机分成N个小组。选择其中任意一组作为点评纠错组，这一个组的任务是：布置客户接待现场，并进行点评和纠错。成绩将由他们的点评过程决定，少发现一个错误将扣除一颗星，直到扣完为止。其他小组作为情境演练的小组，小组内进行角色分配。而教师作为主持人和指导员。

在实施过程中发现，由于学生扮演的不同身份，他们会自觉主动去学习、探究模块内的知识、技能，以求在演练中尽可能减少自己小组的错误，而随机产生的小组，也会让学生快速地进行融合和讨论。同时，他们还互相监督，检测对方的学习程度，整体效果较为良好。

（3）知识归纳和总结。在课程结束前十分钟，教师对本次课程做一个总结和归纳，同时，对学生的学习效果进行一次小测试，并与课前的学习测试进行对比，看看学生在项目化教学、案例分析、情境演练中，对知识和技能的巩固情况。对于课堂内优秀的演练环节可以进行视频拍摄，上传至职教云平台，供学生们分享点评。

教师课后对学生的学习效果进行反思，看看有没有可以继续改进的地方。

二、混合式教学

（一）混合式教学的认识

混合式教学是将在线教学和传统教学的优势结合起来的一种"线上"+"线下"的教学形式。

混合式教学具有如下几个特征：①采用"线上"和"线下"两种途径有机结合开展课堂教学；②"线上"教学是教学的必备环节而非辅助手段；③"线下"教学不是传统意义上的课堂教学活动，而是基于"线上"的学习成果而开展的教学活动；④混合式教学是狭义的混合，就是特指"线上"+"线下"，不涉及其他内容；⑤这种教学形式没有规定程式要求，只要是将"线上"和"线下"两种教学方式有机组合，发挥出各自特色并有效提升教学效果即可；⑥混合式教学拓展了传统课堂教学的时间和空间，重构了传统课堂，借助在线教学平台使得"教"和"学"可以在不同时间和地点发生。

（二）混合式教学的特点

1."线上自主学习"与"线下指导巩固"相结合

传统教学方式很难发挥学生的学习主动性。为充分调动学生主动学习的积极性，教师可以根据课程内容的不同难度对课程进行分解、归类、划级，比较重要的或者相对容易掌握的内容作为线上学习任务，以文本、PPT、微课、动画等资源形式上传至网络课程平台，并且提供专业论坛以及新闻信息、学生在线学习等内容[①]。而线下课堂授课则是对线上内容进行强化，突出重点、化解难点，强化在线学习效果，深化知识的应用，实现"线上"与"线下"学习的有机结合。

2."课下自主单项任务训练"与"课堂团队综合任务训练"相结合

教师根据教学任务设计课下和课堂的训练任务，将任务内容分为单项训练和综合训练两个层次，明确训练任务目标，设定从低到高的不同难度层级的任务，根据需求来设定个人任务和团队任务，通过训练任务单、训练操作视频的方式在线上发布单项个人任务。课堂上针对单项任务中存在的问题进行总结指导，并布置团队综合任务，通过这种递进式的训练任务提升学生的专业技能和团队协作能力。

3."在线学习"与"实时指导"相结合

相对于传统教学中师生很难找到沟通的途径和方式，线上网络课程平台的数字化学习则可以通过共享到课程平台的教学资源随时随地地进行在线学习，学生还可以因需要灵活地安排自己的学习时间进行自主性学习，对于难点可以反复学习，还可以通过平台在线和教师进行沟通解惑。同时，教师可以根据学生的在线反馈，进行实时指导和在线跟踪，有针对性地解决不同学生的问题，实现学生的个性化学习。

4."自主探究"与"目标引导"相结合

高职学生往往缺乏自主学习能力，但是其好奇心强，能熟练使用网络和手机终端，动手方面的实践任务参与热情较高。在教学设计中，教师可以以

---

① 程炜杰，陈虹．高职院校商科专业混合式教学模式设计与实践 [J]．高等职业教育，2018，27（1）：56-60．

完成小组任务的形式促进学生团队合作，引导学生主动去挖掘、探索。教师可以将一些拓展性的资料上传到网络课程平台，让学生从单纯的被动接受学习转变为主动探究学习。教师根据在线学习情况，设计课堂教学内容，使教学有的放矢，通过目标引导提高教学的有效性。

5."翻转课堂"与"信息化辅助"相结合

打破传统以教师为中心的教学模式，依托丰富的信息化数字资源，开展翻转课堂教学实践，突破课堂教学时间、空间限制。根据学生线上学习效果提供有针对性的学习指导。在课程的教学中，需要教师充分利用各种信息化教学环境，合理采用网络课程平台、精品资源库、在线视频、动画、微博、微信公众号等多种信息化手段，提高学生的学习兴趣与参与度。

6."全程评价"与"多元评价"相结合

混合式教学强调形成性考核，建议对每次在线学习情况都进行考核评价，学生完成学习任务之后通过实时测试清楚自身的学习情况，也让教师能够更全面地考核评价学生的成绩。整个课程的教学评价方式可以包括个人评价、组内互评、小组评价、教师评价、校外指导教师评价等，这种多元评价方式可以多维度反映学习效果，有助于课程的过程化管理。

第五章 高职财经教育任务型课程实施的条件建设

系统打造有效课堂，不是教师能进行教学设计、会上课就行，还必须有一定的环境设施、资源建设、团队建设等外在条件的保障。强化能力本位的课程设计成果不能仅仅停留在纸质层面上，必须在全校层面整体配套实施才能真正落实到课堂教学的实施层面，从而为高职院校打造有效课堂提供可实施的依据。

第一节 高职财经类专业校内外实训基地建设

高职院校办学活力的一个重要"风向标"就是实训基地。校内外实训基地建设需配合我国高职教育教学改革的需求，以岗位需求为中心，突出对职业能力的培养。建设高水平的实训基地是推动"工学结合"人才培养模式的关键，是影响职业教育质量的重要因素。目前，由于多重因素，许多高职院校的财经类专业实训基地没有被打造成人才培养的高地，在聚焦产业需求、契合专业特点、设计整体规划等方面需要加强与完善。

一、财经类专业实训教学的特性分析

不同的专业设置，对理论和实践教学有不同的要求，财经类专业实训基地建设应该根据财经类专业实训教学的要求而进行。财经类专业实训基地建设的难度来自财经类专业实训教学的特殊性，财经类专业实训基地的主要特

性有以下几点。

（一）特殊的实训技能

将财经类专业与工程类专业进行比对可以发现，在实训技能的要求上二者有着比较大的差别，工程类专业训练的是以熟练操作为主的动作技能，而财经类专业训练的是以动脑为主的智力技能。工程类专业在一定情境任务下所训练的结果会有趋同性，能够以可测可评的量化标准对学生所掌握的技能加以考核。但是财经类专业的技能训练情况比较复杂，所取得的成果相对复杂，很难有重复性，难以为学生制订一套规范量化的技能训练标准。因此财经类专业的实训有着自身独特的特性。

（二）多样的实训对象

工程类专业的实训对象，往往都是以物为主，而财经类专业的实训对象通常都是以人为主，也有少部分的物。对于物的操作和加工只要掌握某种技能，按照一定程序规范操作即可达到实训目的。但是，人是差异化的生命存在，其受教育程度不同，有不同的兴趣、爱好和需求。财经类专业的实训对象——人的多样性，使得学生在实训过程中，需要根据实际情况进行灵活变化。

（三）综合的实训内容

财经类专业的技能实训无法集中在某一个的技能训练点上，教师在给学生情境任务过程中需要将多种因素和条件考虑在内，围绕一个相对完整的实训项目对学生多项知识、技能和态度进行综合训练，无法把各个技能点、知识点化整为零。因此，财经类专业的技能训练较为复杂，结果也不能固化。对学生面对今后复杂工作环境的智力技能要求较高，需要大量的信息资源供学生从中获取处理各种情境的工作经验，并能将所获得的工作成效与不足强化成职业能力，"内化"为职业素养。因此，财经类专业的实训体现为较强的综合性。

（四）求真的实训情境

工程类专业的实训环境，在模拟情况下通常也能获得与实际工作的类似经验，但财经类专业对实训任务及情境的要求较高。模拟项目和虚拟仿真软件实训，与真实任务情境的实训效果相差很远，难以达到预期的实训效果。财经类专业的实训教学，要求专业能为学生打造真实工作状态的任务情境，在真实的职业活动中训练岗位工作技能，且每次真实的职业活动往往很难复制。只有通过专业打造的真实情境训练，才能使学生在不同的任务情境中通过完成接近真实的工作任务来提升职业能力[①]。

以上分析表明，财经类专业高职院校实训基地建设必须遵循财经类专业人才培养的规律，尊重财经类专业人才职业发展的需求，建设数量充足、结构健全、功能完善、运作超前的实训基地体系。

二、高职院校财经类专业实训基地建设基本要求

（一）依托专业集群，构建专业群实训基地框架

财经类专业的实训内容呈现出不断融合的大趋势，财经类专业实训基地建设一定要依托专业群构建整体运行框架，要以专业群中的"金牌"专业为重要抓手和切入点，以2~3个重点专业为"辅助器"，带动专业群中的其他相关专业，形成"一主多仆"、多维互动的基地框架。这样可以提高设备、设施的利用率，减少实训室的重复建设，满足财经类专业技能实训的综合性和多样性要求。

（二）突出实战训练，打造专业群综合性实训基地

财经类专业实训基地的建设，应尽量考虑实训情境真实的需要，努力摆脱模拟实训框架。根据就业岗位的技能需要，加强从"基础训练—仿真模拟训练—真实实战训练"一体三阶的实训基地建设，重点打造实战性实训基地，为工学结合创造条件，让学生在实战中获得专业技能。

（三）考虑工商兼顾，优化专业群实训基地功能

每一个企业都有其主营业务范围，很多企业的主营业务可能就是工业产品。许多财经类专业学生在就业岗位会接触到大量的产品生产与流通，在这个意义上，储备一定的工程类专业知识是必要的。所谓"工商兼顾"，即财经类专业的学生需要储备一定的工程类专业知识，在实训基地的打造过程

---

① 应智国. 商科类高职院校实训基地的战略构建[J]. 中国高教研究，2008（8）：80-81.

中，适当考虑让学生参与工程类实训。如"大数据与财务管理"专业的培养方向是从事会计核算、资金管理、资产管理、投资管理、预算管理、财务分析等财务管理工作，以及为单位领导制定各项财务决策提供必要的财务信息支持。对此，要针对企业自身产品的特点，配备相应的实训条件，使学生熟悉产品的大型化、高端化特色，熟悉此类产品的特点，所建实训基地要以培养复合型人才为指向。

（四）强化产教融合，创新专业群实训基地运营模式

由于受资金、场地等条件限制，仅仅依靠院校建设财经类专业实战化训练场所是不太容易的。因此，财经类专业实训基地建设必须探索一条产教融合、校企合作模式。常见的具体方式有两种：一是"校中厂"，校企双方合作，企业利用高职院校的校内场地与设备，将企业财经方面的经营方式、先进技术与管理经验等与校内实训基地融为一体，企业骨干人员、校内专业教师和学生共同进行财经类专业技能的实战训练，这是财经类专业群的"校中厂"实训基地运营模式。二是"厂中校"，基于产教融合理念，高职院校与企业共同构建关于学生实训、实习的长效机制，让学生直接到企业参与实践训练。这是财经类专业群的"厂中校"实训基地运营模式。

某个专业群还可以考虑同相应行业内有一定影响力的一个或多个大型企业共建混合所有制模式的"产业学院"。多方共同投入，战略性合作培养高素质技术技能人才，共同致力于科教融汇，在科学研究、员工培训、人才培养、社会服务等方面共享共赢。

（五）提升社会服务能力，增强实训基地影响

财经类专业实训基地建设，必须坚持开放、自由、创新的精神，一方面要为各专业、社会、教师及学生提供自主创新实践及教育平台；另一方面要为企业转型升级提供技术服务。只有这样，才能够充分发挥出财经类专业实训基地的社会服务功能。为此，实训基地的建设要聚焦地方产业需求，结合专业特点，利用现代信息技术，在满足多媒体教学、服务企业信息检索等基础上，兼顾社会上财经类学习者的专业技术培训以及网络课堂学习等服务，通过多种方式为复转军人、农民工、企业人员等提供各种形式的财经技能培

训与服务，帮助地方企业有效完成财经人才测试、培训与选拔，彰显"产学研一体化"的复合效应。在地方或行业内起到"领头雁"作用，实现教学质量与社会服务的"双提升"。

三、校企共建财经类专业群实训基地建设案例

（一）北仑跨境电商学院基本定位

区别于当地北仑区政府建立的北仑跨境电商园区的产业聚集功能，宁波职业技术学院建立的"政校企"协同的北仑跨境电商学院主要定位于电子商务（含跨境电商）行业相关的各类支撑服务，包括电商、物流及相关外贸后备人才的培养和创业孵化、区域传统转型企业的电商团队孵化、电商人才的社会培训、电商运营相关的平台操作训练和图片图像处理等技术服务、第三方业务服务等。

（二）主要合作及出资方

宁波职业技术学院、宁波市北仑区商务局、宁波经济技术开发区数字科技园开发有限公司、宁波橙启网络科技有限公司（阿里巴巴北仑服务中心）、宁波无尾熊科技有限公司（考拉海购客户服务中心）。

（三）指导思想

围绕宁波主导产业发展，主动服务当前经济社会发展需求，依托经济技术开发区数字科技园区与企业深度合作，"院园融合"打造跨境电商"院中园"，坚持"政府指导，企业主导，学校主体"三方联动模式，政企校多方联合，采取以满足服务地方经济为核心的人才创新培养模式，多元化灵活机构架设，以跨境电商实战技能训练、跨境电商人才创业孵化为核心，建设北仑跨境电子商务企业人才培训基地，面向北仑区域的企业员工和社会人员开展跨境电商管理、实操、入门、创业等各个层面的培训，将学校教育功能与企业生产实训功能有机结合，创建满足服务地方经济为核心的"实践·创业·就业"三位一体的人才培养模式。

（四）建设内容

（1）考拉海购校园实训中心。企业提供实训设备设施与48个工位。企

业为入岗学生提供岗前培训，学生可以利用业余时间在企业导师指导下进行实践、实训，并对学生实践进行绩效考核，学生获得勤工俭学收入及相应选修课学时、学分。

（2）跨境电商联合办公孵化区。为校内实践实训基地提供 40～50 个学生跟岗实训工位，与入驻企业联合办公，场地营造校企互融氛围，开展集中式培训与体系化管理。使学生从电商零基础至可以熟练使用各类 B2B & B2C 电子商务平台。

（3）梦工厂餐饮休闲区。为联合办公及孵化企业提供简餐、茶水咖啡、休闲娱乐的服务，以收费的模式运作。可外包给第三方服务方，园区采用收取管理费或者分佣的模式运作。

（4）梦工厂会议室。共享会议室，可容纳 10～20 人。满足园区企业会议的需求，集中管理，资源共享。也可对外租赁，收取场地费。

（5）跨境电商创业孵化器。独立办公空间，以项目为单位或者以入驻企业为单位，收取租金与工位费。优质学生创新创业项目优先入驻，在园区注册、纳税的企业及项目优先入驻，对于孵化成功学生项目及企业项目，园区有优先投资、分红权并参与后期经营。

（6）梦工厂会客室。用于对外沟通接触，接待客户、领导、相关部门人员，营造良好的文化氛围。提高访客的体验感，增强学生的场景感。

（7）实训机房两个。校方与企业共同使用。购买跨境电商核心操作软件若干，用于零基础的学生和企业员工实训。

（8）视觉营销实训室一个。具备图像采集与处理功能，既可以用于学生实训又可以对外提供相关业务服务。

（9）培训辅导区域一个。具有 50～80 个位置，可以满足校内学生和校外社会人员的各类培训辅导所需。

（五）主要功能

1. 具有"院园融合"特色的区域跨境电商人才培养示范基地

政府、学校和数字园区及跨境电商企业深度融合，共同参与人才培养全过程，共同培养出社会需要的电商类人才。通过课程、实训、服务、过程化学习、创业创新指导等服务，深度提升学生的就业、创业素质。通过该项目的建设形成以学生成长为中心、以岗位需求为导向、以社会服务为抓手的跨境电商人才培养示范基地。

2. 以供应链管理专业群提升为目标，深化产业改革，促进区域经济发展

通过对供应链管理专业群的整体规划和建设，借助企业项目牵动，打造集课程共享、实训平台共享、师资资源共享的供应链管理专业群的"大专业"平台与环境，融合与优化跨境电商、电子商务、国际贸易、物流、营销、会计等专业的协调发展，提升专业群建设，深化产业改革，促进区域经济发展，彰显和引领区域特色。

3. 构建供应链管理专业群校企合作的课程体系，促进工学一体的课程改革

在深化校企合作、工学结合的理念下，线上线下融合，校企双方基于工作过程为导向重构人才培养体系，以跨境电商企业的真实项目、任务内容和工作流程的标准为牵引，聚焦岗位需求和职业技能要求，根据业务实际情况，按照由简到繁原则，分段式将运营任务、实战项目及创业孵化项目分解到各阶段的实践教学中。在实践教学组织中，校企双方人员组成双师结构团队授课，将商业项目以模块化形式引进课堂，课堂教学与真实项目有机结合。同时，构建理实一体化课程体系与紧贴产业、企业发展的实训课程体系。重点针对供应链管理专业群及相关创新创业课程进行开发，加强核心技能训练内容及资源管理平台综合建设，落实工学一体化课程改革的内涵，夯实专业高水平建设基础。

4. 助力产业升级，校企共建共享型高水平实践基地，实行混合所有制运营管理

作为校企共用的共享型高水平实践基地，应对接产业的转型升级，整合优化校企资源，面向职业教育、劳动力培训、技术创新、技能提升、考级鉴定等，打造为电商行业高素质技能型紧缺人才培养的区域性培训高地。通过"园中园"模式实行混合所有制运营管理，对内实现企业化管理，对外实行准市场化运作，实现资源共享。

5. 构建跨境电商创业孵化器，驱动专业教育教学与创新创业教育融合共生

助推"大众创业、万众创新"，加强创业引导，为在校学生和毕业生提供创新创业实践平台，提供在校生的创新创业教育、创业孵化机会，培养学生的创新精神和创业能力。孵化器的建设目标主要是驱动专业教育教学与创新创业教育共生互促，以激发学生的创业动机，培养他们的创业能力，为学生创业提供技术平台。

四、校企共建财经类专业群实训基地应用案例

（一）课程目标定位

校企合作的实践课程是高职院校三年制电子商务（跨境电商）专业的一门核心课程、专业必修课程。课程的目的是使学生了解客户服务与管理的最新进展，系统理解客户服务与管理的理论、方法与策略，掌握客户服务与管理的工作技能。课程培养学生的客户服务与管理能力，同时为电子商务（跨境电商）专业后续的专业课程教学奠定基础。

在实践项目和研究项目中启发学生的创新意识，培养其积极思维、善于合作的习惯，加强对客户服务与管理的理解，提高学生在客户服务与管理过程中分析问题和解决问题的实际能力，使学生的理论知识和实践技能得到共同发展。课程坚持能力本位，理论与实训相结合，以客户服务与管理基本技能培养为主线展开教学。

（二）课程实施的校企合作

1. 与企业共建"考拉海购校园实训中心"

2018年网易考拉客户体验中心（客服中心）落户北仑，由北仑区政府牵线搭桥，宁波职业技术学院与网易考拉开展校企合作，签订校企合作协议，双方协商共建"网易考拉校园实训中心"，由学校出资24万元主要负责实训中心的装修及办公设施，企业准捐赠出资42万元，主要负责实训场地的设备投入，此外企业还每年向学校思源基金捐赠5万元，用于对参与考拉实训实践和勤工俭学表现优异的学生的奖励。该项目2018年11月启动，2019年8月建设完成"考拉海购校园实训中心"（因期间阿里巴巴并购所以

改名为考拉海购），该中心是考拉海购在国内高职院校投入建设的首个校园实训中心，是适应行业对高素质技术技能人才的要求，由学校和企业共同出资打造的。"考拉海购校园实训中心"的成立，为广大学生就近打造了一个能够提高实践能力的平台，通过校企合作，强强联手，优势互补，实现产教融合，达到互利双赢，实现促进产教融合、校企、双元育人的要求。该中心由考拉海购派员工全程管理。

2. 目前与考拉海购的主要合作模式

（1）成班制的企业实战训练。市场营销、跨境电商、国际经济与贸易专业学生的客户服务相关课程直接参与"618""双11""双12"期间的考拉海购电商客服实战，考拉提供1周的岗前培训（包括考拉海购内部系统培训课程及实操训练），学生顶岗实战1周。

（2）学生自主选择的顶岗实践。一种是面向工商管理学院作为学生的专业选修课程，学生在考拉海购顶岗实操，通过企业考核可以获得相应专业选修学分；另一种是面向全校提供勤工俭学岗。考拉海购为学生提供培训和指导，给予勤工俭学岗位津贴。对于表现优异的学生提供考拉海购专项思源基金奖学金。考拉海购对于在实践过程中表现优秀的学生会择优录用。2019年以勤工俭学模式参与该运营中心的学生有61名。

（三）合作取得的成效

从目前开展的以上几种合作模式实施的结果来看，总体成效不错。

（1）通过成班制的实战训练，学生在企业师傅指导下参与国内知名跨境电商平台考拉海购的客户服务真实项目训练。按售前、售中、售后三部分进行，对服务红线、销售服务意识等方面进行针对性的岗前培训，同步加强了学生的语言表达能力和爱岗敬业意识，加上4次实操，进一步强化了学生的实战能力。以2019年市场营销专业参与考拉海购开展的"双11"活动为例，在11月11日—20日开展了为期10天的客服售前、售中及售后服务实训，从早上8:30到凌晨2点三班倒的工作中，86位学生平均每位学生接单量782单，全班成员完成了3960万件商品的交易。从项目负责人王老师获得的数据显示，成交数量比2018年约提升11%。实训结束后，企业对学生的表现给予较高的评价。从学生调研反馈中也显示出对校企合作实训项目的认可和满意。考拉海购的企业顶岗实训可以说是一次服务于企业的成功实训课程，也是校企合作的样板。

（2）学生通过成班制训练以后，对考拉海购感兴趣的学生还可以选择课后到校园实训中心参加岗位实践并获取勤工俭学劳务报酬。部分学生毕业以后选择到考拉海购就业。目前考拉海购在校园的招聘不需要通过宣讲或者教师推荐，因为形成了较好的口碑，同学们口口相传，自主报名参加顶岗实操。"考拉海购校园实训中心"每天都有企业老师现场指导，学校学生利用业余时间参与，既能学到专业技能，还能获取劳务报酬，一举多得。

第二节 高职财经类专业教学资源开发与建设

《国家职业教育改革实施方案》（以下简称"职教20条"）明确提出，健全专业教学资源库，建立共建共享平台的资源认证标准和交易机制，进一步扩大优质资源覆盖面。遴选认定一大批职业教育在线精品课程，建设一大批校企"双元"合作开发的国家规划教材，倡导使用新型活页式、工作手册式教材并配套开发信息化资源。每三年修订一次教材，其中专业教材随信息技术发展和产业升级情况及时动态更新。适应"互联网+职业教育"发展需求，运用现代信息技术改进教学方式方法，推进虚拟工厂等网络学习空间建设和普遍应用①。这些政策为未来高职教育的教学资源建设指明了方向。

一、高职财经类专业课程信息化教学资源建设与应用

随着信息技术的高速发展，传统课堂的场所和工具都发生了较大变化，将信息化手段和技术应用于高职院校的课堂教学，使得传统的课堂向混合式教学、翻转课堂转变，对达成高职院校人才培养目标，提升高职院校人才培

---

① 中华人民共和国国务院. 国务院关于印发国家职业教育改革实施方案的通知 [EB/OL]. （2019-1-24）[2023-10-13].https://www.gov.cn/gongbao/content/2019/content_5368517.htm.

养质量和教师教学水平起到了巨大的推动作用。借助信息化教学手段拓展了教师教学和学生学习的空间和范围，通过手机、计算机、多媒体设备等教学形式，学生随时可以学习和应用；学生获取知识的渠道和形式更加多样，学习兴趣大幅提升，学习效果显著增加；信息化教学最重要的作用是可以促进学生自主学习能力的提升，促进学生个性化发展。

2020年9月，教育部等部门印发了《职业教育提质培优行动计划（2020—2023年）》（以下简称《行动计划》）。《行动计划》重点任务中第八条提出实施职业教育信息化2.0建设行动。首先是提升职业教育信息化建设水平；其次是推动信息技术与教育教学深度融合。对接新产业、新技术、新业态，职业院校要利用现代信息技术推动传统专业的升级与转换，重视在大数据背景下新兴专业的设置。

鼓励职业学校与企业合作，多元开发能够满足学生的多样化学习需求的教学资源。例如，开发新形态一体化新型活页式或工作手册式教材、职业教育专业教学资源库、精品在线开放课程等，以此对职业教育的人才培养模式进行改革创新。

教学资源的开发和应用对提倡"做中学"的高职课程显得尤为重要，因为学生可以通过教师提供或网络渠道获得便于实施"做"的各种学习资源，有助于其完成"做"的过程。这些教学资源主要包括：体现高职特色的新形态一体化（含活页式）教材、与教材配套的教学资源（课件、微课、学习任务单、视频及动画等）、实验（实训）指导书、完整的网络在线课程。

（一）信息化教学概述

信息化教学，就是以学生为中心，把信息化技术应用到教学当中，学生在信息化的情景中，根据项目任务和自身需求进行个性化学习、团队式协作与小组型交流等，对所获得的知识、掌握的技能和养成的素质进行内化式的建构，并能够将建构后的"知行体系"用于发现问题和解决问题的一种教学方式。

信息化教学的一个重要理论支撑是建构主义的教育教学理论，该理论认为，人的学习环境包含任务、情境、协作和交流、知识和技能的内化建构四个要素。在教学中，教师由知识讲授者变为学生获取知识的协助者；学生由知识灌输的被动的客体接受者转换为主动的知识技能主体建构者。由于角色的转换，作为主体建构者的学生，其需建构的对象是信息化资源所提供的教学内容，因而教学过程变为：任务布置—情境创设—问题探究—个体学习—团队协作—成果展现—内化建构等，突出了学生为主体的教学过程，媒体作用也成为学生主动学习、协作探究、内化建构、解决问题的工具。

（二）信息化教学的条件

信息化教学条件包括三个方面：硬件设施、软件平台、教学资源。这三部分相互联通，相互作用，是开展信息化教学的三大基石。在这种教学条件下，教师和学生的在线教和学、资料查询、成果展示、数据分析、问题研讨等方面更加便捷。

硬件设施除了网络设施、录播设施、投影设备、电子触屏等基础环境外，还包括手机、平板、VR/AR 等设备设施。

软件平台主要包括微信、微博、抖音、QQ 等社交平台；智慧职教、超星、爱课程、BB 平台等网络课程平台；云课堂、学习通、课堂派、蓝墨云班课等手机端应用平台；百度、搜狗等搜索平台。

教学资源主要包括 PPT 课件、动画视频、微课、慕课以及精品在线开放课等。其中，微课是利用微型网络多媒体技术打造而成的一种新型课堂教学形式，是基于互联网时代的一种创新和尝试。其突出某个知识点或技能点，资源容量较小，授课时间一般为 5 分钟左右，不超过 10 分钟。能够实现学生在线的时时学、处处学，为学习者的自主学习提供了便利，适合个性化学习，有利于解决学生基础的差异化问题。

（三）信息化教学在财经类专业课程的应用

伴随着我国的商贸服务业进入消费升级、互联互通、大数据的共享经济和商业的 3.0 时代，商业模式也呈现几何级的快速变化之中。首先是新技术推陈出新，其次是新商品不断涌现，最后是新业态层出不穷。这种变化迫使财经类专业教师必须改变以往一成不变的传统教学模式，采取任务型能力本位、行动导向的教学模式，这种教学模式需要教师借助信息化技术手段来有效提高课堂教学效率。信息化技术手段教学有以下几个优势。

（1）便于开阔学生视野。财经类专业课程的教学不能一成不变，面对技术创新快、内容更新多的课程，教师可以将网络中影视、动画、新闻等视频画面进行剪辑播放，及时展现最新内容，使学生学习不局限于教材，开阔学生视野和眼界，激发学习兴趣。

（2）便于学习枯燥的知识。财经类专业课程中有许多需要识记的财经法律法规和专业术语等比较机械枯燥的学习内容，如果教师制作精美的PPT、视频或小程序，利用现代信息化技术创设情景，适时适当地加入一些游戏环节和分享一些有趣的案例，可以调节沉闷气氛，提高学生的学习兴趣。

（3）便于学生的实践训练。通过软件、小程序等信息技术，设计仿真企业工作场景，构建理实一体的教学平台，模拟财经人员的工作场景，以场景熏陶职业，内化职业素养。还可以通过搭建的教学平台进行在线测试、技能评定等，对学生实践学习起到一定的激发作用。

（4）便于企业场景再现和校企团队授课。财经类专业课程需要给学生搭建更多企业化的场景，也需要有企业管理经验的兼职教师、专家学者、企业代表等行业知名人士与校内专任教师合作授课，借助在线传输、视频通话技术为学生上课，丰富课堂内容，拓展实际工作中有可能遇到的问题。

（5）便于学生自主学习。教师通过搭建网络课程，将课程资源进行系统化安排，也可以将行业中前沿性的信息优化上传，将课前学习资料提前发布到课程平台，学生通过计算机、手机、平板等终端可以有所选择地学习，能提前厘清课程思路或发现问题，带着问题意识去听课，实现个性化的发展与成长。

二、高职院校基于线上线下结合的新形态一体化教材建设

在"互联网+"背景下，高职院校信息化进程逐步加快，近几年呈现出爆发式增长，国家、省市级、校级推进信息化建设的资源库、课程资源及信息化教学方面的项目也越来越多，用于信息化教学应用的资源也越来越多。传统的纸质教材已经很难跟上信息化资源建设的步伐。因此，一种既能发挥

传统教材资源长处，又能将最新信息资源及时应用于课堂教学，使教师能够不费太大精力迅速获得与教学内容对应的网上教学资源，及时引导学生开展线上线下教学的新形态一体化教材应运而生。

（一）新形态一体化教材建设的意义

1. 适应职业教育课程教学改革的需要

《行动计划》中重点任务的第一条就是明确提出，高职院校要围绕立德树人根本任务，加强职业教育教材建设。《行动计划》提出，完善职业教育教材规划、编写、审核、选用使用、评价监管机制；对接主流生产技术，注重吸收行业发展的新知识、新技术、新工艺、新方法，校企合作开发专业课教材；建立健全三年大修订、每年小修订的教材动态更新调整机制；根据职业学校学生特点创新教材形态，推行科学严谨、深入浅出、图文并茂、形式多样的活页式、工作手册式、融媒体教材[①]。

2020年，国务院颁布了《职业院校教材管理办法》，对职业教育教材建设提出了具体的管理办法，并指出应编排科学合理、梯度明晰，图、文、表并茂，生动活泼，形式新颖；名称、名词、术语等符合国家有关技术质量标准和规范；倡导开发活页式、工作手册式新形态教材。新形态一体化教材的出现是为了适应信息技术水平提高和信息化资源普及，是便于教师课堂教学和提高学生学习效率的重要教学工具。

2. 适应高职院校生源及个性发展特点的需要

从20世纪末以来，我国已建成世界上规模最大的职业教育体系，并已形成独具中国特色的职业教育专业建设和课堂教学模式，搭建起了立体化的生源渠道，生源来源渠道和生源形式也不断拓展。高职院校的学生个性化突出，信息技术应用水平较高，但自主学习能力、适应未来岗位需要的职业核心能力力较弱，必要的沟通交流和团队合作能力不足。只能呈现知识体系为主的传统纸质教材，无法满足高职教师行动导向教学的基本需要。因此，需要结合

---

① 教育部等九部门关于印发《职业教育提质培优行动计划（2020—2023年）》的通知 [EB/OL].（2020-09-16）[2023-10-14].https：//www.gov.cn/zhengce/zhengceku/2020-09/29/content_5548106.htm.

课程教学改革和信息资源建设的现状，针对高职学生的学习习惯及个性需求对传统教材进行改造，打造出内容实用、形式新颖，具有时代性的新型活页式或工作手册式教材。以激发学生学习的动力、提高教师课堂教学效率。

3. 适应各级各类大量免费数字资源应用需要

在教育部的大力推动下，全国1300多所高职院校如火如荼地开展了各级各类数字化资源建设。一是资源库建设掀起高潮。近些年来，教育部投入大量资金建设了一大批国家职业教育专业教学资源库，为高职院校教师和学生提供了全覆盖、免费的专业系统化课程教学资源。二是课程建设转型升级。教育部将过去国家数百门精品课转型升级为国家精品在线开放课程，与之相适应，大量省级职业教育专业资源库以及省级精品在线开放课全面铺开建设。三是各种大赛注重信息化建设。目前，全国职业院校技能大赛、全国教师教学能力比赛、全国微课大赛等都表明了教师的信息化应用水平和资源的制作水平年年提高。四是教材建设呈现类型特色。随着技术升级改进，智能手机应用普及到全国各个区域，职教云、课堂派、学习通、蓝墨云班课等手机App平台越来越完善，移动终端在教学中的应用越来越广泛。推进新形态一体化教材建设，有效利用各类数字化教学资源成为我国高职院校信息化推广和应用的当务之急。

（二）新形态一体化教材建设内涵

1. 新形态

所谓的"新形态"是指为适应信息化教学应用需要，形式上为"纸质+数字化资源"的教材，或融合互联网、人工智能等信息技术的虚拟现实、增强现实、配套移动软件等表现丰富的多介质教材。"新形态"主要具有以下三个方面的"新"。

（1）教材规划内容新。教材在整体内容规划方面将传统的纸质教材与网上免费的线上课程按照教师线下课堂教学的需要进行整合梳理，形成三位一体、相互融合的新形态教材。纸质教材的内容结构与线上教学资源相互配套，教师可根据教学对象和教学内容需要按照教学目标要求设计教学模块内容，并借助教学资源进行线下与线上结合的教学。

（2）教材链接资源新。新形态一体化教材在教材中适当的地方根据教学内容需要设置配套的二维码，链接相应的各类资源。这些资源的类型多样，既有传统的文本、PPT、图形图像，也有音频、视频、动画等，通常都会根据专业和行业发展而不断动态更新资源，可借助智能手机扫描二维码进入并随时观看教材中的链接资源。

（3）教材学习方式新。新形态一体化教材的建设有助于"能学辅教"，方便教师教学的同时也便于学生的学习。在原有纸质教材功能基础上，学生通过手机端扫描教材中的二维码进行实时学习，不受时间、空间的限制，既有知识点的认知学习，又有技能点的训练学习。利用在线课程平台学生随时可以进行师生和生生互动，学生根据要求完成的学习任务也可以直接在在线平台提交，教师在线评价，进行线上的阶段性考核。教师完全可以按照任务型课程的教学方式完成对学生的行动导向教学。

2. 一体化

所谓"一体化"是指教材开发与课程建设的一体化、教材内容与在线课程的一体化、知识学习与技能训练的一体化。

（1）教材开发与课程建设的一体化。一体化教材编写者通常有多年的课程改革经验和课程资源开发经验，且在编写教材前对课程的建设已经有比较深厚的沉淀和积累，在编写一体化教材的过程中可以将教材开发与课程建设同步，基于职业教育教学的新理念将课程实施内容和教材呈现内容进行重构，教材建设成为课程改革和建设的成效彰显的重要标志。

（2）教材内容与在线课程的一体化。一体化教材可以通过先进的信息技术手段将教材线下纸质化的内容和线上课程平台的资源实现一体。既能发挥教材内容的系统性特点，又能发挥在线平台网络课程的实时搜索及深度学习优势。新形态教材中的二维码往往也是精品在线开放课程的教学对应内容，一体化特征尤为鲜明。

（3）知识学习与技能训练的一体化。一体化教材按照任务型课程的设计思路来对传统知识体系进行模块化设计，通过能力本位的项目引领、任务驱动实现知识学习与技能训练一体化的"做中学"。知识的系统归纳呈现在教材中，技能的过程训练通过教材的项目任务工作单和对应的在线技能训练辅导来完成，技能训练的过程也是同步知识学习的过程，两者相辅相成。

第三节　高职财经类专业课程师资团队的建设

百年大计，教育为本；教育大计，教师为本。2018年中共中央、国务院联合发布《关于全面深化新时代教师队伍建设改革的意见》（以下简称《意见》），提出要全面提高职业院校教师素质，建立一支技艺精湛的高素质"双师型"教师队伍。为贯彻落实《意见》和"职教20条"，2019年，教育部等四部门联合发布《深化新时代职业教育"双师型"教师队伍建设改革实施方案》，对深化职业教育教师队伍建设改革，打造高素质"双师型"教师队伍提出了具体的目标和要求。加强师资队伍建设是高职教育教学发展的必要保障。高职财经类专业要建设一支"双师型"教师队伍，才能全面提高学生的职业素质。加大师资队伍建设力度，应从职称评定、工资待遇、经费投入等各个方面完善机制，提高教师的积极性。

一、有效课堂教学下的课程师资团队建设

课堂是学校育人工作的主阵地，2015年某职业技术学院开始了新一轮的课堂教学创新改革——有效课堂认证工作。此项工作是在学校已开展了十年的"教师职业教育教学能力培训测评工作"基础上的进一步深化，着力解决课程教学设计（教案）与课堂教学实施"两张皮"问题，促进教师更加重视课堂教学，努力创建优良教风学风，提高教学质量。"有效课堂认证"秉承了工学结合、知行合一的教育理念，既重成果导向也重培育过程，将学习成效、学习意识、学习方法以及学习态度等作为综合衡量的学习指标；要求人人参与、人人过关，但不搞"运动式""一刀切"，鼓励"课堂革命"，对教学内容和目标进行分类、分层、分级、分阶段的搭配，课堂教学差异化、个性化地有序开展。"有效课堂认证"鼓励广大教师从"接受心理学""接受美学"等维度进行课堂教学创新，打造"智慧课堂"。高职院校进行教育教

学改革创新,推进专业建设,"有效课堂认证"是促进课堂教学质量和人才培养质量"双提升"的重要引擎。将有效课堂认证作为制度化、常规化工作推进,有助于调动教师投身教学工作的积极性,确保课堂教学的有效性。

在有效课堂教学的推进中,课程师资团队的建设发挥了重要作用。作为教师,应不忘初心,向课堂要质量。在这个过程中的教师团队建设应重点关注以下几个方面。

(一)加强对教师的培养培训,不断提升职业教育教学理念

教师要完成"有效课堂认证",首先学校必须要厘清"有效课堂认证"工作的基本工作流程、教育项目课程开发与设计的具体程序、培训教师任务型课程实施中的教学设计技术和明确具体的考核评价标准,组织教师开展有效课堂认证的培训和"磨课",熟悉和掌握职业学习方法、课堂管理技术、教学评价手段、网络在线课程的建设技术、单元课堂教学活动的设计方法、理实一体化课程改革实践和课程教学实施技巧。只要是承担课程教学任务的教师都必须通过有效课堂认证才能上岗。

(二)整体设计环节应注重团队合作

课程整体设计必须依据课程标准进行。多名教师一起承担同一个专业(方向)不同的班级开设的同一门课程,在课程整体设计环节,其课程的教学目标与内容应该保持一致。在课程的任务载体及情境设计部分,建议教师在共同研讨"磨课"的基础上对所采用的载体有一个大致的共识,然后每个教师可以根据自己的特长设计课程的任务载体。当然在可以借用的前提下,也允许教师借用他人的课程设计(主要是借用内容载体的设计),但应将原创者的署名排在第一,借用者排名在后。不同专业开设的同名课程,课程标准未必相同,在进行课程设计时就需要根据不同目标要求来设计相关课程,不能简单地照搬照抄。

(三)单元设计及课堂教学环节强调百花齐放

单元教学及课堂教学环节更多强调教师团队在课程设计环节的沟通交流和课前的精心"磨课",其过程可以是各院(系部)层面,也可以是专业层面或者授课教师团队层面。教师们各抒己见,使用"头脑风暴法"研讨学

生在课堂"场域"中活跃起来的因素和方法；以信息化技术创新教学方式方法，推动课堂教学的"生态化"形成；认真研究学生，摒弃浮躁心态，开展以整体设计和单元课堂教学为主的教学"磨课"研究活动，以"磨课"为重要抓手，加强课程教学的师资队伍建设。

（四）深化校企合作，加强专兼职教师队伍建设

在"有效课堂认证"工作中，必须强调将专业建设层面的校企合作深入到课堂教学层面。建立一支相对稳定的高素质专兼结合的教师队伍：一要创新教师编制管理。稳定的教师队伍，有助于开展职业教育的理论研究、技术开发、成果转化，促进高职院校的高质量发展。二要拓展兼职教师来源。遵循"能者为师"理念，聘请企业技术骨干、能工巧匠、退休教师兼职任教，使他们能够将最新的生产技术、最精的操作技能结合最先进的职业教育教学方法传授给学生。三要建立师资共享机制。联合地方兄弟院校、培训机构等，建立专兼教师资源库，完善专兼教师信息备案机制，排摸确定后储备人选，形成稳定的兼职教师资源库。

二、专兼混合结构化课程师资团队建设

（一）"双师"结构化课程团队的组合形式

2019年颁布的"职教20条"中"（十二）多措并举打造'双师型'教师队伍"中指出要"探索组建高水平、结构化教师教学创新团队，教师分工协作进行模块化教学"。常见的"双师"团队组合方式可以有三种类型：一是校内专职教师与校外兼职教师的专兼混合双师结构教师团队，这是一种普遍的，也是最为主要的组合方式。其中一名为校内教师，另一名（或几名）为来自企业的业务骨干或技术能手。"职教20条"中所提的结构化教师团队就属此类型。二是校内专职教师与校内专职教师的组合，这种组合中两名教师都是校内的专职教师，但其中一名为从企业引进的具有丰富实践经验的校内教师或具有"双师"素质的有经验教师。三是校内专职教师与校内实训指导教师的组合，其中校内的实训指导教师大多是从企业引进的技术能手。通过引入具有丰富实践经验的企业技术人员，加强双师型结构化教师队伍建

设，提高教师的职业素质，是高职财经类专业发展的重点①。

（二）专兼混合结构化课程师资团队的优势

1. 各取所长，提升课堂教学的有效性

专兼混合课程教学团队一般是由"校内专任专业教师（1～3名）+企业兼职教师（1～3名）"构成，性别、年龄、学历、职称、特长等结构合理化，将专业理论和技术渗透于课堂教学中，以此提升人才培养质量。结合当前高职院校职业教育特点，打造专兼混合课程教学团队是高等职业教育中促进"三教"改革的一大举措。在课堂教学有效性中，专兼混合课程教学团队必须建立在密切协作、有机融合的关系基础之上，才能够对接企业岗位需求、重构教学内容、改革教学方法、打造有效课堂。通常不建议聘请一名兼职教师来承担整门课程一个学期的教学任务。因为来自企业的兼职教师不擅长将理论教学融合在实践操作中，且兼职教师受工作所限无法保证每周一定时间的教学任务，并且兼职教师在教学资料的准备、作业批改等方面做得相对不够理想，采取一门课程专兼混合团队教学就可以发挥校内专任教师和兼职教师的特长，校内教师还可以协助兼职教师完成教学资料以及作业和试卷批改等工作，可以较好地完成课程教学任务。

2. 合作共赢，发挥"1+1>2"的团队优势

专兼混合课程教学团队在专业人才培养和社会服务中可以发挥重要作用：一是共同研究教学改革创新。在团队制订协作人才培养方案、课程资源建设、教学内容重构、教学方法创新、教学质量监控以及人才培养模式构建等方面，深化学校的教学改革，降低企业的成本。二是强化成果意识。强化专业实训教学、职业技能等级证书考试辅导、技能竞赛指导。有助于组织指导参与课堂项目任务，重视学生参加各级各类技能技术比赛、职业技能等级证书考证辅导等。三是提升专业社会服务能力。借助课程教学团队的理论与实践有机结合的优势与合力，在科教融汇视域下开展技能鉴定、职业培训、社会调研、政策制定、技术研发服务等社会活动，服务地方经济的发展。

---

① 钟碧芬，祝志勇，潘菊素．高职院校"嵌入式双师型"课程教学团队构建初探[J]．职教论坛，2016（3）：76-79．

(三)专兼混合结构化课程师资团队的组建和运行

1. 做好"双师"选取和团队的组建

应从高职院校分院或系部的整体需要角度来组建专业群兼职教师库,充分了解各个兼职教师的特长和优势,便于学校对兼职教师的遴选和聘用。在录用兼职教师过程中禁止选用没有教学经验的在校硕士生或博士生来授课,也不提倡请其他高校教师来兼职授课,一定要选取企业中的骨干技术人员或能工巧匠,或者至少在有课程相关实践能力的社会从业者中选取。建议由校内专任教师跟兼职教师团队组合授课,校内教师和兼职教师各自承担其擅长的教学内容,校内教师协助做好相关教学资料的准备工作。

2. 做好教学任务的落实

混合结构化教师团队要基于培养学生能力的教学目标,根据企业的岗位需求,将课程内容进行重构,合理安排实践训练与理论学习的先后顺序。建议两者一定要按照理实一体、"做中学"要求穿插实施,对教学的每一个单元和每一个环节进行精雕细琢设计,紧紧围绕项目任务开展教学,充分发挥教学团队中的"双师"优势,打通知识与技能、理论与实践、教学改革与技术研发之间的"立交桥"。

3. 做好教学时间的安排

为了充分发挥出专兼混合结构化课程师资团队资源优势,合理安排课程教学时间是十分必要的,对照课程教学内容,将课时分类分级地搭配,保证专业技能提升和理论知识学习的协调发展。兼职教师如果因为工作关系无法正常到位的,可以通过信息化技术实现在线教学,也可以由校内专任教师协助兼职教师完成教学任务。

三、校企共同构建模块化课程、结构化团队应用案例

对接本章第一节专业群实训基地应用实例中提到的"客户服务与管理"课程建设,利用考拉海购校企合作实施所取得的成效,宁波职业技术学院思考在供应链管理专业群内所有涉及客户服务与管理的课程都采取与考拉海购校企合作的方式来实施。原本电子商务专业开设的"客户服务与管理"课程

是由校内专任教师独立授课实施的，虽然也采用任务驱动的项目化教学，但是所依托的项目不是太小就是模拟操作，与真实岗位之间的差距比较大。借助"考拉海购校园实训中心"这个得天独厚的条件和考拉海购客户体验中心离学校距离近的位置优势，以及企业师傅常年在校内指导学生实操的便利条件，学校选择"客户服务与管理"这门课程率先在电子商务（跨境电商）专业进行系统改造，将企业师傅引进课程教学团队中，组建结构化教学团队，实施模块化授课。

1. 组建结构化团队

本课程的教学团队由考拉海购宁波职业技术学院校园实训中心客服主管、客服专员，以及本专业一线、专任、资深的专业教师共同构成。专业教师团队有两位副教授、一位博士，是一支教学经验丰富、科研实力强大、熟练掌握各种现代化教育手段、兼具企业实践经验的高水平师资队伍，大家对于课程教学、课程建设、课程设计等都有着不错的想法，能够为本课程提供很多建议（见表5-1）。

表 5-1　结构化教学团队

姓名	单位、部门	承担任务
任老师	电子商务专任教师	课程主讲、联系企业
韩老师	电子商务专业主任	协助完成课程整体设计
陈老师	电子商务专任教师	协助制订课程实施方案，联系企业
王老师	考拉海购客户体验中心职院校园实训中心负责人	课程主讲、实操训练环节导师、与学校沟通
杨老师	考拉海购客户服务专员、宁职院营销专业实习学生	协助完成考拉海购岗位实操辅导

2. 构建模块化课程内容

本课程以课内大项目——考拉海购客户服务与管理，把整门课程贯穿在一起，按照业务员岗位典型工作流程，大致分为认识客户、争取客户、客户维护三大块（见表5-2）。

表 5-2　模块化课程安排

模块	教学内容	授课人员
认识客户	识别潜在客户	校内教师
	挖掘潜在客户	校内教师
	客户类型分析	企业教师

(续表)

模块	教学内容	授课人员
争取客户	接近客户技巧	校内教师
	客户沟通技巧	校内+企业教师
	产品介绍	企业教师
	接待客户	校内教师
	上门拜访客户	校内教师
客户维护	客户回访	企业教师
	客户满意度调研	校内教师
	客户投诉处理	企业教师
	客户忠诚度调研	校内教师
	客户数据挖掘	校内教师
	客户关系维系	校内教师+企业教师
实战训练	企业客户服务与管理实战训练	校内教师+企业教师

3. 课程采用的主要教学法

为了适应电子商务（跨境电商）专业高素质技术技能人才的培养目标需要，在教学过程中，注重理论与实践的结合，注重培养学生客户服务与管理的能力。同时针对本专业学生的学习特点，采用案例教学与项目化教学相结合的方式，将课程中主要涉及的学生识别客户、接近客户、客户维护的通用能力和专业能力贯穿其中。而课堂的教学重点放到知识、技能目标和态度（素质）目标的训练中，贯彻"做中学"、理实一体的教学理念。

（1）企业教师与校内教师联合授课：为使课程的教学内容更具实战性及实践指导意义，在授课过程中，每一模块都会邀请企业教师给学生讲授，以具体企业的客户服务实操标准为依据，教授实操内容，使学生能够将理论与实践相结合，更好地理解、掌握和运用各项知识。

（2）项目教学法：在整个课程中，采用课内课外两大项目并进的方式。课内，以"考拉海购客户服务与管理"这一项目作为一条主线将整个学期的课程贯穿起来；课外，又通过"宁职院校内选定产品团队营销客户关系管理"项目，由学生完成课外大项目下的相应子任务，让学生深化教学目标。

（3）情境教学法：在课内项目的教学过程中，有目的地引入或创设符合企业实际的、具有一定情绪色彩的场景，使学生产生一定的情景体验，帮助学生更好地进入跨境电商客服岗位学习理解教材内容，完成教学任务。

（4）任务驱动法：在每个单元设计中，根据教学要求提出了各项任务，让学生以完成一个个具体任务为线索,掌握教学内容。学生在教师的引导下提出解决问题的思路和方法,进行具体操作,在任务的执行中边学边做。

(5)案例教学法:收集大量近期的、典型的、真实的案例,通过分析案例,培养学生分析和解决问题的能力。

课程实施过程中还采用研讨教学、网络平台教学(课堂派、微信群、qq群)等方法。

第六章　高职财经类专业大学生职业道德教育研究

高校作为培养社会主义合格接班人的主阵地，不仅肩负着培养学生获得知识、掌握技能的重任，而且更担当着以培育和践行社会主义核心价值观为主线，形成学生良好的职业道德和文化素养的使命。当今社会，随着社会经济的迅猛发展和社会文明的进步，人的综合素质的提高日显紧迫而重要。主要表现在三个方面：一是衡量专业技术技能标准日益提高；二是对人才的知识储备量的要求不断"加码"；三是对人的职业道德、文化素养、审美情趣、劳动态度等综合素质的要求格外重视。所以，加强财经类专业大学生的职业道德教育，是时代的需要和社会发展要求，这样不仅能够加强财经类专业素质教育的内涵建设，帮助学生更顺利地走向成人成才和社会发展建设之路；而且能够提高他们将来在工作岗位上有效调节职业活动中出现的一些矛盾和问题的能力，促进工作中人际关系的和谐。党的十八大以来，财经类专业职业道德教育越来越引起教育界的重视，一些学者对高职院校的财经职业道德进行了初步的探讨，但系统性、实践性方面尚有许多值得研究之处。

第一节　职业道德教育概述

一、职业与职业道德

人要学会做人而成人，学会做事而成才。成人成才的基础是具有较高的道德水平，这是人与其他动物的本质属性区别之一，职业道德是道德的一个主要组成部分，在工作、生活与个人需求中其现实性更强。

（一）职业

中国古代将职业分为三六九等，比如元代的职场等级分为官、吏、僧、道、医、工、匠、娼、儒、丐。当今社会，人人平等，职业不再有等级划分，但对于职业的内涵仍是有不同观点和看法。一般比较受认可的是从词源学的角度进行解读而阐析的职业含义。"职"的繁体字为"職"。形声字，从耳，从戠。其本义为识、记，后有主管、任职之意，又引申为尽职、称职。单从职字的繁体字"職"来看，由"耳""音""戈"三部分组成。从"耳"中要懂得倾听，从"音"中懂得沟通，从"戈"中懂得提升核心竞争力，就"職"字本身含义而言要懂得担当。"业"的繁体字写作"業"，见于西周金文，一般认为是古代乐器架子的横板，刻成锯齿状，用以悬挂钟、磬等，《说文解字》有载："业，大版也。所以饰悬钟鼓，捷业如锯齿。""业"后也指筑墙板和书册的夹板，又引申指学业，进而引申指其他行业、事业，再转指产业。"业"又表示行为完成，相当于"已经"。

在此意义上，所谓的"职业"是人们在社会中所从事的作为谋生手段的工作；从社会角度看，职业是劳动者获得的社会角色，劳动者承担一定的义务和责任，并获得相应的报酬；从国民经济活动所需要的人力资源角度来看，职业是指不同性质、不同内容、不同形式、不同操作的专门劳动岗位。

由此可见，职业的三个基本要素是生产与服务劳动的"产出要素"；有固定报酬收入的"产入要素"；承担一定的职责并得到社会一定认可的"价值要素"。"产出要素"是前提、"产入要素"为基础、"价值要素"是高层次需要和需求，三者关系既相互独立又密不可分。从要素中充分体现出作为一名职业者，付出劳动是首要因素，物质利益是基础，认可感、获得感是价值诉求。

在《中华人民共和国职业分类大典（2022年版）》中，将职业分为八个大类。第一大类：党的机关、国家机关、群众团体和社会组织、企事业单位负责人；第二大类：专业技术人员；第三大类：办事人员和有关人员；第四大类：社会生产服务和生活服务人员；第五大类：农、林、牧、渔业生产及辅助人员；第六大类：生产制造及有关人员；第七大类：军队人员；第八大类：不便分类的其他从业人员。

虽然职业具有多样化、个性化的特征，但总体表现在以下四个方面。

1. 技术性

职业从古代产生起，到当代的诸多变化，技术性一直就是其显著特征之一，更是其根本属性。每一次的技术创新发展，都会带来社会分工的进一步细化，催生出诸多新的职业，这是职业发展史的必然。同时，任何职业都有自身的技术规范要求，如从事机械车间职业的技术人员必须做好开车前期的准备工作，做好工艺处理，提前将各项工艺参数调整到位，确保机台锭位工艺的一致，严格工艺上车、规范操作等。在当今社会，随着科学技术的飞速发展，对职业的科学技术含量和技术规范要求越来越高。所以，职业教育更应该以技术性突出其"职业性"。

2. 层次性

层次性是指职业内部存在多个层级或层次结构，每个层级在职业中具有特定的功能、特征或作用，并且这些层级之间相互关联和相互作用。层次性体现了职业中的组织和结构，它允许以分层的方式处理复杂工作，并促进职业工作的稳定性、适应性和发展性。譬如，根据教师作为一种特殊职业，需要将职业认同、专业发展、事业创造和精神建设等四个层次作为高水平师资队伍建设的逻辑内涵与核心价值。

3. 组群性

任何职业都带有组群特征，不仅体现在一定区域内职业的有机联系，而且体现为空间、功能与要素不断交错耦合的聚集体。基于职业组群性特征，高职院校组建专业群应具有多重维度与内在规律，依循专业群建构的三维逻辑（专业逻辑、产业逻辑、资源逻辑），有利于廓清高职院校专业群建设的逻辑起点与实践向度。基于此，高职院校应将专业逻辑作为组建专业群的基础思路，以专业间的动态调整强化组群活力；将产业逻辑作为组建专业群的根本遵循，通过优化专业结构对接产业需求；将资源逻辑作为组建专业群的内在机理，以统筹资源布局发挥集聚优势。通过厘清专业、产业、资源三者之间的逻辑关联，有效协调内外关系，实现高职院校高水平专业群的建设目标，为培养高素质技术技能人才服务。

4. 时代性

与生产力发展的水平不同、社会实践的深度和广度的不同紧密相关，职业的时代性非常明显。随着人工智能时代的到来，银行办理基础业务的柜员、信贷审核员，甚至投资银行里的初级数据分析师等许多职业将会被淘汰，而又有许多"人本位"的职业还会处于"黄金时代"。譬如，社交智慧型职业的教师、公务员、财务顾问、经纪人、代理人、零售店一线主管、采购员、人力资源经理等；从事创意型职业的程序员、摄影师、建筑师、策展人、艺术家、作家、金融分析师等；从事感知操作型职业的医生、美容师、电工、消防员、潜水员、飞行员、考古学家，甚至网络主播等。职业的时代性特征是社会经济发展的主要表现之一。

（二）道德

无论中外，"道德"一词由来已久。我国古代所说的"德"与现在意义上的"道德"比较接近。"德"为会意字，从字面上看，不仅含有高瞻远瞩后去行之意，也含有正直、公开，以及去行、去想四层意义。其本义就是恪守道德规范的"操守""品行"。如"公德、品德、德才兼备、德行"等。从"德"字的构形来分析，这里已包含有禁忌：不去想和不去做那些走小路、抄近路的投机行为。而"道"字则比较复杂，其最初本意表示一个人行走在路上，有向导、带路，给不知方向的人引路之意；后成为道家思想中的核心，代表事物本源、自然规律之意；后又引申为取道、道义等。

西方关于"道德"的理解多种多样。从权力论看来，道德的起源比国家和法律更早，一开始的道德观念源自一些部落习俗，这些习俗逐渐形成一定的道德原则，比如禁止乱伦、尊老爱幼，等等，在原始的社会，道德充当了法律的作用。道德分为两种，一种是类似法律一样的社会规定，也可以理解为公共道德，罗素称之为"积极的"道德；一种是关于个人良心的，也可以理解为个人道德。在契约论看来，道德是人与人之间约定出来的，道德的本质就是个体在追求自我利益的时候，也要兼顾其他人的利益，只有这样行动,才能够获得更多、更持久的自我利益。情感主义则认为,道德不是约定出来的,道德感是人天生就有的,道德的本质就是人的一种天生的情感表达。西方学者们这三种关于道德本质的观点虽有一定道理,但都存在偏颇,或以现象掩饰本质,或以局部代替了整体。

在马克思主义伦理学体系中,道德反映了人类社会的一种特殊现象。人们在社会生活中进行着各种各样的活动,形成了错综复杂的社会关系。为了调整人们之间的关系,必须对个人的行为加以约束,以保障社会生活的正常秩序,除了依靠政治、法律等手段外,还必须依靠一定阶级利益引申出来的行为原则和规范,即属于阶级的道德。由此,马克思主义伦理学对道德作出了科学的解释,认为道德是由一定社会经济关系决定的,是以善恶评价为标准,依靠社会舆论、传统习俗和内心信念的约束力量来实现调整人们之间以及个人与社会之间关系的行为规范的总和。

(三) 职业道德

职业道德是社会道德体系中不可缺少的重要组成部分,又是具有相对独立性的特殊领域。职业道德是指从事一定职业的人在特定的工作和劳动中所应遵循的特定的行为规范的总和。美国《哈佛商业评论》评出了九条职业人士应该遵守的职业道德,分别是:① 诚实;② 正直;③ 守信;④ 忠诚;⑤ 公平;⑥ 关心他人;⑦ 尊重他人;⑧ 追求卓越;⑨ 承担责任。在我国关于职业道德的内涵更为丰富,对从业人员的工作态度、服务标准和操作规程等方面都有明确的规定。它通过传统习惯、社会舆论和内心信念等方式对从业人员进行自我约束,表现为从业人员的自觉自愿行为,具有自律性。同时职业道德又是职业责任和职业纪律的体现,如有违反,就要受到经济惩罚、职业纪律处分甚至法律制裁,具有一定程度的强制性。

结合职业道德的内涵,职业道德表现为以下五个方面。一是热爱本职工作,精通工作内容。热爱本职工作是职业道德的基本要求,同时也是成就个人理想的基本要求。二是培养自己的良好习惯,文明礼貌待客,热情周到服务。这既是交往服务的基本要求,也是职业道德的境界体现。三是遵守规章制度,维护单位声誉。规章制度都是在经过科学的论证和不断完善的基础上制订的，因此有其合理性，作为单位员工，应该自觉遵守单位的各项规章制度。另外，看一个单位是否规范，通常也会看该单位的员工对单位规章制度的遵守程度。四是学习身边人的优秀品质，不断地激励和完善自己，发扬团队精神，创造最大效益。现今很多的工作任务需要团队协作完成，这就需要发掘团队成员的才能和技巧，给予员工被尊重和被重视感，鼓励坦诚、避免恶性竞争，鼓励大家为了一个统一的目标愿意承担必须的责任或风险。五是不断地同旧思想、旧意识及社会上不良现象作斗争，努力学习现代化科学知识和专业技能，提高文化素质，经常进行自我反思，增强自律性。

（四）财经类专业的职业道德

财经类专业的职业道德是从事财经工作的人员在履行职责过程中应该具备的道德品质，也是财经人员在特定的财经工作中正确处理人与人之间经济关系的行为规范的总和，即财经人员从事财经工作应遵循的道德标准。

财经类专业具有优良的职业道德传统。我国财经类专业的职业道德是在批判地继承历史上的优秀职业道德传统、吸收国外职业道德精华的基础上发展起来的，主要表现在几个方面：一是以民为本、富民节用的理财思想；二是廉洁奉公、节俭自律的持身原则；三是坚持公平交易、诚信无欺的经营作风；四是讲究质量、注重信誉的服务态度等。

财经类专业大学生必须具备热爱祖国，树立正确的世界观、人生观和价值观，有责任心、事业心、进取心；具有良好的道德品质、严谨的工作作风，严守纪律；熟悉国家有关的方针政策、法律法规；掌握会计、金融、财政、税收、贸易等专业的基本理论与基本知识；掌握文献检索、资料查询的基本方法，具有一定的科学研究和综合分析能力；熟练地掌握计算机应用技术；较熟练地掌握一门外语；具有良好的身体素质和心理素质等职业道德素质。对于财会专业大学生的职业道德素质又有特殊要求，除具备财经类专业的职业道德素质的要求外，还要掌握会计核算、审计、财务分析与管理等能力，这样才能在人生前进的道路上不断探索与发展，才能创造成功的人生。

二、职业道德教育

《公民道德建设实施纲要》指出，提高公民道德素质，教育是基础。高校的职业道德教育的最终目的具有三个指向：一是规范性，让大学生认知将来从事某种职业时的规范；二是将认知的职业规范逐步内化为自身的思想意识和价值观念；三是知行合一，在生活中养成良好的自律性和较高的文化素质。

（一）职业道德教育的内涵

接受心理学认为，教育是文化的一种弘扬、传承、创新活动。学生在较好的"场域"中所接受的教育层次、方式、程度等，决定着他们个人将来工作与生活的态度、观念、方式、质量和发展方向等。从某种意义上讲，教育的根本任务就是将某种价值体系的内涵传递给学生，由其接受内化，进而形成相应的理想信念和文化素养、职业能力与职业道德，使所形成的内在机制能够有效应对遇到的矛盾问题等。因此，在这个意义上职业道德具有自我调节和自我监督作用，并有辐射示范的社会作用。要实现职业道德教育目标，必须有计划、有组织、有系统地开展教育，必须形成全方位、多形式、多渠道的教育格局。

职业道德教育的内涵包含三个维度：第一个维度是对潜在从业人员（大中专院校在校生）进行思政理论、专业基础、文化活动等课程与大学活动方面的道德教育；第二个维度是对从事某一职业的人员进行岗前道德教育培训；第三个维度是对从业人员进行包括职业道德的继续教育。通过以上三个维度的合力，引导与培育从业人员对职业的认可感、责任感和文化情感，培育其正确的职业价值观和法治意识，以及明辨是非、爱岗敬业、遵规守矩的良好品质。

（二）财经类专业的职业道德教育的特征

由于财经类专业的广泛性、综合性，加之与钱物的密切联系，使得财经类专业的职业道德教育相对于其他专业显得更为复杂。具体而言，财经类专业的职业道德教育的特征有如下四点。

1. 针对性

基于系统性分析，财经类专业的职业道德教育的主要实施对象是财经类职业的从业人员，教育内容是财经类工作人员的思想品德和职业素养中诸要素的全面和谐发展；基于层次性分析，财经类专业的职业道德教育的诸要素之所以在发展方面和发展水平上出现差异化、个性化，是因为财经类行业企业工作人员个体的生活阅历、文化程度、受教育水平和工作岗位的不同。对财经类专业大学生进行职业道德教育时，不能够使用"一刀切"的比较单一的教育形式，而应结合岗位实际，在深入企业调研基础上，构建因材施教的课堂教学框架。例如，在"财经法规与会计职业道德"课程中，可基于会计职业特征与会计人员角色，将思政元素嵌入到具体的专业知识中，构造"职业特征—财经法规—道德决策—基本规范"的课程框架，提高会计专业学生的职业责任感。课堂讲授从教材的伦理说教嬗变为再现职业道德体验、判断与决策过程，通过润物无声的方式体现"育德"的内涵。

2. 实践性

职业道德本身就是知行合一，一个从业者的职业道德知识、情感、意志、信念、觉悟、行为规范等都必须通过职业的实践活动，在自己的职业行为中表现出来，并且接受行业职业道德的评价和自我评价，使职业道德的理论与实践紧密结合。财经类专业的职业道德教育，不仅需要内化于心，更需要外化于行。在财经类课程的教学中，可借助于实务操作、案例讨论、角色扮演、情景模拟、"大家来找茬"等系列课上活动设计，让学生从过去的只可"意会"转变成亦可"言传"，更能够仿真"实践"的形式，实现知识内化和价值引领的统一，达到情理入耳、学理入脑、真理入心之效果，在润物细无声中实现"知识助人"和"实践成人"，培育有益于社会的、道德与能力并举的财经类专业人才。

3. 继承性

中华优秀传统文化的两大主干之一是儒道文化，经过两千多年的发展与积淀，对我国各行各业产生了广泛而深刻的影响，这也是文化自信的重要基础。其中，儒家文化蕴含着丰富的仁爱、民本、诚信、正义、中和等思想资源，是社会主义核心价值观的传统文化基源，是财经类专业职业道德教育的母体。现代社会财经人员职业道德教育汲取了儒家文化精髓，将儒家文化倡导的诚信观、义利观、礼治观、责任观、学习观、进取观和财经人员职业道德规范相结合进行继承创新，提升财经人员的职业道德水平。

从继承性的意义上说，财经职业道德是在历史上形成，在特定的财经职业环境中产生和发展起来的，它具有形成特定的职业传统和比较稳定的职业习惯、相对成熟的职业理念等特点，因此具有较强的纵向继承性。财经类职业的从业者通过学习和修养，逐渐形成良好的职业道德品质，这种品质也会逐渐自觉或不自觉地指导自己的职业行为，并影响他人的职业行为，这是一种横向的继承性。

4. 复杂性

职业道德教育是不断发展的。鉴于财经职业与钱物密切联系的特殊性，对从业人员的职业素养和思想品德更是一种考验和锤炼，在此意义上，财经职业道德是一种纪律，是介于法律和道德之间的一种特殊的规范。它既要求人们能自觉遵守，又带有一定的强制性。就是说，一方面，遵守纪律是一种美德；另一方面，遵守纪律又带有强制性，具有法令的要求。财经职业道德有时又以制度、章程、条例的形式表达，让财经从业人员认识到职业道德又具有纪律的规范性。所以，财经职业道德观念的树立和道德习惯的养成，相对其他类的职业道德而言，是比较困难与复杂的。

（三）财经类专业职业道德教育的基本内容

1. 加强职业观教育

首先，要引导和培育财经类专业学生树立正确的职业观念。这样有助于他们尊重他人的劳动成果，体谅他人的辛苦付出，对他人和世界更宽容。职业不分三六九等，没有好坏之分，都是给社会创造价值的平台。学生走向社会后，无论从事任何职业，只要他们喜欢和热爱，在工作中能努力学习，不断进步，就能创造价值、为人类为社会作出贡献。其次，打造有效的趣味课堂。让财经类专业学生了解会计、审计、税务等多种职业内容以及他们的从业条件，拓宽学生的职业认知，培养学生的职业兴趣。再次，进行"聊天式"的职业教育。财经教师团队结合自身的职业以及就业历程，以"聊天式"方式教育学生对财经职业有所认识，也让学生认知职业的背后是巨大的辛劳和付出，这会对学生职业价值观的形成产生积极的影响。最后，要有自省意识。正确地认识自我价值和对社会的权利、义务与责任，正确地评估自己，将个体的职业理想与社会理想融为一体，相得益彰。

2. 加强责任纪律教育

财经类专业的职业道德教育中一个重要内容就是加强学生的职业责任与纪律意识，其基本原则就是要求财经从业人员忠于职守、认真负责、遵规守纪。开展这项内容的教育，案例教学是较好的策略。譬如以下案例，某公司因业务发展需要，从人才市场招聘了一名具有大专学历的张某任出纳。开始，他还勤恳敬业，公司领导和同事对他的工作都很满意。但受到同事在股市赚钱的影响，张某也开始涉足股市。然而事非所愿，张某进入股市后很快被套牢，急于翻本又苦于没有资金，他开始对自己每天经手的现金动了邪念，凭着财务主管对他的信任，拿了财务主管的财务专用章在自己保管的空白现金支票上任意盖章取款。月底，银行对账单也是张某到银行提取且自行核对，因此在很长一段时间未被发现。至案发，公司蒙受了巨大的经济损失。张某犯罪，企业蒙受损失。教师引导学生从张某的案例中吸取教训，引以为戒。

3. 加强职业事业心教育

事业心是一种坚定的职业信念，是对自己从事职业执着的追求。事业心是成事之基，是一个人成长进步之本，是高品位人格的核心和灵魂。对财经类专业学生进行职业事业心教育，一方面，要抓"爱心"。教育拥有爱心的学生，能促使其成为真实、有温度的从业人员。学生从业后会体现出对待事业高尚的、负责的职业意识和职业情感以及职业态度。另一方面，要抓"匠心"。"匠心"的第一个层次是爱岗敬业、恪尽职守、脚踏实地的一种态度；第二个层次是一种精益求精的追求，是对专心做事的一种高度肯定；第三个层次是一种创新的能力，教育学生对所从事的职业开展科学研究，在技术技能方面不断地进行创新。

三、财经类专业大学生职业道德教育

《公民道德建设实施纲要》指出，学校是进行系统道德教育的重要阵地，各级各类学校必须认真贯彻党的教育方针，全面推进素质教育，把道德教育渗透到学校教育的各个环节。要组织学生参加适当的生产劳动和社会实践活动，帮助他们认识社会、了解国情、增强社会责任感[①]。在高职院校财经类专业就读的大学生，是财经职业队伍的重要预备人员之一，他们当中大部分将进入财经职业队伍，从事财经工作。在学校学习阶段是他们的财经职业情感、道德观念、是非善恶判断标准初步形成的时期，因此，高职院校是财经从业人员岗前教育的重要场所，在财经职业道德教育中具有基础性的地位。

（一）加强财经类专业大学生职业道德教育是由财经类专业的特征所决定

财经类专业主要是指经济类和经济管理类专业。常见的专业包括市场营销、会计、人力资源管理、金融、资产评估、国际贸易、企业管理、统计、财税等，是近几年来人才市场上的热门专业。经济类专业主要研究与货币有关的经济活动，涉及银行、保险、证券、国家财政等，偏向实际应用包括金融学、金融工程等专业，前者研究货币以及金融衍生产品，后者是利用数学的方法，通过计算机的操作来解决金融的问题。经济类的核心课程主要为微观宏观经济学、计量经济学、货币银行学、国际金融学等。经济管理类是依据管理学、经济学的基本理论，通过现代管理的方法来进行有效的企业管理和经营决策。经济管理类包括会计学、财务管理、人力资源管理等专业。这里介绍前两个非常相似的专业，会计是对经济业务进行计量和报告；财务管理是在会计的基础上，强调对资金的运用等。近些年，越来越多的高职院校开始以"经济管理大类"招生，学生入学后再根据自己的兴趣分流到具体的专业。其核心课程主要包括经济学、管理学、企业管理、财务管理、人力资源管理等。

与此相适应，财经类专业职业道德教育的中心工作就是提升学生的思想道德与职业素养。这就决定财经类专业职业道德教育内容除了与各类专业职业道德教育要求的共同内容之外，还要更突出自身特色，加强财经法规和职业道德教育。要培育学生对财经职业的认知和认同感；要培养学生的责任意

---

① 于玉林.论会计人员道德观[J].现代会计，2016（1）：1-3.

识和法律意识；要以"爱岗敬业，诚实守信，办事公道，服务群众，奉献社会"为主要内容的职业道德，教育学生学习财经类专业的职业道德规范。

（二）加强财经类专业大学生职业道德教育是由专业特点和就业方向所决定

财经类专业内容一般以经济学、管理学为主，是文、法、理、工等学科协调发展的多科性的专业。专业一般分为2个大类：一是经济学大类。包含的本科专业有经济学、经济统计学、财政学、税收学、金融工程、金融学、投资学、保险学、国际经济与贸易、国民经济管理等。二是管理学大类。与财经相关的专业主要包含在工商管理这个门类当中，包含的专业主要有工商管理、市场营销、会计学、财务管理、审计学、国际商务、资产评估等。

财经类专业的毕业生不仅要具备经济学、管理学、各相关专业的基本理论与基本知识，具有较强的实践能力、创新能力、就业能力和创业能力，而且要有一定的职业道德素质。学生在掌握一定理论知识和技能的同时还应具备一定的职业道德素质，以便在将来的工作岗位上发挥更大的作用，为社会创造出更大的价值。

第二节 高职财经类专业职业道德教育现状

经济的数字化转型是企业数字化转型的突破口，原因是财经系统掌握了企业的核心数据，以财经数字化为突破口，逐步延伸到业务数字，是企业数字化转型的主要路径。国家也出台了一系列的相关政策，《会计改革与发展"十四五"规划纲要》中19次提到会计数字化，强调要加快推进会计、审计工作数字化转型。国务院国资委《关于中央企业加快建设世界一流财务管理体系的指导意见》里有一个体系就是财务数智体系。在这样的一个背景下，会计职业道德教育面临哪些新的情况？

为了正确把握财经类专业学生思想道德素质状况，进一步了解财经类专业学生的职业道德现状，本团队以河北省部分高职院校财经类专业学生为例，从财经类专业学生的成长环境、对职业的认同感、对专业职业道德的认识、学校职业道德教育的看法等方面，对涉及一、二、三年级9个财经类专业的大学生展开调研。调查采用无记名的方式，共发放问卷1000份，回收972份，其中有效问卷962份。在调查对象中，一、二年级的学生有250人，占被调查人数的25%，三年级的学生有750人，占75%。

一、财经类专业职业道德教育取得的成效

通过定量、定性的调查研究与统计分析，结果显示财经类职业道德教育取得了一定成效。

（一）高职院校财经类专业职业道德教育环境较好

在学校氛围的调查中，认为学校"关注学生成长"的最多，占50.52%；在家庭氛围的调查中，认为"家庭愉快"的比例最高，占81.88%；在成长关键因素的调查中，有47.1%的学生认为家庭作用最重要，对学校和社会的作用相对认可度不高，分别占22.87%、17.06%。可见多数学生认可学校的育人价值，认为愉快的家庭氛围有助于学生成长。

（二）财经类专业学生具有较好的职业认同感和多元价值取向

在职业态度的调查中，选择"爱岗敬业"的占61.03%；在职业技能学习状况调查中，选择"喜欢学，学得很好"的人数最多，占总人数的62.31%；在对学生品行、健康、职业技能关注情况的调查中，选择最多的是"品行是否端正"，占比41.22%；在对学生理想的调查中，有52%的学生认为"让家人生活得幸福"是其理想。可见财经类高职学生绝大多数喜欢自己所选的专业，能够正确对待职业发展，同时也显示学生的多元性价值观。因而，财经职业道德教育应重视其导向作用。

（三）对财经职业道德的理解更加全面

当代大学生由于受市场经济发展的冲击，其对财经职业道德的理解更加全面。在"财经职业道德所含的最重要方面"的调查中，27.8%的学生选择的是"爱岗敬业，忠于职守"，25.6%的学生选择"遵纪守法，诚实守信"，31.2%的学生选择的是"和睦互助，团结协作"；80.9%的学生认为有"敬业精神和职业素质"是作为好员工的最优秀品质。

(四)教师在财经职业道德教育中作用显著

在对"最有效的财经职业道德教育形式"调查中,"教师的关怀指导"在所有选项中占比最高,达 43.21%;排在第二位的是"周围人的影响",占 31.11%。在学生最喜欢的教师类型方面,81.22% 的学生最喜欢"充满爱心,关怀学生"的教师,只有 1.98% 的学生喜欢"严肃严格,一丝不苟"的教师。可见在财经职业道德教育中,教师的作用十分显著,教师的师德建设仍是需要关注的重中之重。

(五)财经职业道德教育形式应去繁就简

针对高职院校财经职业道德教育的调查结果显示,职业道德教育形式与学生感知效果没有显著关系,只有 4.27% 的学生认为"品德课程"对德育最有效,选择"在专业课程中渗透"的占比 7.88%,选择"大型活动"的占比 15.96%。与多样的德育教育形式相比,"教师的关怀指导"选择的人数最多,占比高达 30.72%。可见花费大量时间在活动形式上可能并不会取得预想的效果,德育的路径方法应符合学生自身的成长规律。

(六)学生喜爱主动参与式教育方式

学生喜爱的学习方式调查结果显示,绝大多数学生倾向主动参与式教学,喜爱"动手实践"的学生占 46.42%,喜欢"游戏中学习"的占 24.91%,选择"听老师讲授"的仅占 9.9%。可见在当前职业教育中,学习方式相对多样,学生在职业道德教育活动中体现出对自主学习方式的认可。

二、财经类专业大学生职业道德教育存在的不足

从调查的结果可以看出,虽然大学生的职业道德水平得到了一定的提高,能够自觉努力提高自身的道德水平,但是尚有以下不足。

(一)对财经职业规范的认知不清晰

财经职业道德教育包括管理学、伦理学、心理学、法学等诸多方面内容知识,丰富复杂,而大多数学生是因为高考失利而被动选择职业院校,问卷中 89.96% 的学生最初填报专业时受家庭和周围朋友影响较大,78.86% 的学生对于所学专业了解不深,兴趣不足,所以学生以"及格就好,万事大吉"

的心态对待职业道德的理论性教育。一些学校根据表象的学情分析，不进行深入剖析，又往往把职业道德教育工作当成一种形式来应付。这样就形成了一种"恶性循环"，即对待职业道德教育，学校形式上重视、教师教学流于表面、学生听课自由散漫，以至于形式热闹、时间浪费、效果不好。在这些情况下，学生没有接受过系统的职业道德知识，对相关知识还很模糊，职业的认同感不强。在问卷调查中发现，还有61.6%学生对将来从事的财经工作岗位上的职业规范要求不太明白。

（二）学生对职业道德的教育方式不喜欢

受多种因素影响，79.9%的财经类专业学生不认为现阶段采取的教育方式受欢迎。财经职业道德教育以教师单一的课堂理论讲授为主，违背了职业道德教育乃至应用型知识的本意，忽略了职业道德教育本身的情感与行为的根本属性。应将现实生活中的典型案例有效内化为教育内容的一部分，更应结合多种多样的文化社团活动和劳动实践活动，使大学生在真实的环境中提升职业道德水平。调查结果中，32.3%的学生习得的职业道德知识是通过各专业教师在课堂教学中渗透的，67.7%的学生认为当前学校职业道德教育效果不强。虽然许多高校围绕立德树人根本任务，在德育工作中不断改革创新，多数开设大量德育课程、提高课程教师待遇、打造师资团队等，但缺乏接受心理、情感输入、交流互动、实践活动等隐形教育，缺乏明确的教学目标、生动的文化实践活动、基于现代信息技术的教学方法以及教学质量的评价体系等，以至于流于形式，呈现的实效甚微。

（三）职业道德教育内容需要完善

在调查中，91.5%的学生认为，虽然财经类专业职业道德教育内容合规合理，但许多内容概念化、理论化、同质化严重，时代性、职业性、实践性不强，需要进一步完善。

第一，职业道德教育内容的时代性不强。从教学规律和课程标准建设上看，职业道德的教学内容一定要具有鲜明的时代特点，既能体现现代社会甚至未来社会所要求的知识，也能及时反映科学进步的最新成果。现代社会飞速发展，日新月异，学生思维敏锐，乐于接受新的信息和观点。然而职业道德教育的教学内容相对陈旧，离学生的接受心理距离比较远，而且教材体系结构比较单一，教学设计程序化，学生学习的主体性难以突出，缺乏学习的兴趣。教材更新周期过长，不能与时俱进，这种教材既不能及时反映社会关心的热点问题，更缺少对职业道德教育的优秀成果及经验的借鉴与创新。87.6%的学生认为现有的职业道德内容与中学的德育课程教学内容同质化比较严重。

第二，职业道德教育内容的职业性不强。高职道德教育一般都带有明显的职业特征，不同职业无论是内容还是形式都具有自身特殊的道德规范，这是由行业的性质、特点、服务对象等因素决定的。目前，一些财经类专业的职业道德教育内容是最基本的道德理论知识，真正涉及职业所要学的行业规范较少，不能够具体地与职业工作的特征融合，也不能及时反映和体现行业对职业道德的要求与评价。51.2%的学生在实践中认为所学的职业道德内容与企业的文化氛围与职业规范存有不小的差距。

第三，职业道德教育内容的实践性不强。职业道德教育过程就是规范行为的过程，就是职业实践过程，只有在规范行为的实践过程中，才能提升职业道德教育的水平。财经职业道德的作用是对财经从业人员职业活动的具体行为进行规范，解决现实生活中的具体问题与矛盾。一般而言，根据实践活动经验概括出来的财经职业道德教育内容，更具有较强的针对性、具体性和成效性。目前各高职院校比较重视德育教育，但86.45%的财经类专业学生认为德育教育内容过于理论化，实践性严重不足。

（四）职业道德教育环境封闭化

总体而言，财经职业道德没有形成开放的教育教学"生态环境"，这主要表现在：第一，教育理念的封闭性。一些德育工作者和教师仍然停留于"命令式""灌输式"等以教师为主体的封闭性的教育教学理念，缺少"教育导向性、培养职业性、方式主体性、途径实践性、行动开放性"的具有高职院校财经职业道德教育特色的基本理念。第二，教育体系的封闭性。无论任何职业教育课程，都需要构建开放型的教育体系，才能够激活教育"生态环境"中诸多元素的互动性和发展性。目前，财经职业道德"以文化活动体验与社会实践教育核心"的教育体系尚不完善,甚至没有构建。第三,教育方法的封闭性。由于财经职业道德教育具有极强的实践性,必须基于建构主义理论,利用现代信息技术,突出学生主体地位,以"知晓—体验—评价"三步推进财经职业道德教育教学方法的创新。第四,教育评价的封闭性。多年来,职业道德教育仅仅作为一门专业基础课程,而且教育评价机制比较单一,注重结果性评价,缺少对学生思想政治素质和道德品质形成的考核,没有将逐项量化和非量化相结合,综合性、成长性、实践性、自律性和开放性的职业道德评价体系尚未形成。

三、问题产生的因素分析

(一)家庭教育因素

家庭教育集中了传统的文化思想和社会的价值观念,父母的职业道德与思想观念对孩子的成长和发展起着至关重要的作用,其职业认同必然影响着孩子的价值取向。一是良好的家庭教育可以培养孩子诚实、正直、尊重他人等重要价值观,引导他们建立正确的职业观。二是在家庭中,可以引导孩子学会如何与家人相处、分享、合作和解决冲突等社交技能。这些技能对孩子的人际关系和未来职业发展都至关重要。三是父母可以给予孩子正确的职业指导和鼓励,以身作则,引导孩子产生爱岗敬业的兴趣和动力。同时,父母的责任意识、自律意识以及对待财物的观念也对孩子将来所从事的职业认同产生一定的影响。因此,家庭教育对学生职业道德的形成具有不可替代的重要性。

(二)学校教育因素

随着互联网与大数据时代的到来,一方面极大地方便了我们的生产、生活,另一方面也导致知识、信息、技术更新换代周期变得更短,使得社会竞争越来越激烈。学生在校所接受的教育,对于个体的职业价值观念起到至关重要的作用。大学时期的生活过程其实也是学生职业道德观念形成与提升的过程,譬如,如何处理同学关系、如何对待学习、如何平衡课内与课外活动等问题都需要自己独立面对和解决。在学校的集体生活中,如果不能很好地处理与室友、同学、老师之间的关系,就会导致人际关系紧张,影响未来职业工作的价值判断。但是，在价值多元化的社会环境中，一方面，学校的一元价值观与社会上的多元价值观存在矛盾；另一方面，大学生就业指导和职业道德教育滞后，局限于对就业政策和求职技巧的教育，对职业道德教育没有给予足够的重视，没能根据不同层次的大学生实际情况进行职业道德教育。对大学生的职业道德教育缺乏新意，与目前市场经济与大学生的思想实际相脱离，在一定程度上影响大学生职业道德的形成。

（三）社会教育因素

职业教育的显著特点是它的职业性，其培养的人才不是以掌握某学科专业知识为目标，而是以具备从事社会某职业或某职业岗位工作所必需的职业道德和职业技能为目标。道德教育尤其是职业道德教育在职业教育中尤为重要。当前，市场经济的建立和发展对传统的道德判断和道德评价标准提出了新的挑战，它引起人们的追求目标、评价是非、相互关系和生活方式等一系列的变化。滋长了拜金主义、个人主义、自由主义、唯利是图和其他一些不正确的思想意识和道德观念。知能脱节、言行不一、唯我独尊、个人意识膨胀、无视与他人合作、我行我素、为人冷漠、利己主义盛行等在当下青年学生中普遍存在。尤其是人们对职业价值观的判断和取向，较多地选择现实利益标准，而不是传统道德标准。这些会在一定程度上影响学生形成正确的职业价值观念。职业学校为各行各业源源不断地提供着新增劳动力，其毕业生的职业道德水平在很大程度上影响企业员工的整体职业道德水平。因此，职业学校的职业道德教育水平，关系到一所职业学校的声誉。现实中，高职院校财经类毕业生的职业道德水平，总体上还难以适应社会和财经行业对从业人员的职业道德规范要求。长期以来，社会上受"普高热"的影响，职业教育招生不仅在数量上呈下滑趋势，生源质量也逐年下降。高职院校财经类专业生源素质的下降，不仅严重影响了财经类专业的知识和技能的教学质量，也给财经职业道德教育带来新的困难。由于生源对职业道德认知的基础差，尤其是对财经职业道德规范的认知与行业规范存在一定距离，加大了财经职业道德教育的难度。

（四）学生自身因素

大学生正处在培养良好职业道德和练就技能本领的大好时期，只有在平凡的日常学习生活中，从点滴小事做起，通过长期积累，才能逐步培养、形成优秀的道德品质。财经职业道德教育存在诸多不足的一个重要因素是学生自身因素。而目前"00后"大学生，其思想行为和心理特征的主要表现在：一是思维活跃、眼界宽，但功利主义倾向明显。他们是出生在信息飞速发展时期的"网络新一代"，作为网络的原住民，他们具有较强的网络学习、网络购物、网络娱乐、网络社交的能力，思想更加开放、包容，兴趣更加广泛，并且乐于接受新鲜事物。他们能够熟练使用智能手机、平板电脑等电子设备，能够运用这些智能工具自主学习，提升技能水平，开阔眼界，拓展知识面，轻松做到"不出户可知天下事"。但是他们在日常学习和生活中存在较强的功利性和目的性，重视事物结果而忽视过程，习惯性地寻找捷径并衡量收益成本，希望在有限时间与精力内获得高额回报。二是勇于尝试、敢于突破，但抗挫折能力差。他们有初生牛犊不怕虎的冲劲，不懂就学，不会就练，喜欢冒险，敢于挑战自己不敢或不擅长的事物，勇于尝试未知的领域，不断挑战自我，突破自己的界限。但是"00后"大学生抗挫折能力差，他们较多成长于"421"家庭或单亲家庭，由于长辈们过分宠爱、娇惯或者缺少父母一方的爱，以及来自不同家庭的教育方式和社会环境的影响，使得"00后"大学生在遇到学习、生活、情感中的困难时，抗压能力差，心理防线容易崩塌。三是个性化鲜明，但过于自我。"00后"大学生被称为"千禧宝宝"，他们大多数都是独生子女，家中物质生活富裕，喜欢电竞、盲盒、国风文创、手办模玩等，更追求产品的独特性，注重个体的情感体验和价值实现，具有独立、自由、平等的个性化特征。他们不喜欢被动接受和被安排，而是更倾向于主动选择，乐于表达自己想法和观点，期望与老师平等交流。遇到不公平的事，他们会主动发声，维护自己的权益。但是他们过于自我，比较自私，以"我的感受"为主去评判周遭的人和事。面对集体事务时，如果与自己没有直接的利害关系，"00后"大学生往往表现出"事不关己，高高挂起"的态度。四是自信乐观，但泛娱乐化明显。"00后"大学生追求积极向上的人生态度，他们期待大学新生活，对未来充满希望。他们自信乐观，积极主动，敢于对未来说"不"。他们不愿做不爱国的人、不愿做隐身的人、不愿做没有同情心的人，而愿做一个为国家、为社会、为他人、为自己努力奋斗的人。但是"00 后"大学生对互联网过度依赖，在经常使用的 App 中，娱乐型 App 占大多数。他们利用网络进行社交、学习、追星、购物、游戏、看直播、追剧等，喜欢使用网络语言，并从网络语言的使用中获得身份认同，习惯于在线上而非线下处理问题，忽视了现实生活中面对面的情感交流。

第三节 加强财经职业道德教育的策略与路径

开展财经类专业大学生职业道德教育，要围绕立德树人的根本任务，以党和国家的教育政策与方针路线为指南，遵循教育教学规律，聚焦财经行业职业道德规范、职业教育类型特征以及"00 后"大学生的心理特点，探索行之有效的教育策略与路径。

一、调整财经职业道德教育目标

高职院校职业道德教育是一项系统过程，应适当调整人才职业道德教育目标，把职业道德教育作为人才培养的重要目标加以落实，既要遵循教育教学的客观规律，也要结合行业企业职业道德需求对专业的职业道德教育目标予以明确与完善，从而做到"有的放矢""对症下药"。为此，具体而言，需要做好以下三点。

（一）以国家政策内容为指引而设定目标

党和国家始终高度重视道德教育，尤其是党的十八大以来，国家特别看重职业道德教育的加强。2019 年，中共中央、国务院印发《新时代公民道德建设实施纲要》，明确提出要把社会公德、职业道德、家庭美德、个人品德建设作为着力点。推动践行以爱岗敬业、诚实守信、办事公道、热情服务、奉献社会为主要内容的职业道德，鼓励人们在工作中做一个好建设者。《国务院关于印发国家职业教育改革实施方案的通知》（国发〔2019〕4 号）

提出，落实好立德树人根本任务，健全德技并修、工学结合的育人机制，完善评价机制，规范人才培养全过程，以学习者的职业道德、技术技能水平和就业质量，以及产教融合、校企合作水平为核心，建立职业教育质量评价体系。2023 年，财政部印发的《会计人员职业道德规范》（财会〔2023〕1 号）提出，应当推动高校财会类专业加强职业道德教育，将《会计人员职业道德规范》要求有机融入教学内容；应当指导用人单位加强会计人员职业道德教育，将遵守职业道德情况作为评价、选用会计人员的重要标准。

综上所述，高职院校作为职业道德教育的重要阵地，要根据党和国家的相关文件和政策，调整人才德育培养目标，应组织专家对国家有关于高职院校职业教育的文件进行解读和学习，把纸上的政策落实到实践之中，以科学的思想指导人才培养工作。加强职业道德教育，必须首先明晰教育目标。为此，财经类专业要根据以上这些文件对高职院校职业道德教育提出的明确要求，将之融入职业道德的教育目标中。譬如，与会计相关的专业在制订职业道德教育教学目标时，要将《会计人员职业道德规范》中的"坚持诚信，守法奉公""坚持准则，守责敬业""坚持学习，守正创新"等要求有机融入教育目标之中，引导学生深入学习和认真践行会计岗位的职业规范。

（二）以行业规范要求为标准而设定目标

高职院校应该对名企业的职业道德文化进行考察和学习，进而对职业道德教育目标进行适当调整。高职院校培养的人才毕竟是直接面向社会、面向企业的，要了解企业需要什么样的人才，才能调整人才职业道德教育的目标，从而提升学生的职业素养。为此，财经职业道德建设必须符合财经行业企业的职业道德规范。高职院校财经职业道德教育目标的制订，要依据《中华人民共和国会计法》《会计人员职业道德规范》等相关文件，结合实际情况制订切实有效的人才培养方案和教育目标。通过设定科学可行的教育目标及实施程序，实现财经类专业学生课堂学习、实践活动、实训实习的科学化管控。一般而言，财经职业道德教育目标的设定是通过"制度梳理—评价—提炼—实施—评价"五个环节，完善财经职业道德各项教学活动。以实际评价情况为依据，结合学生个人未来发展规划，强化完成目标、质量评价和成果意识。

财经工作是一种政策性、原则性很强的工作,有许多法律法规、财经工作条例、工作准则、工作纪律等,有些财经工作部门,如税务部门本身就是国家执法部门,其对于税务工作人员的政策水平和执法水平都有很高的要求;而审计部门则担负着对财政经济活动的合法性、真实性、合理性和有效性进行审核,鉴证和评价,并做出审计报告、提出建议和措施的重要任务。

(三)以"SMART"为原则而设定目标

高职院校学制一般为三年。去掉思政理论课、体育、美育、劳动教育、创新创业、职业生涯规划、军事理论等大量公共基础课外,留给专业课程的学时极少,为此需要以"SMART"为原则确定财经职业道德教育目标。(1) S:Specific(具体成果),目标一定是非常具体的,比如教师布置学习任务,要求学生要把任务成果展示出,那么就应将"任务成果"转化成具体可展现的形式。(2) M:Measurable(可衡量),目标的可衡量性往往会被我们忽略,我们的目标一定是可以量化的,尤其是财经行业会经常用数字表达。没有任何数字,那这个目标一定是不合理、难以落地的。(3) A:Attainable(可实现、能达到),这是最容易理解的原则,也是最难实现的原则。这要求相关教师在制定目标的时候,一定是有前提支撑的,也要有依据、有预估。(4) R:Relevant(现实、相关),目标的相关性是指各项目标之间有关联,相互支持,符合实际。此目标与其他目标、目标和岗位工作都要有相关性,如果实现了这个目标,但与其他的目标完全不相关,或者相关度很低,那这个目标即使被达到了,意义也不是很大。此外,工作目标的设定要和岗位职责相关联。实现没有意义的目标是在浪费资源。(5) T:Time-Based(时限),时限性则是指目标的完成,要有时间限制,要在规定的时间内完成。"SMART"原则在企业中备受欢迎,基于目标的完成而潜移默化地提升工作人员的职业能力与职业素养,因此,一些高职院校财经类专业在制订课程教育目标时也以此为标尺。

二、重构财经职业道德教育课程体系

针对以往高职院校的课程设置"重理论轻实践"的倾向,应该适度调整课程设置，使得理论和实践有机结合，共同促进学生的全面发展。尤其是要推进实践性教学，这也是契合高职院校的办学特色、符合学生发展需要的。职业道德课程应作为财经类专业的一门必修课程，它与普通的德育课程相互补充，但并不能相互代替。在开设职业道德课的同时，其他专业课也应该配合职业道德教育，在课程中渗透职业道德教育的内容。在确定财经职业道德教育目标后，建立系统的职业道德课程体系是实现职业道德教育目标的中心环节，职业道德课程体系建设可以成为当前高职教育人才培养模式改革的重点和亮点。

一方面，从接受心理学理论的角度看，财经职业道德课程体系建设具体途径如下：一是建立职业道德教育课程标准。可以采用工学结合的职业道德教育方式。让学生走出课堂，走进企业，有更多的实践机会和实习平台。把理论学习融于具体的工作中，破除纸上谈兵的弊端，切实感受到行业内的相关职业道德标准。二是设立职业道德教育专门课程。职业道德教育的最终目的是要全面提升学生的职业道德素养，因此，专门课程的设立要围绕学生"职业观和职业道德养成"，在课程内容的选择与组织上，与时俱进，切合高职学生身心特点和学习需求，遵循职业道德养成规律，科学构建职业道德教育的内容体系。三是可以采用师生互动的方式丰富课程内容，破除传统的灌输式的学习形式。让学生充分参与到课堂中来，发挥主观能动性，采用案例分析等方法进行职业道德教育。

另一方面，从建构主义理论看，构建财经职业道德课程体系时，要围绕着财经类岗位必须具备的职业道德，合理选择有效的承载载体、表现形式和逻辑排序，最终形成课程内部的结构模型和课程之间的框架体系。根据目前"00后"高职学生的心理特点和国家对高职教育的要求和定位，财经职业道德教育的课程设置和体系建立要突出职业认知、岗位体验、基础建立和行动能力四个方面。

第一，高等职业教育是学生从普通教育向职业教育转型的一个阶段，更是学生从家庭、学校走向社会、企业的转折点。在此之前，学生对于未来可能从事的职业、所要进行的工作，以及如何应对较为复杂的社会、工作环境等的了解可谓空白。因此,要通过专业课程教学活动的实施,让学生对财经类职业有一个全面深入的了解和认识,即所谓的职业认知。

第二,每个职业、每个岗位都有各自的特点,每个学生、每个阶段也都有各自的特点,学习主体自身素养、能力、爱好是否与所选取专业的职业与岗位特点相适应、相匹配,需要进行一定时间的实际场景体验后才能确定。因此,在财经类专业的教学实施过程中,一定要让学生充分体验和感受将来可能面向的职业、岗位的主要工作内容和方式、方法,即所谓的岗位体验。

第三,在当今以高等专科职业教育为主体、中等职业教育和职教本科为两端的大职教体系初步形成的背景下,高等职业教育更应结合学生的心智行为特点和学业基础,同时遵循职业成长规律和工匠精神要求,抓好职业基础知识、能力(基本素养和基本功)的培养,即所谓的基础建立。

第四,面向财经相关产业、企业的职业岗位,实现毕业即就业,一直是职业教育最主要的教学目标。即便在大职教体系初步形成的今天,培养高素质技术技能人才仍是高等职业教育的主要培养方向和目标。因此,针对毕业后主要就业岗位对于从业人员的要求,让学生具备相关职业岗位所必须具备的职业能力和职业素养,仍是高职课程体系和课程内容所要突出的重要方面,即所谓的行动能力。

总之,要以项目任务与工作过程为导向,以学生基本职业能力和职业素养建立为根本,以学生职业胜任和成长成才为目标,构建起理实一体、岗课融通的具有职业教育特色的财经职业道德教育课程体系。

三、优化财经职业道德教育资源

打造优质教育教学资源是高职院校专业建设的一项重要内容。大数据背景下,高职院校财经职业道德教育要利用现代信息技术,以"三教"改革为抓手,整合优化职业道德教育资源,为财经职业道德教育教师教学、学生学习、实践活动,提供便捷化、碎片化、个性化的服务,最大限度地达成目标。教师、教材、教法合称"三教",这三者是教育系统的重要元素,对接教学系统的核心环节"谁来教""教什么""如何教",从主体论、载体论、方法论上解决"教而有力""教而有依""教而有效"三个核心问题。从"三教"改革和教学生态同行同向的关联性分析，分布式认知学习理论认为，认知分布于个体、媒介、环境、文化、社会、时间等要素之中，这些要素必须相互依赖才能完成关联性的任务。作为支持教学生态因子共同完成教育活动的功能模块，其设置的科学性，能将主体的认知高效地分布在智慧网络空间设置的功能模块内的资源、工具、活动之中。在智慧网络学习空间中，将教师、教材和教法进行耦合式改革，能够有效地加快教学生态的构建，并在教师、教材和教法的相互促进中提升人才培养质量，进而形成良性循环生态圈。

具体要做好以下三个方面的工作。

（一）打造高水平教师团队

建构主义教育理论认为，知识学习的内化是学生主动获取和不断建构的过程，教师团队的打造是优化财经职业道德教育的关键环节。因此，教师的角色应从传递者向组织者、管理者和引导者转变。为此，一要多层次更新教师的教学理念。基于建构主义教育理念，教师团队的人员构成除了传统的性别、年龄、职称、学历等存在差异性，更要有政治、经济、文化等领域的交叉性。在人员结构合理性与科学性的前提下，通过结构化师资、模块化课程、浸润化教法、碎片化学习、智慧化课堂等要素，将人、平台、内容、技术、环境等建构理论的基本要素统一到学习者的主体地位上，为"情境化、多方位、全空间"数字化财经职业道德教育资源的优化提供可能性。二要多维度提高教师的教学能力。通过开发财经职业道德教育教学资源，熟悉国家关于财经行业的政策文件等，提升教师的政治高度；通过对财经行业的职业道德内容与规范等网络教育资源的挖掘，提炼高职院校财经类专业特色，提升教师的文化深度；通过培育财经职业道德教育的精品在线开放课程等项目，进行教学改革创新，提升教师的价值向度；通过鼓励教师进行多学科交叉协同研究，优化知识解构，提升教师的教学热情；通过实践、科研、社会服务活动，培养教师职业素养和能力，提升教师的实践能力。三要多元化构建教师的评价体系。探究多元化的评价机制，为高职院校"三教"改革奠定坚实的基础，是打造高水平教师队伍的重要环节。基于建构主义教育理念，建构融知识、情感、态度、能力、实践于一体的财经职业道德教育的"三大教学课程模块",即基于第一课堂的理论教学模块,基于第二课堂的活动实践模块和基于网络的成果转化与评价模块,完善了以学生为中心的教师授课评价体系。

(二)开发具有高职特色的财经职业道德教育教材

财经职业道德教育教材的开发,要坚持新形态一体化原则,建设以学生为中心的高职特色教材。为此,要做好三个方面的创新:一要做好内容创新。在编写财经职业道德教育教材内容上,以"教、学、用、养"四位一体的教育教学理念为统照,将国家关于财经行业职业道德的精神内涵、主要特征、实践案例及其职业规范等内容在教材中进行简要阐述,以此提升学生的职业道德水平。同时,将财经企业文化因子与课程思政元素进行有机渗透,注重企业文化的人文精神及其传承创新,将财经职业道德教育融入"身边故事"案例,将大学生工匠精神的培育融入财经企业文化等,以增强教材的高度和可读性。二要做好体例创新。在编写过程中,突出价值引领、职业教育特色和数字化教学资源特点,以学生的学习兴趣和学习习惯为出发点,按照"课程—模块—项目—任务"的编写体例,架构"价值引领+知识传递+道德体验+实践活动+评价培养"的"五位一体"课堂体系,专门设置与财经行业相关的任务驱动、文化学习与体验活动等,强化实践育人,增强教材的针对性和可操作性。三要做好形式创新。为了满足财经类中不同专业的实际需要和学生的个性学习,教材采用"活页式"装订,取得与以上课程内容、课堂体系、教学模式有机统一的效果,打造职业教育公共理论基础课教材改革的新范式。同时,鉴于特色教材不仅是教师教学的教本,更是学生自学的学本,在排版设计上要形式新颖,符合"00后"大学生的阅读习惯和审美需求,潜移默化地进行以文化人、以美育人。

(三)建构大数据财经职业道德教育"场域"

结合网络学习空间的概念和内涵,以空间平衡、资源演化和空间健康为标准,构建基于大数据的财经职业道德教育网络学习"场域"模型。其学习过程应包含五个学习阶段:预览阶段、初步阅读阶段、精读阶段、探索阶段和改善阶段。通过建构该"场域",学生可以在任何时间进行个性化学习。教师在课后和线下系统地整理财经职业道德教育的思想、规范、法律、法规、文化等要素,并对整理的内容进行艺术性的处理,并将其上传到教育"场域"进行共享。这样,所有学习该课程的学生都可以浏览和评估该课程,以丰富课程的文化内涵,并增强学生对该课程的批判性和创造力。通常来说,财经职业道德教育中的基本概念和知识点等情感体验低的学习内容主要是在课后学习,在课堂上主要学习情感体验高的个性化学习内容。与之相适应,在进行财经职业道德教育中,应基于三个维度,构建网络学习"场域"的教学应用模式。

应用模式维度之一:数据挖掘。财经职业道德教育的课堂教学注重从学习者提供的大量、丰富和不规则的原始数据中发现有用和隐藏的信息的过程。在这个过程中,网络学习"场域"将各类学习主体的所有学习数据记录在虚拟学习平台上;而后,通过数据挖掘分析出学习者的认知风格、认知层级、学习态度和方式;最后,根据数据挖掘结果,为师生推送教与学的服务,以达到网络学习"场域"内各个"分子"的内在和谐。

应用模式维度之二:知识聚合。根据学习者的学习主题、知识网络和内容联系,财经资源道德教育的实践教学将分散的知识点聚集在网络学习空间中,形成相对完整的知识层次。网络学习空间可以过滤无用的垃圾信息和资源,从而提供更高层次的学习资源,并不断优化网络学习资源。过于庞大和复杂的学习资源会使学习者产生认知负荷。

应用模式维度之三:教学"场域"。在教育教学的生态系统中,教师与学生之间、教师与教师之间、学生与学生之间、教师与教学环境之间、学生与环境之间通过相互作用,而建立的一种具有联动性、动态性和平衡性的和谐关系,从而形成场域。在这种意义上,财经职业道德教育课程注重由教师、教材、教法、学生、教学环境等具有建构意义的生态因子构建,通过高水平"双师型"的教师团队为代表的能量流、具有高职教育特色的教材为代表的物质流、现代化教学方法为代表的信息流之间交互作用,从而形成"动态有序、开放和谐"的教育"场域",充分发挥出生态性的教育功能。

四、创新财经职业道德教育教学方法

从生态化观点和原理来看,教学方法作为生态系统中的"信息流",其改革与创新直接影响教学生态的生机与活力,为此,一方面要构建"信息化+职场化"的教学生态模式。善于利用网络信息技术、多媒体技术、大数据技术等先进技术,通过"线上+线下"混合式教学,扩大虚拟工厂、信息化教学等数据平台的应用,实现生态场域中不同"信息流"的优势互补,给生态主体学生提供多元化的学习途径。另一方面,要营造"个性化+智慧化"的教学生态环境。基于人本主义学习理论,以创造性和实用性为原则,聚焦问题导向和成果导向,突出学生主体地位,拓展线上虚拟仿真学习等应用平台,通过项目化教学、模块化教学、情境化教学等实现教学生态场域中各个因子交互作用式的立体化效果,既能够满足学生主体的学习需要,又能够营造一个良性互动、和谐的教学生态环境,为学生实现自我价值和激发潜能提供良好的外在条件。鉴于财经职业道德教育的属性与特征,可选用以下几种教学方法。

(一)示范教育法

示范教育法是通过典型人物或事迹,直接有效地教育或感染受教育者,引导其去学习、对照和效仿,它突出了教育的先进性。典型示范教育,必须以先进典型为榜样,榜样的力量是无穷的,革命领袖和英雄、模范等先进人物和行为具有很强的说服力和感染力,广泛地影响着人们的思想品德和社会风尚。这些先进人物在社会上享有威望,具有大多数人仰慕和追求的道德和理想人格,人们会经常以他们的光辉形象激励自己。职业道德教育应抓住人们这一社会心理特征,以典型人物、典型事迹为示范,启发、引导和激励学生不断提高职业道德水平。

在典型示范教育中,选好典型至关重要。可以从以下几方面入手:一是选择多方面的典型,既有历史上或现实中的革命领袖、政治家、英雄模范人物,又有中外科学、教育、卫生、体育、文学、艺术等领域的典型人物;既有全国闻名的先进人物,又有生活中的优秀分子。充分利用报纸、广播、黑板报、宣传栏等形式，树立先进典型，宣传他们的先进事迹。二是邀请社会各行各业，特别是财经行业的先进模范人物、优秀毕业生等到学校给学生作报告或讲座，讲述他们是如何加强职业道德修养，做出不平凡业绩的，用他们良好的职业道德感染和激励学生，使学生受到震动，产生共鸣。三是学校管理人员和教师的带头作用。在典型示范教育中，身边人具有更大的说服力和影响力，高尚的师德对学生的影响是长久和深刻的。四是对典型的选择要适宜，既要高大、感人，又要真实可信。

（二）情感陶冶法

道德教育的实质，就是用社会主义的进步道德战胜一切剥削阶级的落后道德，一方面要靠外部的灌输教育，另一方面更需要通过激发人们内在的积极因素，调动人性中真、善、美的品质，去战胜假、恶、丑的不道德思想行为。情感陶冶法是面向大学生的整体需求，以学生为中心，尊重、关心、引导、教育好每位大学生，通过摆事实、讲道理的正面启发和诱导，循序渐进地帮助大学生认识和掌握财经职业道德规范，树立正确的财经职业道德观念，提高明辨是非的能力，促进大学生的道德发展和人格提升。感情是进行说服教育的基础，没有这个基础，道理再正确，也难以被人接受。只有理中有情，情中蕴理，情理交融，才能使道理被人们心悦诚服地接受。因此，在进行职业道德教育时，不能采取强硬的手段和简单粗暴的方法，可以结合财经职业工作的性质和特点，积极探索一系列生动活泼、形象具体的道德教育方法，开展形式多样、内容丰富多彩、为学生所喜闻乐见的道德实践活动，提高学生的兴趣和参与的积极性。这种道德教育，自然亲切，能培养学生高尚的情操、开朗活泼的性格，陶冶美好的感情，从而树立正确的道德观念，增强道德信念，养成良好的道德行为习惯。

（三）自我教育法

形成良好的职业道德习惯，不仅靠教育，更重要的还是要靠职业道德的行为养成。职业道德教育工作就是要创造条件，促使学生揭露自己思想上的矛盾和问题，开展思想斗争，树立正确观念，克服错误意识，培养自我修养。在职业道德教育中，启发学生自觉加强自我教育是关键，通过不断地自我调节、自我激励、自我管理和自我反思，逐步达到自我完善。对犯了错误和违反职业道德的人，要帮助他们分析原因，提高认识，相信他们能够改正错误。要教育学生不要把自己看作是完美的、神圣的、不需要改进的。自我教育的过程，就是不断摒弃非无产阶级的道德观念、道德情感和道德行为，逐步树立共产主义道德观，提高职业道德品质和道德情操的过程。

大学生的自我意识已基本形成并趋于成熟，心理上开始由依赖向独立转化，由被动地接受向积极地自我调控转化，并开始经历一个更为复杂的自我分化和自我统一的过程。随着大学生自我意识的完善，大学生自我监督、自我教育、自我调控和改进的能力也逐步成熟。因此，大学生完全能够通过自我教育来达到自觉的思想转化和行为控制。但是，不能把自我教育错误地理解为大学生想干什么就干什么、想怎么干就怎么干。必须明白，教育与自我教育的关系是外因与内因的对立统一关系，自我教育需要教育者的正确引导，要逐步形成一整套有利于学生自我教育的新机制、新方法和新环境。

（四）训练体验法

在职业道德教育中，职业道德训练体验是与理论教学相对应的一种实践性教学方法。职业道德理论教学是通过课堂上的讲授，使学生从理论上理解职业道德的基本原则、规范、范畴等内容，以实现教育目的。而职业道德训练体验是围绕财经行业的职业特点、对职业道德要求，侧重于通过职业道德实践来实现教育目的。在职业道德训练体验中，职业道德情感、职业道德意志和职业道德习惯的训练尤为重要。

职业道德训练体验是职业道德养成的重要环节，它的重要性主要表现在两个方面：第一，职业道德养成的目标和职业道德教育的基本任务，只有在职业道德训练和实践中才能得以真正地实现。职业道德品质由职业道德认识、职业道德信念、职业道德情感、职业道德意志、职业道德习惯五个因素构成。职业道德情感、职业道德意志、职业道德习惯的形成最需要在实践中经过强制性的训练。第二，职业道德养成的目标和职业道德教育任务实现的质量和程度，只有在职业道德训练中才能得到真实的评判。也就是说，职业道德品质是优秀的、中等的还是低下的，职业道德教育完成得好与不好，要在训练体验中、在实践中才能得到检验。

以"财务报表分析"课程教学为例，其教学内容根据财经职业道德教育的特点，创新教学方法，采用案例教学法、情境教学法、问题探究法、任务完成法、线上线下混合教学法融入思政元素，提高学生的认知能力，用心感悟专业教育与思政教育的统一。例如：在讲授诚实守信，不提供虚假财务信息编制虚假报表时，可以通过案例视频让学生边看边分析，找出问题所在，分析诚信的重要性。教学中可以创设情境，由学生自由结组，分别完成某一会计主体一套完整的会计实务操作，如填制凭证、审核凭证、登记账簿、编制报表、分析评价报表一系列工作，在工作情境中使学生感受会计业务完成的效率与质量和小组内的每一位同学息息相关，从而更加深刻地理解会计职业意识、会计职业行为习惯、会计职业技能、团队协作的重要性，塑造奋进的职业精神。在授课过程中还可以采用线上线下混合教学的方式，充分利用网络资源，广泛搜集与课程相关的思政资源，与线下教学巧妙结合，全面进行课程思政教学。

总之，财经职业道德教育的方法和手段是多种多样的，没有固定的模式，应根据教育的特点、行业的特点和实际情况去创造、去创新。只要从实际出发，发挥主观能动性，就一定能够找到适合财经类专业大学生的有效的职业道德教育方法。

五、构建基于距离比较的教育质量评价体系

基于建构主义理论和网络学习空间建模，财经职业道德教育在多元统计分析的聚类分析中，采用距离比较法建立成绩评价模型。其中，可使用 MATLAB 的 GUI 模块构建成绩评估的可视化计算机操作系统。同时，结合课堂教学质量评价标准矩阵，采用 GUI 操作系统对财经职业道德教育的课堂教学质量进行等级评价。评价指标数据标准化的方法是：假设要评价的样本为 m 个，评价指标为 n 个、每个评估指数都有 p 个评估等级。索引数矩阵为 0。使用线性比例变换方法对 X 进行无量纲化。然后，可以获得效率指标矩阵。类似地，对于等级评估标准矩阵，也使用线性比例变换方法对 Y 进

行无量纲化，还可以获得效率指标矩阵。这样，"数字化＋职场化＋智慧化"的文化课堂教学模式，扩大了虚拟工厂、信息化教学等数据平台的应用，突出学习者主体地位，实现教学生态场域中不同"评价层"的优势互补，为课堂教学多元化、质量化的教学评价提供量化依据。

以上述理论模型为依照，大数据背景下财经职业道德教育体系的构建，要以信息化、数据化手段为载体，以智慧职教平台为依托，融"教学做考"为一体，注重过程性考核，建立多元化学习评价体系。第一，多主体评价。财经职业道德教育的学习成果评价主体应以学生为主，采取自评、互评相结合，辅之以教师、学生评委、"数字公民"等方式，分成自我评价、小组评价、同学评价、教师评价、学生评委评价、数字公民评价。第二，全过程评价。该评价贯穿于课前、课中、课后整个教学过程。同时，以学习通、职教云平台等对学生进行全过程财经职业道德学习行为数据采集，以目标优化举证法对指标权重进行动态调整，以自制增值画像程序关注财经类专业学生的成长增量。第三，多维度评价。结合财经行业中的职业道德规范，对接确定的教学目标，设计多元评价主题、评价内容、评价方式、评价标准。如，知识与技能获取、兴趣动机、学习方法、调控能力、创新意识、出勤率、日常文明素养等不同的评价内容，以及成果评价、测试评价、成长记录卡评价等不同的评价方式。

譬如，财经职业道德教育融入"财务报表分析"课程中的实施效果如何，要对学生的考评结果进行检验。传统考核方法仅仅对学生专业知识和技能考核，只能体现学生的知识技能掌握程度，并不能充分展现其职业素养。因此，在"财务报表分析"课程的考核评价中，要进行全方位的考核评价。一方面，要对学生进行专业知识和专业技能的过程性考核；另一方面，也要对学生进行德育考核。会计岗位职业道德方面的考核与知识技能考核一样，要制订体现德育效果的切实可行的评价标准。专业课任课教师、思想政治理论课教师、辅导员教师、学生之间、学生个人都要进行评价，将定量与定性相结合，全面评价学生的专业水平及职业素养。

第七章　高职财经类专业大学生廉洁文化教育研究

改革开放以来，我国社会经济发展迅猛，银行、保险、企业、证券等行业亟需大批财经类人才，由此，我国开设财经类专业的高职院校数量很多，并且受到家长与考生的青睐。但是，随着社会的复杂化，财经类专业的学生就业后主要与货币和资金等发生关联，他们面临着利益与金钱的诱惑，腐败的风险性比较高。所以，对财经类大学生进行遵规守法的廉洁教育尤为重要。当前，财经领域内正在不断地加大监管力度，健全和完善风险防控体系，但仍有一些工作人员或经不起金钱诱惑而腐败，或利用职务之便而腐败。培养高素质、有情怀的财经类技能人才是高职院校的根本任务，其中廉洁教育是必不可少的一个重要环节。高职院校应培育财经类专业学生自律、诚信、规矩、廉洁等意识，为培养合格的中国特色社会主义建设的时代新人奠定良好的基础。

第一节　廉洁文化教育概述

一、大学生廉洁文化教育的涵义

迄今为止，"文化"的定义仍是学术界众说纷纭的问题。实际上，文化是一个内涵丰富、外延宽广的多维概念，是一个无所不包的概念。

"文"的本义是指各色交错的纹理，后来又引申出近十几种含义。其中，文字、文章、修养、德行与现在人们理解的"文化"一词的意义最为接近。"化"的本意有三个方面：一是变化、二是生成、三是造化。后来又引申为风俗、风气、教化等。

据学者的不完全统计，自"五四"前后至今，我国关于文化的定义，约有260多条，学界大多认同冯天瑜先生的说法，即文化便是人与自然、主体和客体在实践中的对立统一物。

许多学者认为，"廉洁"一词最早出现在屈原的作品之中，原文中"朕幼清以廉洁兮，身服义而未沫"解释为"我年幼时秉赋清廉的德行，献身于道义而不稍微减轻"。《楚辞·卜居》："宁廉洁正直，以自清乎？"解释为"廉洁正直，使自己保持清白"。中国古代思想家和政治家无不将清廉视为从政最重要的品质之一。《周礼》以"六廉"首提廉能并重、以廉为本的思想。《晏子春秋》提出"廉者，政之本也"，把"廉"当作为政的根本。孟子认为"可以取，可以无取，取伤廉"，阐明了对廉与贪这两种对立价值观的认识。韩非子直接点出廉吏的特质："所谓廉者，必生死之命也，轻恬资财也。"历朝历代也设立了各种监察和反贪机构，制定了一系列廉政制度，看重官员的清廉品质。

文化的一个鲜明特征就是具有时代性，任何文化的产生和发展都是在特定社会历史条件下所产生的。当今社会，国家的文化盛衰成为衡量综合国力的一个重要标准，既是国家之间竞争的必备条件，更是一个国家发展建设、繁荣富强的重要体现。廉洁文化作为我国文化的重要组成部分，对于我国的政治经济发展极其重要，是夯实"不忘初心、牢记使命"的思想根基，是取得中国特色社会主义建设成效的重要保障。2007年3月，教育部印发的《关于在大中小学全面开展廉洁教育的意见》指出，以社会主义核心价值体系为引领和主导，加强法制和诚信教育，加强社会公德、职业道德和家庭美德教育，组织学习党和国家关于党风廉政建设和反腐败方面的方针政策、法律法规等，引导大学生树立报效祖国、服务人民的信念，不断增强大学生的道德自律意识，养成拒腐防变的良好心理品质，逐步形成廉洁自律、爱岗敬业的职业观念[①]。习近平总书记在党的二十大报告关于"坚决打赢反腐败斗争攻坚

---

① 中华人民共和国教育部. 教育部关于在大中小学全面开展廉洁教育的意见 [EB/OL].（2007-03-27）[2023-10-26].http：//www.moe.gov.cn/srcsite/A07/zcs_zhgg/202009/t20200929_492299.html.

战持久战"的阐述中指出，加强新时代廉洁文化建设，教育引导广大党员、干部增强不想腐的自觉，清清白白做人、干干净净做事，使严厉惩治、规范权力、教育引导紧密结合，协调联动，不断取得更多制度性成果和更大治理效能。

总之，这里所说的大学生廉洁文化教育的内涵，是指以《关于加强新时代廉洁文化建设的意见》为指导思想和根本遵循，围绕"立德树人"根本任务，以培养公道正派、实事求是、清正廉洁的人才为价值追求，帮助学生养成崇廉拒腐的价值理念、思维意识和行为规范等。

二、财经类高职大学生廉洁文化教育的特点

财经类高职专业性较强，主要为国家输送经济类人才，为我国经济主战场培养强有力的后备军。财经类高校廉洁文化教育，在广义的廉洁文化教育基础上，有针对性地加强大学生在经济活动中的廉洁意识和反腐败自觉，以从根源上解决政治腐败问题为最终目的对大学生进行教育。财经类高职院校的廉洁文化教育，除具有高校廉洁文化教育的普遍性外，还具有一定的特殊性。

（一）廉洁文化教育对象的特殊性

财经类高职廉洁文化的教育对象主要是财务、金融、会计等财经属性较强的专业，这类专业的大学生既具有理科生的共性，又具有财经类的特性，只有抓住教育对象的特点，具体问题具体分析，方能提出可行的教育手段。

首先，财经类高职大学生重视"有理有据"。有理有据是理科生的共性，不同于文科生的是，理科生更追求实际的结果或准确的数据而非抽象的结论，这种特点不是短暂的、个别的，而是一种在长期的理科学习过程中形成的普遍现象。针对财经类高校大学生的"有理有据"，在具体教育过程中必须拿出更多的历史实例和数据文献，才能使财经类大学生认可教育内容。

其次，财经类高职学生具有很强的批评精神和否定精神。批评精神和否定精神是财经类大学生最突出的特点。也正因如此，批评和否定精神所衍生出的创新精神和冒险精神，使财经类大学生成为日后走向社会自主创业的生力军。面对财经类大学生的各种问题和质疑，廉洁文化教育者不仅要具备丰

富的理论知识，还要具备一定的应变能力以及经济学的基础知识，尽量回答财经类大学生提出的问题，如果不能当场解决，也要在课下积极补充知识，以便在下一次教学中解答。

最后，财经类大学生具备一定的大局观。财经类高职大学生，其大局观的形成得益于对"宏观经济学"和"微观经济学"这两门主修科目的学习。在廉洁文化教育的内容中可以适量增加廉洁文化教育的成功案例和已实施的有效措施，让财经类高校大学生认识到廉洁文化教育的大好前景，才能让其主动参与到廉洁文化教育活动中来。

（二）财经类专业廉洁文化教育的时代性

文化教育的具体内容随着时代的不断发展而改变，财经类专业的廉洁文化教育和时代的关联尤为密切，思想教育工作者必须紧紧围绕当前经济政策，提出适应时代需求的教育目标。

第一，密切关注经济政策形势。我国经济政策直接决定着财经类高校开展廉洁文化教育的方向。对于财经类专业的大学生来说，把握当前整体经济形势，不仅对廉洁文化有了客观现实的认识，还为自身专业知识的侧重和今后发展方向的规划提供重要的现实依据。财经类院校作为教育的主导方，通过校刊、校园网等途径将国家的新政策与新方向传达给大学生，帮助他们宏观地把握我国的经济动态同时也利于教师适当针对部分政策对教学内容进行调整。近年来，我国把"保增长、调结构、管通胀"作为经济发展的总基调，我国的政治、经济和文化建设都取得了新的成果。但我国经济发展存在不均衡、不协调、可持续性低等矛盾，经济增长速度减慢和物价上涨过快，导致我国的金融领域存在不容小觑的潜在风险。作为财经类高职的大学生，必须时刻保持清醒的头脑，认真学习，时刻注重培养自身的大局观、危机意识与廉洁意识，随时准备为社会主义经济建设贡献自身的力量，主动担负起振兴中华的历史使命。

第二，精读国家文件和会议精神。国家中央经济工作会议曾重点强调了速度、结构和物价的关系和问题，进而提出了稳中求进的工作基调，这种国家主要战略思想是需要廉洁文化教育者重视和把握的，因为国家的工作基调直接决定着财经类大学生的知识取向和就业取向，如果教育者只注重课本知识而忽视了时政，那么就会让大学生对廉洁文化教育予以脱离实际的评价，进而轻视甚至排斥廉洁文化教育。因此，深刻解读国家当前政策对于廉洁文化教育来说至关重要。

（三）财经类专业廉洁文化教育的长期性

廉洁是一项长期的任务，不是一朝一夕可以完成的。高校思想政治工作教育者必须清楚地认识到廉洁文化教育的长期性，在开展教育活动的过程中，必须制订缜密的长期计划，循序渐进地在校园里推行清正廉洁的思想。廉洁文化的长期性主要体现在以下几个方面。

第一，教育对象专业性强导致廉洁文化教育工作进展缓慢。财经类高校是以金融、财会、统数、工管等专业为重点培养方向的教育集体，其培养的大学生多为拥有经济管理头脑的创新型人才。但这类高校中的思想政治教育者所占教职工人数的比例往往较低，廉洁文化教育通常只能以大课堂或是讲座的形式进行，各种廉洁文化实践活动所能参加的人数也有限，导致整个廉洁文化教育工作的进度十分缓慢。

第二，社会环境影响增加教育工作的难度。目前，我国的经济发展正沿着社会主义市场经济的道路不断前行，带来了举世瞩目的经济增长速度，但是与经济相适应的法律法规、社会道德、文化风气和分配制度等发展相对滞后，给腐败行为以可乘之机。经济结构的复杂化和分配方式的多样化，使人们贫富差距拉大，导致部分人心理失衡、私欲膨胀，享乐主义、拜金主义不断滋生。这种不良风气直接影响着高校大学生的思想道德水平，在学团组织、学生会工作和党员竞选中腐败逐渐萌芽，不仅影响校园工作效率、败坏校园风气，还会直接导致将来在大学生入党并走向工作岗位时，助长腐化现象的气焰。

第三，资本主义腐朽思想和封建余毒侵蚀着大学生的思想。财经类高校大学生在学习过程中，常常为了开阔视野、增长知识，通过观看外国财经类节目、阅读外国经济类刊物、浏览外国财经类网站等形式进行拓展学习。但是，教育工作者不得不意识到，大学生在接触世界前沿性经济知识的同时，也接受着资本主义思想的熏染，久而久之会不自觉地接受资本主义的思想与文化，逐渐减少对中国本土文化的保护意识和对马克思主义理论学习的积极性，廉洁文化教育的难度随之提升。另外，部分影视剧也在不知不觉间左右着大学生的价值观。古装剧作为我国电视节目的重要组成部分之一，尽管其备受争议，但长期以来依然被广大观众所青睐，部分大学生认为，古装剧有利于帮助现代人了解我国历朝历代的史事，是对我国传统文化的传承。实际上，古装剧大部分剧情皆为杜撰，但随之而来的腐败思想却丝毫未减，剧中经常出现权力斗争、权钱交换的剧情，使权力至上、金钱万能的思想已经渗入他们的心中，高校廉洁文化教育难上加难。

作为思想政治教育者，必须全面分析当前的教育形势，结合财经类专业的特点，有计划、有目的地进行教育工作，避免盲目乐观、笼统规划的情况发生，切实抓好大学生的廉洁文化教育工作，为祖国培养清正廉洁的经济人才。

三、财经类高职大学生廉洁文化教育的意义

财经类高职院校是培养经济类人才的摇篮。学生在毕业以后大多从事金融、财会、贸易、工管等工作，直接参与着我国的财政运转，是经济发展的栋梁。如果这类人群的廉洁思想不坚定，就会给腐败的滋生提供机会。坚持不懈地开展廉洁文化教育工作，对我国社会主义事业的健康发展、市场经济的不断进步有着积极而深远的历史意义。

（一）培养清正廉洁的创新型人才

我国长期以来以经济建设为中心，把经济发展作为第一要务，对于经济类人才的需求也日益攀升。面对这一形势，财经类高职院校应该时刻注意学生的发展状况，避免高等人才出现急功近利、蝇营狗苟的卑污行径。

财经类人才最大的特点是知识的资本化，如今世界各国已经进入人才兴国的"软实力"竞争，各企业单位都以优越的条件招揽创新型人才。创新是把知识转化为财富的有效途径，也是促进经济发展、推动社会进步的根本方法。开展廉洁文化教育，就是向大学生灌输清正廉洁的思想，让大学生认识到抱着投机取巧、金钱至上的不良心态是不能维持自身长期可持续发展的，

只有不断学习社会前沿的经济学知识和技能,通过自我创新或协作创新,才能把自己的知识资本转化为财富。廉洁文化教育的最终目标,是让每个走出校园的大学生都具备将智力资本转化为财富的才能。具备清正廉洁思想的创新型人才拥有创新的能力来创造财富,不会试图通过投机取巧、假公肥私的方式侵蚀财富。这类大学生在走入社会后通过自身的创意来改善企业的经营现状,部分大学生甚至会选择自主创业,在实现自己致富梦想的同时扩大社会的岗位需求,一定程度上也缓解了社会的就业压力。廉洁文化为创新型人才提供了信念支持,学校和社会对这类大学生予以肯定和帮助。

(二)培养大学生诚实守信的廉洁思想

文明诚信是廉洁文化的重要组成部分。目前,大学生的诚信现状不容乐观,考试作弊、抄袭论文、恶性竞选等现象频频出现,造假学历求职、网络道德淡漠等问题也时常发生。在财经类专业中,部分学生在通晓专业知识后,利用制度缝隙和法律漏洞,同实习单位签订虚假协议、拖欠学校应缴费用、帮助企业避税或造假账,这类行为严重危害着我国的经济发展,其中部分学生甚至身为党员,直接破坏了我党在人民群众中的良好形象。因此,开展廉洁文化教育,是党和国家对全国高等学校提出的紧迫任务和要求。经济全球化的不断深化,我国的政治经济受到挑战,建设更完善、更进步的诚信体系,也是中国大学生所担负的时代重任。

在社会主义市场经济活动中,诚实守信是至关重要的。无论是自主创业还是主动就业,诚信都是维持企业与个人永续发展的长久之计,在目前市场竞争激烈的社会环境下,唯有诚信才能使自己站稳脚跟,创造更大的经济利益。

(三)培养财经类高职大学生公平正义的法治意识

腐败现象本质上是通过不公正的方式增加收入或提升社会地位,使社会贫富悬殊愈演愈烈的一种不正当手段。腐败现象完全违背了社会主义的本质要求,开展廉洁文化教育,目的是要遏制腐败现象,维护社会主义的公平正义原则。公平是人类不断追求的最高目标,同时也是对社会结构和社会运转机制的道德评价;正义是人类社会中受到大部分人所认可,对是非善恶正确处理的公共要求,是崇高的社会理想。公平和正义既取决于社会法律制度的合理性，也取决于执政者的执政方式是否廉洁。合理的法律制度是社会公平正义的基础，而执政者的执政方式则是公平正义的决定性因素，在社会各项事务中，执政者能否做到一视同仁、统一处理是社会安定的关键。

财经类高职的大学生，长期接触理科类的公式和数字，其思想多倾向于中规中矩，对不公平正义的行为最敏感也最难以接受。财经类高职廉洁文化教育，是在大学生走入社会之前预先培养其公平公正的处事能力，在日常班级工作和学生会活动中对大学生提出公平正义的具体要求。同时，学校要对竞选班干部、发展党员、管理社团财务等日常工作严格把关，遏制不公正、不公平的竞争手段出现，保障大学生在校园时刻本着公平正义的原则学习生活。

（四）为构建和谐校园奠定基础

和谐校园是一种以和而不同、活而不乱、和睦协调为核心思想的新时代素质教育模式，贯彻着马克思社会主义和谐社会的相关理论。构建和谐校园，是以学校为纽带把课堂教育同家庭教育、社会教育相结合，从而形成学生、教师和学校共同发展的良好局面。

对于财经类高职院校来说，和谐校园不仅代表着和谐的风气，更代表着全面的知识。和谐校园要求大学生在学习过程中除了学习经济专业知识，还要通过思想政治教育来培养自己的纪律意识和道德观念。廉洁文化教育向大学生提出时刻严守校纪校规的纪律要求和坚定清正廉洁思想的道德要求，在和谐发展的理念下树立建设社会主义的共同理想。同时，和谐校园作为一种管理模式，贯彻着以人为本的核心思想，支持大学生和教师全面而自由的发展，鼓励采用现代经济领域的新型企业管理模式管理高校。最后，和谐校园也是一种人文环境，高校通过廉洁文化教育打造诚实守信、公平正义的人际交往环境，使所有人都切身感受到廉洁文化所带来的和谐气氛，让校园生活演化成安定有序的幸福体验。

第二节　廉洁文化的发展历史

中国古代和西方的廉洁文化建设虽各有一定的局限性和时效性，但仍具有很高的参考价值。面对这些宝贵的廉洁文化经验，教师既不能一味地借鉴，原样照搬的方法必然不会和我国的国情相符，同时也不能盲目排外，一概否定封建社会和资本主义社会的廉洁文化建设手段。对于高职教育，了解中国古代和西方的廉洁文化有助于帮助大学生开拓视野，增加知识面，从而提高其产生更多创新思想的可能。

一、中国廉洁思想的发展历史

廉洁文化是在中国几千年政治文化史中延续至今的良好道德修养。在古代，人们就对为官者提出三方面要求，即"修身、爱民、治国"的廉洁思想体系。这种廉洁文化经过历史长河的洗礼，内容不断丰富，哲理越发深刻，成为我国文化传统中重要的文化分支。

（一）中国古代廉洁思想

1. 儒家"廉"思想

依据儒家经典《周礼》中的记载，儒家的德治思想起源于西周初年，周公为了一改前朝骄奢淫逸、欺压百姓的残暴统治，提出"敬天保民，明德慎罚"的统治思想。大意为不能听天由命，要通过提高统治者自身的思想文化修养，发扬以德治国的教化作用。周公的这一思想被认为是我国廉洁文化的起源。同时，周公提出要对犯罪行为进行具体问责，反对株连九族的陋习，推崇一人犯罪一人承担的原则；对于执法不严，乱杀、乱罚无辜者要予以责罚，对不同的罪犯一视同仁；刑量适度，但不取消刑罚，刑罚有其必要性，需要通过责罚使民众臣服。

孔子曰："为政以德，譬如北辰，居其所而众星共之。"这句话的表面解释是：以德治国，那么统治者的周围就会聚集很多人才，就如同北极星周围的繁星一样。但实际上，孔子的这句名言有更深的含义。在古代，人在夜间多以北极星为标识确定方位，原因是北极星是肉眼能看到最亮的行星，人们在确认了北极星以后，再开始辨认其他星象的位置。孔子想表达的是：统治者乃一国之君，是国家的北极星，统治者的品行和贤德直接决定着其在民众中的受拥护程度以及所招揽来的人才的好坏。孔子希望统治者把德政的思想贯彻到国家管理的工作中，使其像北极星一样起到对臣子的指引作用和凝聚全国力量的功能。

儒家"廉"思想对廉洁文化教育的启示是，加强社会平等，注重个人修养，从而以点带面。鉴于财经类专业的大学生具有否定精神，对于生活中不平等、不道德行为是难以忍受并相对排斥的，这种排斥难能可贵，而且很有可能转化为对其的顺应和参与。因此，在大学中保证师生平等、加强道德建设是至关重要的。

2. 法家廉洁思想

法家是春秋战国时期最注重法律的一个学派，并在当时提出了一套完善的"以法治国"的理论方法，为后来秦朝的中央集权统治提供了一定理论依据，构成了我国古代封建社会的政治基础。

荀子是战国末期赵国人，是我国古代著名思想家、教育家和哲学家，荀子的思想对法家有着重要的影响，法家代表人物韩非子就是荀子的弟子。荀子主张"性恶论"，他不认为人在出生时具备天赋的道德观念，而只具备人的自然本性，即"生之所以然"者，其表现为对饥饿冷暖的基本需求，是具备自然本能的生物。然而荀子的性恶论并非批判世人的丑恶，而是为了提出人的自然需求的合理性，并强调后天环境和礼乐教化对人的重要作用。因此，法家提倡用重刑来治理国家，以"制其私，防其私"为主要思想来防止政府中出现腐败现象。

法家的教育目的和现代廉洁文化教育的目的相近，无论是教育者还是大学生都必须认识到廉洁文化教育是一项长期性的工作，无法通过硬性指标和强制政策在短期内完成。在前文中也提到，财经类高校廉洁文化教育具有长期性，长期的教育工作需要一个具有泛用性、合理性、公正性的公共制度来约束全体师生，以保证整个财经类院校的廉洁文化建设不出现工作方向的偏差，从而让整个校园风气都能在这一制度的修正下保持清正廉洁。

3. 道家廉洁思想

老子的传世之作《道德经》自古以来被无数帝王将相所青睐，今天更是被翻译成多国语言而广为流传，是中华传统文化之瑰宝。廉洁文化教育的开展,不能缺少对于道家廉洁思想的研究。老子的廉洁思想是道家思想的重要组成部分,提出了对为官和做人的具体要求,其主要内容包括三个方面。

第一,为人谦虚,行事谨慎。老子曰:"自见者不明,自是者不彰,自伐者无功,自矜者不长。"自我表现、自以为是、居功自傲、自恃清高,是人们在日常生活中容易出现的错误。老子的这番话劝诫人们要时刻保持谦虚谨慎,作为社会的个体,张扬和高傲只会带来群众的孤立和社会的排挤,对自身的可持续发展带来极其负面的影响,如果统治阶级中出现这些不良行为,将直接导致统治阶级失去群众基础,使政府的公信力逐步下降。

第二,反对享乐,远离奢靡。骄奢淫逸、花天酒地的官吏腐败现象自古便存在于官场中,老子对此表示反对,并在《道德经》中对统治者提出"是以圣人去甚、去奢、去泰"的要求。意思是作为统治阶级,需要避免出现铺张浪费、纸醉金迷的腐败行为。同时,老子认为腐败现象的出现,必然会危害到人本身。

第三,洁身自好,知足常乐。自古以来,欲壑难填,人的欲望是无止境的,私欲的无限膨胀最终导致各类腐败现象的滋生,欲望发展为贪婪,就会迷失方向,走向终结,所谓"天网恢恢,疏而不失",作恶多端必将受到社会的责罚。老子认为,为了克制欲望的膨胀,应养成"知足不辱,知止不殆"的良好习惯,意为知足则不会受到屈辱,知道适可而止则不会把自己逼上绝路。

老子的廉洁思想告诫现代大学生要谦虚、好学、知足,而目前大学生在社会活动中表现出自傲、自大的态度,重社交轻学习的现状以及怨天尤人、愤世嫉俗的情况屡见不鲜。由于财经类专业的大学生具有很强的批评精神,这一现象就更加频繁和明显。在廉洁文化教育中,教师不能遏制财经类专业大学生的批评精神,而是引导其将批评精神运用到合理的地方,鼓励和支持大学生相互批评、自我批评,提倡微言慎行、远离奢华、知足常乐等思想。

(二)中国近代廉洁思想

近代中国社会动荡,政权更替周期较短,给腐败提供了滋长的温床,加上晚清政府的腐败无能,导致中国承受鸦片战争的惨痛历史教训。

晚清思想家龚自珍也是中国近代廉洁文化的代表人物之一，龚自珍曾多次主张废除清政府弊政，坚决反对外国的侵略，同时在鸦片战争时期支持林则徐禁烟，并在自己的诗文中批判和揭露清政府的腐朽无能。龚自珍在其《明良论》中指出，腐败的原因在于皇帝视众臣为犬马，导致大臣们不知廉耻，欺下媚上，养成贪污腐败的习性。龚自珍曾批判当时政府"官愈久则气愈偷，望愈崇则谄愈固，地愈近则媚益工"，并多次提出"更法"，其言行举止充分体现了其抵制腐败的爱国热情。

19世纪末，以康有为、梁启超为代表的改良主义发起的政治改革，史称"戊戌变法"。维新派练兵、变法、救亡图存等主张虽有着极大的历史局限性，但仍具一定的廉洁思想。维新派在政治方面改革行政机构、裁汰冗员、澄清吏治、提倡廉洁，在官吏选拔上提倡废除八股，改试策论，并在言论问题上提出广开言路，允许各级官员及民众上书言事等。

清政府被推翻后，孙中山先生建立中华民国，并吸取晚清政府覆灭的教训，通过对西方政治的学习，结合中国当时的国情制定了《中华民国临时约法》（以下简称《临时约法》），《临时约法》中重点强调了政府的廉洁问题，同时也保障了中华民国的合法性。孙中山提出"众人之事乃为政"，意指政治要围绕民众的意愿，政府要为民众的要求而服务，这一进步思想至今仍在我国占据重要的理论位置，今天以人为本的思想就是孙中山先生"众人之政"思想的延续。

（三）中国当代廉洁思想

自中国共产党成立以来，我国各届领导人都十分注重党和国家的廉洁建设。毛泽东在革命时期一直强调要"从群众中来、到群众中去"，切实关注人民群众的利益问题，使共产党得到了广大农民的拥护，在革命胜利时期，毛泽东也不忘加强党和人民群众的血肉联系。邓小平同志的拨乱反正工作、反腐败斗争等，彰显了我党在改革开放初期仍坚持以廉洁从政的思想为指导。邓小平同志不仅强调了抵制腐败的重要性，还重点提出公平公正的道德要求，旨在提高全国人民的廉洁素养。江泽民同志提出"三个代表"重要思想，亦是进一步在先进性和执政态度上强调：我党在生产力和文化上要起到先锋模范作用，要以清正廉洁的执政方式带领人民前进，同时要以人民的根本利益为出发点，切实加强党和人民的联系。胡锦涛同志以人为本、执政为民的理念，是在继承了几代前任领导人思想的基础上，对我党执政方式提出的进一步要求，指出党的各项工作要以"人民群众高兴不高兴、赞成不赞成、答应不答应、拥护不拥护"为标准，切实做到为群众办事。

习近平总书记关于廉洁文化的论述非常丰富，既有对廉洁文化重要作用的论述，比如"思想纯洁是马克思主义政党保持纯洁性的根本，道德高尚是领导干部做到清正廉洁的基础""政治文化是政治生活的灵魂，对政治生态具有潜移默化的影响"等；也有对党员干部尤其是领导干部修身正己的要求，比如"廉洁自律""廉洁从政""廉洁用权""廉洁修身""廉洁治家""廉洁奉公""明大德、守公德、严私德""把干净和担当、勤政和廉洁统一起来""正心修身，涵养文化，守住为政之本""永葆清正廉洁的政治本色"等；还有对推进廉洁文化建设的要求，比如"涵养廉洁文化""弘扬忠诚老实、公道正派、实事求是、清正廉洁等价值观""发展积极健康的党内政治文化"等。这些重要论述是习近平新时代中国特色社会主义思想的重要内容，也是以习近平同志为核心的党中央治国理政、管党治党的重要理念，时刻提醒全党同志要清清白白为官、干干净净做事、老老实实做人，始终守住廉洁自律底线，永葆共产党人清正廉洁的政治本色[①]。

我党现在的廉洁思想，是对财经类专业大学生最直接、最现实的思想指导，我国当下处于经济转型、进一步改革开放的关键时期，发展廉洁教育是当前的历史趋势。财经类高职大学生具备相当的大局观，教育者应该引导大学生深刻认识在中国发展廉洁文化的深远影响。

二、西方廉洁思想的历史发展

（一）古希腊的廉洁观念

古希腊文明是西方文明史的开端，由于古希腊所处的地理位置三面环

---

① 杨瑞森.关于"两论"的当代价值（一）：纪念《实践论》《矛盾论》发表 80 周年[J]. 马克思主义理论学科研究，2017，3（6）：88-103.

海，因此又称海洋文明。古希腊民主政治的产生，和其特殊的地理环境密不可分。古希腊境内群山耸立，国土被高山分割为众多的小块平原，加上当时交通不发达，高山的阻碍使古希腊难以建立统一的政治中心，交通的困难也使集权统治无法实施。这种天然的环境使得古希腊必须采取公民参选、民主统治的管理方式。

农业方面。古希腊境内淡水稀缺，加上平原稀少、沿海土地贫瘠等因素，导致农耕工作极其困难。古希腊人为了维持自身的生存和发展，不断发展艺术文化产业，建筑技术、哲学思想、油画、诗歌等曾十分发达，并以此和邻近城邦互通有无。古希腊凭借其绵延的海岸线、众多的港湾和适合航海的地中海气候，逐步形成了来往于各国的海上贸易航线。在交易过程中，古希腊人坚持平等交换的原则，在公元前8世纪到公元前6世纪有着良好的口碑。同时，古希腊人还提倡商业发展要有自由的环境，不能被国境所拘束。这些自由、平等的贸易思想，对于古希腊民主政治的形成起着至关重要的作用。

古希腊充分发挥公平正义的廉洁思想，建立了希腊特有的民主政治，促进了雅典经济的发展，雅典文学艺术界在这自由平等的环境下也空前繁荣。然而，希腊的民主政治依然有着历史局限性。希腊的公民可以参与所有政治活动，但是"公民"是指年满二十岁的本国男性，其数量仅占10.5%，女性、奴隶、青少年和外国人均没有政治权利，因此，古希腊的民主政治实际上是建立在奴隶制基础上的奴隶主的民主。

古希腊的廉洁思想带来了当时的经济繁荣。但大学生也应认识到，廉洁文化是全体民众的共同任务。对于高校来说，廉洁文化是需要全体师生共同参与的一项思想活动，大学生必须发挥主人翁精神，积极参与廉洁文化建设。

（二）近代西方廉洁思想的发展

工业革命是世界近代史的开端，由于蒸汽机的普及，西方各国的生产力得到质的飞跃。随着经济的迅速发展，西方的政治制度也发生了改变，在资产阶级的统治下，文官制度作为一种较为规范和完善的人事管理制度，开始被诸多资本主义国家所采纳。

文官又称公务员，指以考任制的方式录用，通过公开竞争的考试进行选拔，合格通过者被录为政府文官并授予一定职务。文官制度的形成和建立，满足了资本主义国家保护生产力发展、维护国家秩序安定的需求，在一定程度上继承了公平正义的西方文化传统。资产阶级文官制度体现着当时廉洁思想的基本特征。

第一，公平化。西方文官制度最重要的特征就是公平，主要采用功绩制的方式。在公开竞争的考试中择优录用，对已经从事政府工作的文官实行严格的定期考核制度，择优晋升，这种考试制度以最基本的方式体现着西方的公平思想。

第二，知识化。资本主义国家对通过选拔的文官定期进行培训，保证其专业知识和职业技能水平，本着优化人才结构的思想，提升文官的个人素质。

第三，素质化。要求文官必须忠于国家，为全社会的集体利益服务。同时，在多党制的激烈政治斗争中，文官必须保持政治中立、清正廉洁、遵守法纪、保守秘密。

第四，规范化。资本主义国家通常按照工作性质、专业素养、政治背景等因素对不同职位的文官进行划分，有针对性地提出管理要求，以规范的管理思想维持着近代西方的廉洁体系。

文官制度具有阶级性和科学性的双重性质，推动了近代资本主义社会的发展，有效保证了国家政治的稳定性和延续性，避免了因频繁换届而导致政治观念落差、执政方式大变等现象的发生。文官制度的普及，是资产阶级有意识地对社会政治进行调控的体现。在经济发展方面，文官制度为政府提供了直接、高效的政治保障，随着政府经济职能的扩张，越来越多的经济类人才加入了文官队伍，直接参与制定经济发展战略、规划经济政策，不断完善资本主义经济结构，促进经济的发展。同时，文官制度也为社会提供了均等的就业机会，公开考试是广集贤才重要手段，鼓励人们在竞争中充分展现自身的才干并从中选拔优秀的人员，从而保证了文官队伍较高的文化素质。

然而，文官制度有其局限性，在近代西方，贵族化的倾向尚未消除，文官队伍中，贵族的后裔总是获得更多的晋升机会；文官任职时间长且无重大过失不予辞退，文官队伍缺乏活力；文官在保持政治中立的同时，存在着政治责任轻微的问题，使得腐败行为有可乘之机。尽管如此，文官制度表现出公平公正的政治思想，极大地促进了资本主义的经济发展，是西方近代史上的伟大进步。

（三）当代西方廉洁思想

资产阶级在对抗封建专制的过程中，逐渐形成以"主权在民""权力制衡""自由发展"为核心的资本主义廉洁思想。这种思想的形成，为资本主义社会的发展奠定了基础，对当代资本主义国家的廉洁建设具有积极的影响。

1. 主权思想

西方的主权思想主要是指主权在民，主权在民思想主张一切权利是属于人民的，国家官员和政府只是负责执行人民的权利，政府人员必须主动承担起保护人民合法权利的义务。阿尔蒙德在《当代比较政治学》中写道："西方的主权是人民给予的，不是官员和富商强取豪夺的。"西方各国人民可以通过各种合法途径监督政府的各项工作和决策，坚决反对滥用职权、谋取私利的腐败行为，在政府内建立权力监督机构，时刻警惕和预防政府内部各种越权渎职、侵害人民利益的行为。

在主权在民思想的影响下，西方大多数政府都采用民选制度。以美国为例，巴里·布赞曾在其《美国和诸大国》一书中指出："美国政府和人民的关系如同企业与股东。"民众上缴税收，政府才得以正常运转，政府的财政收入要账目明细地用于公共事业，民众若是对政府不满，政府就会渐渐失去公信力，民众就会推举新的执政党上台，以保证执政者的清廉高效。

2. 分权思想

权力制衡即西方国家的三权分立制度，其立法权、司法权、行政权相互独立并相互制约。三权分立的学说是法国著名启蒙思想家孟德斯鸠在其著作《波斯人信札》中所提出的，他认为这种做法可以"有效限制王权，防止暴政"。这种政治理论的目的是防止出现因滥用权力而导致的腐败现象，而把权力进行合理的拆分，建立相互制约、相互监督的特殊关系，从而免于其中某一部分权力被个人或利益团体所利用。"三权分立"思想在西方被多数西方资本主义国家视为基本政治制度的建制原则，在一定程度上遏制了资本主义社会腐败现象的蔓延。

3. 自由发展思想

自由主义是西方大为推崇的基本理念，它以个人主义为核心，提倡人的自由全面发展。政府的政策方针必须以不侵犯公民自由的权利为宗旨，政府官员也要全力维护公民的权利。同时，公民有权依法对剥夺他人自由的行为进行监督和举报，西方各高校也把培养学生追求自由的思想作为重要的教学目的之一。罗尔克在其《世界舞台上的国际政治》一书中指出："美国是由一支渴望自由的民族建立的国家，美国人民的毕生追求就是自身的自由发展。"

在廉洁思想的指导下，西方国家严格控制官员滥权越权、损公肥私等侵害公民利益的现象，政府要求各单位公布其财政支出表，以大众化的图表形式张贴在单位外墙或宣传栏处，每户公民每月有权收到由政府寄出的一份详细的税务清单，以告知其所缴税款的用途，清单金额精确到分。这种执政方式的产生，是为了迎合民众知情自由的必然结果，由自由主义思想指导的廉洁管理模式，已经在西方形成了一套完备的权力监督网络，有效推进着西方廉洁文化的发展。

第三节　高职财经类专业廉洁文化教育现状分析

开展廉洁文化教育的首要任务，是对财经类大学生的廉洁文化现状进行信息采集和研究。本书从实践出发，以实地调查的方式获得最真实、最直观的调查数据，在充分收集相关信息的前提下，宏观地把握廉洁文化教育的实际情况并加以分析，从而得出开展廉洁文化教育活动最有效的途径。同时，还就影响大学生廉洁文化教育的各种因素进行了总结，以把握廉洁文化教育的发展规律和发展趋势。

一、高职财经类大学生廉洁文化教育现状调查

（一）调查对象与调查方法

笔者采用问卷的形式，以某职业技术学院的学生为调查对象，在晚自习时间到访主要自习教室，在几位本校大学生的帮助下发放问卷 250 份，回收

233份。

依据《教育部关于在大中小学全面开展廉洁教育的意见》文件精神,结合财经类高校实际,拟定相关调查内容13题,其中1～4题为调查对象的基本信息;5～6题为开展廉洁文化教育的必要性;7～9题为校园内腐败现象是否存在;10～13题为开展廉洁文化教育方式探索。在问卷调查工作中,向大学生说明研究目的,并承诺对答卷者的身份保密,要求大学生实事求是地填写。问卷调查完毕后,把调查结果输入计算机,并对数据进行处理,得出调查结果。

(二)问卷调查的具体内容及调查结果

笔者根据财经类专业大学生的实际情况,结合廉洁文化教育所需的调查内容撰写问卷,并对某职业技术学院财经类专业的廉洁文化教育现状进行调查。

(1)在日常生活中,你的身边是否存在腐败现象?

A.是　　　　　　　　　　B.否

(2)你最近一次参加反腐败的主题活动是在?

A.一个月之前　　B.半年之前　　C.一年之前　　D.从未参加

(3)开展反腐倡廉教育是否能提高你反腐败的能力?

A.能有效提高　　B.一定程度上能　　C.不能

(4)开展反腐倡廉教育是否能让大学生在未来工作中保持清正廉洁的作风?

A.是　　　　　　　　　　B.否

(5)大学校园中是否存在腐败现象?

A.是　　　　　　　　　　B.否

(6)你对腐败现象的态度?

A.允许　　B.一定程度上可以接受　　C.绝不容忍

(7)学生会或班干部竞选中是否有通过请吃饭拉票的现象?

A.有　　　　　　　　　　B.没有

(8)学生会成员和班干部是否有一定特权?

A.有　　　　　　　　　　B.没有

（9）你所在的班级账目是否公开透明？

A. 是　　　　　　　　　　　　B. 否

（10）在校园生活中遇到困难时，有没有以物质报答的方式寻求帮助的想法？

A. 有　　　　　　　　　　　　B. 没有

（11）身边的党员有没有发挥先锋模范作用？

A. 有　　　　　　　　　　　　B. 没有

（12）你想为了服务他人而入党吗？

A. 有　　　　　　　　　　　　B. 没有

（13）你认为有效提高大学生廉洁思想的方法是？（多选）

A. 增设廉洁文化教育类课程　　B. 开展廉洁文化主题活动

C. 购置廉洁文化宣传设施　　　D. 加强廉洁文化管理机制

E. 整顿校园周边环境　　　　　F. 大学生内部相互监督

1～4题主要对参与答卷的大学生基本廉洁文化现状做简单的调查，分别从概念理解、参与程度上和对廉洁文化教育的认知情况三方面进行问卷调查。第1题考察大学生对廉洁文化的理解，以最简单的方式了解大学生对于腐败的认识，其中62%的学生认为存在腐败现象；第2题中选择"从未参加"的大学生占78%，选"一年以前"的占14%；第3题中，认为反腐倡廉教育能提高自身反腐倡廉能力的大学生占41%；第4题中，认为反腐倡廉教育能让大学生在未来工作中能保持清正廉洁的占45%。由数据可见，多数大学生对于腐败的存在还是具备清醒的认识，但很少参加廉洁主题活动，而且对廉洁文化教育效果的预期偏低。

5～6两题以大学生对腐败的态度为依据，判断开展大学生廉洁文化教育的必要性。第5题中，认为存在腐败的占43%；第6题中，选择"一定程度上可以接受"腐败现象的占37%，选"绝不容忍"的占51%。可见大学生对腐败的现象有一定程度的认识，但反对腐败、抵制腐败的意志不够坚决。

7～9题是对大学生身边廉洁现状进行简单调查。其中，认为在竞选中有吃饭拉票现象的占16%，认为班干部有特权的占24%，认为班级账目公开透明的占91%。可见目前高校大学生廉洁现状较良好。

10～13题通过调查大学生日常生活中思想行为的廉洁程度，从而以此为依据制订廉洁文化教育方案。第10题中，有以物质报答的方式寻求帮助想法的大学生仅占11%；第11～12题中，认为身边党员发挥先锋模范作用的占62%，愿意为了服务他人而入党的学生占44%。13题多选题中，"开展廉洁文化主题活动""加强廉洁文化管理机制""增设廉洁文化教育类课程"的被选率达到81%、72%和75%，高于其他选项。

通过问卷调查，我们了解到大学生虽然对腐败持反对态度，但反对意识不够坚决，日常生活中也没有绝对坚持清正廉洁的作风，因此，高校迫切需要开展廉洁文化教育。

二、财经类专业大学生廉洁文化现状

高校大学生的廉洁文化通常以人生观、价值观、择业观等形式表现出来，从根本上看是由大学生的廉洁思想决定的。由于大学生具有可塑性强、世界观不够成熟、群体心理严重等特点，大学生的廉洁文化表现形式也是多种多样的，不同的成长环境、家庭背景，都会左右大学生的廉洁思想。通过研究，大学生的廉洁文化现状可以总结为以下几个方面。

（一）廉洁思想基础不牢固

思想政治理论课是所有专业都要开设的一系列课程，主要学习《马克思主义基本原理》《毛泽东思想和中国特色社会主义理论体系概论》《中国近现代史纲要》和《思想道德与法治》四本教材。由于这类课程多以集体教学的形式开设，部分大学生没有对其予以重视，导致对马列主义、毛泽东思想和中国特色社会主义理论体系的学习不足，大学生在世界观的培养上出现偏差，对是非善恶的判断能力较低，政治立场不坚定。缺乏理论学习的大学生面对身边的腐败现象，不能及时地发现和处理，长此以往，将导致大学生的廉洁思想淡薄，对于社会腐败现象从积极反对到消极漠视，使廉洁文化教育的开展受到阻碍。

由于对身边的腐败现象认识不到位及对证实自身能力的渴求，财经类专业的大学生经常在不经意间涉足腐败活动。近年来，部分在校会计专业学生帮助企业避税、部分统计专业学生参与做假账等恶劣现象开始出现，部分企业以金钱利益收买财经类高校的大学生，以图借此收买大学生参与腐败活动。面对物欲诱惑，大学生必须有足够的反腐倡廉觉悟和牢固的廉洁思想基础才能保证自身不受社会不良风气的影响，否则个别大学生在踏入社会之前可能就会走上违法犯罪的道路。

财经类高职所培养的经济类人才通常有着良好的社会需求，部分公司在大学生毕业之前就到高校中广集贤才。此类人才在进入工作岗位后工资待遇良好，平均个人收入略高于其他专业，工作环境也相对优越。在和同龄工作者生活水平差距逐步拉开后，个人优越感和功利主义思想开始不断膨胀，投机取巧、官僚主义等不良思想产生。大学生在踏入社会之初，面临着社会中拜金主义和个人主义思想的冲击，由于缺乏系统的思想政治理论课学习、缺乏有效的思想武器武装头脑、对基本的法律内容和概念的理解含糊不清、忽视对自身道德修养水平的培养，使世界观和价值观都发生了偏差。在这种社会环境下，加强思想政治教育，提高大学生廉洁思想水平，成为我国高等教育行业迫切需要解决的重大课题。

（二）部分大学生入党动机不纯

中国共产党是我国的执政党，发展大学生党员是为了培养为共产主义事业奋斗的年轻队伍，大学生党员必须具备良好的思想道德修养和行为素质，并对其他非党员同学起到模范带头作用。然而，在统计中发现，只有很少部分的大学生因"为了服务他人"而入党，完全淡化了共产党员为人民服务的本意，取而代之的是对社会关系缺乏理性认识，认为"关系"的作用比专业知识技能更为重要，有些学生甚至抱有"在大学中只为学习人际关系"的错误想法。部分大学生在入党之前拉帮结派，为谋求在各项工作中的方便，不惜用请客、送礼的社会化手段极力扩张自己的关系网，在通过已建立的人际关系入党之后便放松对自己的要求，对于学习和班级工作消极懈怠、不思进取，完全丧失了身为共产党员所必须发挥的先锋模范带头作用。

大学生党员廉洁意识淡薄的现象也有一定后天因素。部分大学生凭借认真负责的工作态度竞选为班干部后，全心全意地为班级服务，得到老师和同学的认可，进而成为党员。而其他部分同学为了谋得一己私利，以类似行贿的方式低声下气地讨好、巴结班干部，使原本认真负责的干部逐渐养成高高在上、滥用职权的坏习惯。久而久之，部分班干部习惯以命令或指挥的口气与同学交流，导致了多数同学的反感，不仅破坏了良好的同学关系，也使班级工作不能顺利开展，奖学金、三好学生等评奖工作也失去公正性。

（三）廉洁文化教育体系不健全

廉洁文化教育的开展主要通过课堂教学、学生会活动、高校党团支部活动等方式，充分把理论与实践相结合，让大学生全面地接受廉洁思想的熏陶。而就目前廉洁教育现状而言，多数高校的廉洁文化教育体系不完善，教育工作效率有待提高，其问题主要存在于三个方面。

首先，部分学生对枯燥的课本内容兴趣不大。某些高校对思想政治教育工作者教育和监督不够，以致某些思想政治教育工作者没有充分认识到自身的历史使命和教育责任。部分教师课堂教学方法单调，不够生动活泼，使思想政治理论课程更加缺乏吸引力。大学生对于廉洁文化的学习仅停留在死记硬背应付考试的阶段，大学生的廉洁思想没有得到系统的培养。

其次，学生组织参加的廉洁主题活动具有一定的思想局限。大学生廉洁文化教育程度不够，教育者对于廉洁文化的理解还不透彻，在此基础上开展的活动就会出现语言不规范、管理缺乏系统、理论性不足、随意性较强等问题。加上学校支持程度不够、资金不足、制度空缺等因素，导致大学生廉洁文化活动主题模糊，活动开展过程力不从心，活动结果也难尽人意。

最后，高校廉洁文化教育管理体制尚不完善。没有明确的领导责任制度，缺乏专业的廉洁文化教育领导者来协调整个教育工作机制。部分高校对廉洁文化教育没有进行统一管理，使教师队伍和大学生队伍的教育工作相脱节，忽视了两者之中的联系性。

三、财经类高校廉洁文化教育影响因素分析

高校廉洁文化教育在我国还处于探索和研究的阶段，各项相关教育基础薄弱，相应的制度规范也不健全。思想政治教育工作者不仅要重视廉洁文化教育，还要充分调查可能对教育产生影响的各方面因素，对可能出现的问题进行预测并分析，以应对教育过程中的各种疑难问题。

（一）社会不良风气影响

如今社会中腐败现象频频出现，尽管腐败者将会受到法律的制裁，但其警示作用不足，利益诱惑依然使更多的人铤而走险。社会中享乐主义、贪图虚荣等腐败思想很容易通过聚会和部分影视媒体在大学生中传播开来，校园中相互攀比、盲目拜金的现象正是外界社会的缩影。

大学相对于社会是相对独立、公正的小团体，但仍与社会有着密切的联系，各种不良思想也随着各种活动的开展而在大学生中滋长。财经类院校的大学生，往往容易被社会各类培训机构、私人企业、传销团伙等集团利诱，从而对自身成长产生了不良的影响。

面对这一社会现状，教育者要认识到，大学并不是世外桃源，大学生最终要走出校园，走向社会，廉洁文化教育的目的不是保护大学生于桃源，而是授予其清正廉洁的思想武器，从而使大学生在今后的社会活动中能出淤泥而不染，坚决抵制腐败。

（二）高校廉洁文化教育的局限性

高校是廉洁文化教育的主体，直接决定着教育工作开展的全过程和最终结果。然而，除办学理念和教师队伍外，社会观念、课后教育、日常生活、团体活动、家庭教育等都是影响廉洁文化教育效果的直接因素。因此，高校本身作为教育主体是有相当的局限性的。

长期以来，廉洁文化教育的教育对象主要是学校领导和教师党员干部，很少涉及对广大学生的廉洁文化普及。部分高校对面向大学生的廉洁文化教育认识不足，多数教育工作者没有理解对大学生进行廉洁文化教育的意义，廉洁文化在整个高校的教育工作建设中所占比重很低，廉洁理论水平也相对滞后。党和国家在新世纪对廉洁文化的外延进行了拓展，《新时代公民道德建设实施纲要》对加强高校廉洁建设提出了明确的要求。

教材方面，国内的廉洁文化相关教材、教辅资料、参考资料等都处于探索性编写及试用阶段。教材的编写首先要响应国家政策要求，调查大学中廉洁建设现状，对现状进行分析总结，以大学生可以理解的表达方式把廉洁文化理论编写成课本，最后递送到新一批大学生手中，并收集反馈意见以进行下一次修订。整个编写过程通常需要两到三年，编写期间如果出现政策调整、教学问题等不确定因素，编写过程将会更长。因此，为了紧跟国家政策，对现代化、信息化教学资源的需求也会日益扩大。但随之而来的问题是廉洁文化教育的成本也将大幅增加。

从专业特点上看，财经类高校的大学生长期接触金融财会等经济知识，对于国家经济政策和日常财务问题具有敏锐的观察和感知能力，在学习生活中多把自身的大量精力都投入对经济类问题的关注和研究中，而忽视了身边的环境，致使校方全力营造的廉洁文化环境和氛围不易被学生察觉。在学校或学生会组织的廉洁文化相关活动中，财经类学生的参与率偏低，他们普遍认为经济类行业竞争激烈。因此，选择把大量时间用于考研或考公务员，以提高自身的竞争能力，并拒绝参加各项活动。高校在课堂教学之外难以左右大学生支配自由时间，组织廉洁文化活动的次数也有限。因而，如何呼吁大学生参与到廉洁文化活动并认识到廉洁思想对自身专业的紧密联系是思想政治教育工作者的又一难题。

（三）多元文化影响

每一种文化都有其独立性和进步性，是长期形成的。在科学信息技术迅猛发展的时代，人类社会机构日趋复杂，文化的发展变化周期不断缩短。中国在面对经济文化全球化的形势下，要在坚持中国本土主流文化的基础上，允许其他各种文化交织、并存、共同发展。廉洁文化教育同样面对着多元文化的冲击，自由主义、功利主义等思潮正影响着大学生的思想，面对这一严峻形势，教育者必须深入了解大学生的文化现状，理性分析多元文化对廉洁文化带来的影响。

西方民主自由、人性解放的文化思潮对于中国大学生的影响最为明显。由于财经类专业对英语的要求较高，各学院都会开设专业英语课程，大学生在学习专业词汇和语句的同时，不知不觉间已经被课外读本内容中的自由主义思想所影响。我国高等教育在过去没有对大学生的廉洁文化教育加以重视，多数财经类大学生在没有廉洁思想基础的情况下对自由主义产生了误读，认为放任自流、无拘无束就是自由主义，导致高校中出现作弊、抄袭、逃课等无视规范、破坏纪律的行为，违背了公平诚信的基本道德准则。

在学习西方经济运转模式的过程中，财经类大学生的消费观也在不断地异化，诸如迪拜、拉斯维加斯等世界一线城市纸醉金迷的奢华生活让部分大学生无限向往。财经类人才带着这种消费欲望和理念走入社会后，很容易被社会中各种利益所迷惑，如果不能有效克制自己的消费欲望，就会铤而走险，通过不法途径获取不义之财，严重助长了社会腐败现象的蔓延。

第四节　高职财经类专业大学生廉洁文化教育的策略

习近平总书记关于廉洁从政、廉洁用权、廉洁修身、廉洁治家、廉洁奉公等方面的重要论述丰富和拓展了廉洁文化的内涵，赋予其强烈的时代气息，为加强新时代廉洁文化建设提供了根本遵循。廉洁文化教育的策略是解决我国高校大学生廉洁文化教育问题的关键，本书结合当前廉洁文化教育工作的具体情况，对财经类专业的廉洁文化教育策略提出三个可行的方案，即把廉洁文化教育与思想政治教育课堂教学相结合、与校园文化建设相结合、与大学生个人能力培养相结合。财经类高职廉洁文化教育必须多管齐下，本着积极引导、长期持续、重在预防的原则，坚持不懈地抓好教育工作，从而使廉洁规范在大学里得到普及，使全校清正廉洁气氛更浓，以确保我国廉洁文化建设工作实现长期可持续发展。

一、思想政治理论课教学渗透廉洁教育

思想政治理论课教材是廉洁义化教育最传统的载体，也是最基础、最有效的教育工具。高职财经类专业开设的思想政治类课程是根据中共中央宣传部和教育部的统一要求和标准开设的四门必修课，此外很少有课时被用来向学生传授廉洁文化的具体思想。因此，作为财经类高校的教育者，更要对思想政治理论课教材进行深入研究，通过对通用教材的精读，发掘其中的廉洁文化相关内容，充分利用为期两年半的短暂而宝贵的教育时期，以思想政治

理论课渗透廉洁文化教育。

(一)"马克思主义基本原理"课程教学渗透廉洁教育

马克思主义是中国共产党在社会主义现代化建设中的指导思想,也是抵御外来不良思想入侵的重要保证。坚持马克思主义思想为指导不动摇,用马克思主义中国化的最新理论武装全党、教育广大人民,是社会主义核心价值体系的必然要求。在"马克思主义基本原理"的教学中,教育者需要把书本知识的传授同客观现状的描述相结合,并在此基础上提炼出马克思主义思想中的廉洁元素。

1. 描述马克思的无产阶级立场

教材中的"导论"部分对马克思主义进行了诠释。马克思主义是无产阶级争取自身解放和人类解放的科学理论,是无产阶级阶级斗争的性质、目的和解放条件的学说。只有对当时资本主义社会的剥削制度进行全面的介绍,让大学生领悟资产阶级的劣根性,才能树立共产主义坚定信念,走上清正廉洁的发展道路。

在课堂上,向大学生描述马克思主义产生的历史背景可以帮助其理解资本主义腐败的根源。15世纪初,资本主义在欧洲开始逐渐成长,直至18世纪60年代,资本主义进入了全盛时期。然而资产阶级剥削工人阶级剩余劳动价值的本质以及私有制的政治制度,成为资本主义社会腐败问题的根源。同时要强调工人阶级自奴隶社会走来,饱受摧残和压迫,进入资本主义社会后,工人阶级不再依附于资本家,摆脱了在强迫或暴力驱使下的无偿劳动。教育者必须重点指出,实际上,工人阶级被套上资本主义新的枷锁,工人阶级不拥有任何借以谋生的生产资料,除了贱价出卖自己的劳动力别无活路。教育者要把工人阶级的身不由己和资本家的残酷贪婪表述清楚,使大学生了解资本主义腐败的根源所在。

在教育过程中,介绍马克思的身世尤为必要,这一过程有助于增加学生的学习兴趣。马克思身为一名德国博士,具备优越的生活条件。然而,马克思放弃了养尊处优的生活条件,而选择与资产阶级作斗争,维护工人阶级的利益,全身心投入工人阶级的解放事业。马克思之所以站在工人阶级的立场，不单单是出于对工人阶级劳苦贫困的同情，而是高水平的哲学素养使其认识到人类社会发展的基本规律。这样一来，大学生才能理解为何马克思并非出身贫寒却要花费毕生心血揭露资本主义的弊端。

财经类高职的部分专业把《资本论》的选读作为必修或选修课之一，通过对马克思主义政治经济学的了解和思想政治理论课的教育，大学生要清楚地认识到资本主义社会腐败的本质，对马克思主义理论产生的背景进行系统的了解，认识到资本主义制度下的社会必然会产生腐败，只有在具有制度优越性的社会主义社会中，廉洁文化才有生根发芽的土壤。因此，必须坚持以马克思主义为指导思想，一步一个脚印，坚持不懈地丰富和发展马克思主义原理。

2.分析资本主义产生腐败的必然原因

教材中"资本主义的本质及规律"部分主要讲述资本主义的基本矛盾和政治经济制度。教育者要帮助大学生通过对资本主义本质的了解，对资本主义制度必然造就腐败的原因和规律形成清楚、系统的认识，引导大学生吸收历史经验教训，建设和谐的社会主义廉洁文化。

大学生多半对资本主义国家了解不透彻。教育者必须强调，在资本主义国家，生产剩余价值是资本主义生产方式的绝对规律。以生产资料归资本家所有为制度前提、以剥削工人阶级为主要手段的资本主义社会，金钱财富不断积累在少数人手中。资本家私欲的不断膨胀，导致其把追求无尽的经济利益作为人生的最高目标，拜金主义的价值观念滋生。

教育者还必须解释为何资本主义社会会被社会主义社会所替代。在资本主义社会，拜金主义是资本家唯利是图的阶级本性在意识形态上的反映，是资产阶级思想的重要特征，也是社会中物欲横流、道德沦丧现状的象征。拜金主义的不断滋长，逐步形成金钱至上、金钱万能的价值观，这种把金钱作为一切事物衡量标准的拜金主义思想严重腐蚀着国家机构，对社会带来危害。拜金主义是封建社会的余毒，而其真正盛行起来成为社会主流思想之一是在资本主义产生之后。资本主义和拜金主义是一对孪生兄弟，资本主义总伴随着拜金主义。这是因为资产阶级的本性就是永无止境地聚敛社会中的财富，不断通过剥削工人阶级的剩余价值以获得资本的增值，拥有大量财富的资本家甚至具备左右政府决策的影响力,"金钱万能"在资本主义社会中体现得淋漓尽致。

同时,资本主义又为拜金主义的蔓延提供了土壤,在西方,尽管很早就有部分学者指出拜金主义的危害并对其进行严厉的批判,但是在资本主义社会制度中没有任何有效的途径来约束资本家的腐败行为,资产阶级与工人阶级的贫富悬殊和地位差异,也使得资本主义社会的法律总是维护资产阶级的利益。如此一来,资本主义社会必将陷入腐败加剧的恶性循环,廉洁文化工作在这种社会环境下将难以开展且苍白无力。因此,资本主义必将被社会主义所替代。

3. 指出垄断资本主义是腐败的催化剂

关于"资本主义的发展及其趋势"的内容,教育者应对资本主义社会的发展变化进行概括地介绍,并提出资本主义社会一直存在的问题——私有制。私有制的存在,使资本主义社会内部的各种改革措施伴随着极大的局限性,只要私有制存在,剥削与被剥削的关系就不会消失。

财经类专业大学生虽然对竞争和垄断有一定的认识,但身处社会主义国家的中国大学生需要在教师的帮助下才能对资本主义的垄断现状有具体的了解。随着资本主义社会的不断发展,资本家之间的自由竞争日益激烈,实力雄厚的大资本家不断对小资本家进行吞并,这种自由竞争导致了资本主义社会出现严重的生产集中和资本集中的问题。随着资本主义生产规模日益扩大,生产资料、劳动力和商品的生产活动逐渐集中在少数大企业中,小资本的不断合并,使得越来越多的资本被个别大资本家所占有和支配。自19世纪70年代开始,资本主义社会从自由竞争资本主义向垄断资本主义过渡,垄断的形式和手段多种多样,但从本质上看,其根本目的是通过联合达到独占和瓜分商品销售市场的目的,以操控垄断价格的方式获取高额利润。然而,垄断的形成并没有改变资本主义私有制,反而加剧了社会贫富差距和腐败现象的蔓延,并带来了资本家中普遍存在的极端个人主义思潮。

极端个人主义是以自我为中心的利己主义,是为了满足自身的欲望,不惜以损害社会或他人利益为代价的不良思想。在垄断资本主义中,大资本家通过经济压迫、廉价收购的方式对小资本家进行无情地吞并以获得更多的垄断机会，这种损人利己的行为是极端个人主义最典型的反映。这种错误的人生观在大学生日常生活中会带来对自身和他人的极大损害，将严重影响大学生日常交往和学习工作。

4. 强调无产阶级政权是廉洁文化的归宿

关于"社会主义的发展及其规律"的内容，教育者在讲述我国社会主义制度的同时，可以向学生传达这一认识，即廉洁文化只有在无产阶级革命所带来无产阶级政权的土壤上才能生根发芽。马克思认为，无产阶级革命是"人类历史上最广泛、最彻底、最深刻的革命"，其目的是彻底推翻资本主义私有制，建立生产资料公有制的新政权，最终消灭一切阶级，为大多数人类造福。正因为无产阶级的革命性和先进性，使廉洁文化在无产阶级专政的国家里占有一席之地，为预防腐败提供了制度前提。

对于每一位财经类专业大学生来说，必须珍惜我党建设社会主义的伟大革命成果，深刻认识廉洁文化在社会主义制度中的巨大潜力，认真研读《马克思主义基本原理》的相关理论，充分运用经济类专业知识加深对马克思主义政治经济学的了解，用科学的思想武器武装自己的头脑，时刻警惕拜金主义、极端个人主义和享乐主义的侵害，全面贯彻党和国家《新时代公民道德建设实施纲要》的文件精神，切实做到廉洁文化建设从自身做起，为我国新时代廉洁文化建设事业添砖加瓦。

（二）"毛泽东思想和中国特色社会主义理论体系概论"课程教学渗透廉洁教育

毛泽东思想和中国特色社会主义理论体系都是马克思主义中国化的优秀理论成果，继承着马克思主义反对资产阶级私有制的革命精神，发扬着无产阶级解放全人类的崇高理想。自中国共产党成立以来，在数代领导人的带领下，马克思主义的科学内涵随着革命的步伐不断丰富和延伸。中国化的马克思主义，秉持着反对剥削、反对压迫的思想本质，为建设文明和谐的社会主义社会提供了理论依据。通过在高校开设"毛泽东思想和中国特色社会主义理论体系概论"课程，有助于深化大学生对马克思主义的认识，坚定在社会主义国家建设廉洁文化的信念。

1. 毛泽东思想教学中渗透廉洁文化教育

毛泽东思想是马克思主义中国化进程中的一座里程碑，在各个方面以独创性的理论对马克思主义进行丰富和拓展，构成一个完善的思想体系。毛泽东以实事求是为核心，理论联系实际，不夸大其词，不主观臆想，是我党廉洁思想的代表。

廉洁文化教育者有义务指导大学生深入理解毛泽东思想，其中毛泽东的廉洁思想是每一位教育者最需要向大学生传达的。毛泽东的廉洁思想是在长期的革命斗争中逐步形成的。1934年，毛泽东曾强调"贪污和浪费是极大的犯罪"，并把反腐倡廉上升到维护革命政权的高度，号召全党密切联系群众，坚决抵制腐败。抗日战争时期，革命形势面临新局面，党内部分同志出现了腐败的苗头，毛泽东及时发现这一现象，并提出"必须和党内的腐化思想作斗争"。为整顿党风党纪，我党开展了著名的整风运动，全面开展反腐败思想斗争，使广大中国人民对中国共产党有了全面的认识，为革命的胜利奠定了基础。解放战争后期，中国共产党胜利在望，党内出现功高自傲、贪图享乐、不思进取等腐败现象，在党的七届二中全会上，毛泽东告诫全党要警惕"糖衣炮弹"的攻击，坚决保持谦虚谨慎、戒骄戒躁的党内作风，保持党艰苦奋斗的优良传统。新中国成立以后，中共中央开展"三反、五反"运动，主要斗争对象是贪污、行贿受贿、官僚主义和偷税漏税等腐败现象，充分体现了我党建设廉洁文化的目标与决心。在思想政治教育课堂教学中，毛泽东思想可以与廉洁思想结合的内容主要为以下几个方面。

（1）加强同人民群众的血肉联系。马克思主义唯物史观中指出：人民群众是历史的创造者。毛泽东认为，必须密切联系群众，反对官僚主义，使党和人民团结一心，才能获得革命的最终胜利。为了改善革命胜利后出现的部分官僚主义现象，毛泽东强调"必须克服官僚主义与命令主义"，以使党和人民更亲近，加强党和人民的交流。教育者要让大学生意识到，大学生亦是大学历史的创造者，学校开设的各类座谈会都是以加强师生联系为目的的，以达到更好的教育效果。

（2）坚持实行民主集中制。民主集中制是苏联布尔什维克党提出的组织原则，是在民主的基础上集中，在集中的指导下民主，两者有机结合，构成无产阶级政党的根本组织原则。同时民主集中制也是无产阶级政党在实行群众路线过程中的具体形式。为了使共产党内部意志坚定，思想统一，毛泽东坚持不懈地努力推行民主集中制，并强调"那种专断独行，把同盟者弃之不顾的态度是不对的"。这一思想对预防任人唯亲、关系政治的社会腐败现象起到了积极的作用。在大学，每一个班级都应是民主集中的管理方式，学生拥有民主，自由提出意见，再由辅导员集中意见向学校反映。民主集中已经成为大学生活的重要一环。

（3）严格约束党员生活作风。毛泽东一直都要求共产党员时刻要把人民群众放在第一位，党员自身的利益要服从于人民群众的利益。为了保持共产党的劳动者本色，毛泽东秉持廉洁奉公、大公无私的态度，并指出贪污腐败、假公济私、消极怠工是"最可耻的"。毛泽东倡导国家机关要本着廉洁、朴素的工作作风和为人民服务的工作精神，全面做好执政党的廉洁工作，树立党在人民群众心中清正廉洁的光辉形象。在高等学校，思想政治教育者要与各学院党支部加强联系，提高对班级内党员生活作风的要求，贯彻毛泽东同志廉洁奉公的思想，培养为同学解忧、为学校办事的优秀学生党员。

（4）保持艰苦奋斗的革命精神。在长期的革命工作中，毛泽东一贯保持刻苦学习、艰苦奋斗的革命精神，成为全国人民的楷模。毛泽东反对把精力和时间浪费在玩乐上，一贯倡导党内所有同志加强学习，他认为共产党作为执政党，必须具备丰富的知识，其知识面要覆盖各个领域，从而领导全国人民开展工作。在新中国成立初期，国内紧缺知识型、技术型人才，毛泽东鼓励人民振作精神，以党员为榜样刻苦学习，坚决本着自力更生的原则自主生产。对于党内，毛泽东提出更高的要求：党员要把革命工作之外的剩余时间放在学习上，逐步养成勤于学习的好习惯。同时对于打牌、跳舞的现象，毛泽东予以批评和指正。毛泽东重视学习的思想，避免了党内出现养尊处优、玩物丧志的情况，避免党员干部走向腐化。刻苦奋斗也是每一位青少年自第一天上学起就牢记在心的名言，对于大学生来说，发扬刻苦奋斗的革命精神、认真努力地学习，也是其义务和责任。

（5）建立健全监督体系。在党与民主党派的关系上，毛泽东坚持"长期共存，互相监督"的原则。毛泽东认为，民主党派的存在可以起到有效的监督作用，并在各项决策中以不同的角度提出建设性的意见，从而做到广开言路、集思广益。大学学生会在学生利益问题上对学校有着一定的影响，起着提出建议和反馈的作用。

2. 邓小平理论教学中渗透廉洁文化教育

邓小平理论是我国改革开放和社会主义市场经济建设的思想指导，是对马克思主义和毛泽东思想的继承与发扬。为促进社会风气进步，邓小平提出要全力加强党风建设，使我国的廉洁文化得到延续和发展。自1978年党的十一届三中全会召开以来，改革开放使中国特色社会主义进入发展新阶段，也开创了我国廉洁文化建设的崭新局面。随着改革开放的不断推进，党和国家在这一历史时期的廉洁文化建设过程中面临着新的课题：紧密贴近改革开放，健全和完善当前廉洁政策，以应对改革开放中可能出现的新的廉洁问题。当代大学生是改革开放的最大受益人群，如今良好的教学条件和环境，无疑是改革开放带来的宝贵成果。教育者在教导大学生珍惜这一受教育机会的同时，也要培养大学生支持廉洁、推进改革的意识。

（1）以共产主义理想与共产主义道德保障社会公平公正。邓小平认为，社会主义国家不仅要全面发展物质文明，更要注重精神文明的建设。其中，共产主义思想和道德是社会主义精神文明的重要内容。自中国共产党的成立到新中国的诞生，共产主义理想和共产主义道德起到了至关重要的作用，从根本上体现了人民追求公正平等社会的愿望。在校园建设和管理中，公平也同样是大学生最关注的话题，无论是团学工作还是日常生活，公平总是大学生追求的第一目标。廉洁文化教育需要辅导员积极配合，协调好班级内部工作，尽量做到处理公平、分配得当，才能使大学生养成维护公平公正的好习惯。

（2）各方面利益协调发展。邓小平表示，在社会主义社会，个人利益要服从集体利益，暂时利益要服从长远利益。然而在我党各项工作中，无视个人利益、忽视暂时利益也是不可取的。个人利益和集体利益是相统一的，暂时利益和长远利益也是相联系的，只有集中没有民主，会出现执政者的独裁现象；只有纪律没有自由，将消磨党内活力和创新力；只有统一意志，没有生动活泼，将导致党的政治决策缺乏对群众意志的借鉴。高校校规本身就是本着利益协调的理念而制订的，校规既要考虑到大学生个人的利益，也要考虑到高校自身发展的利益。在班级管理和学生会管理中，教育者要把利益协调的理念传授给大学生，使其在管理工作中得以妥善协调集体和个人的利益。

（3）全面开展拨乱反正工作。在课堂教学中，列举拨乱反正的实例是必不可少的。党的十一届三中全会以后，中国共产党在全国范围内开展拨乱反正工作，于中央和地方先后平反冤假错案，使中国共产党赢得了更多社会各界人士的拥护。拨乱反正工作的开展，彰显了我党在执政手段上的公平公正。在课堂教学过程中，拨乱反正工作所体现的公平公正思想是值得重点提出并要求大学生学习的，公平公正同时也是毛泽东思想的延续。

（4）全面加强反腐倡廉建设。对于腐败的认识，邓小平的观点是：只有社会主义才能消灭资本主义剥削制度带来的种种压迫、腐败和不公平的现象，必须坚持社会主义，才能从本质上根除腐败。党中央、国务院明确禁止党政干部经商，防止在社会主义现代化发展中出现利用公费经商、假公济私的腐败现象，并在全国范围撤销公司十万余家，节约了宝贵的社会资源，在一定程度上优化了我国的经济结构。大学内也要防止出现以权谋私和散漫怠惰的官僚主义，教育者要随时警惕大学生在工作学习中出现的腐败萌芽，并及时予以指正，把反腐倡廉的思想向全体大学生传达，使其成为大学生群体中耳熟能详的革命口号。

3."三个代表"重要思想教学中渗透廉洁文化教育

以江泽民为核心的党的第三代中央领导集体提出的"三个代表"重要思想，从根本上回答了在新世纪要建设什么样的党和怎样建设党的问题，极大地丰富和发展了中国化的马克思主义，并继承和发扬了毛泽东和邓小平的党建理论，为新时期党的建设指明了方向。通过学习"三个代表"重要思想，对其具体内容分别加以分析，以帮助大学生了解21世纪初我国廉洁文化发展状况，对廉洁文化教育工作的推进有着积极的历史意义。

（1）以廉洁促发展。如何在大学生心目中把廉洁和发展联系起来是思想政治教育者面对的一个难题。反腐倡廉建设作为党的建设的重要组成部分，一直被历代领导集体所重视。江泽民强调，党和国家在新世纪的第一要务是发展，认真履行党和国家的职责。而在具体实践中，腐败现象的出现扰乱和破坏了发展的道路。为帮助大学生理解我党"代表中国先进生产力"，教育者应指出腐败会带来发展停滞的情况。在我党长期执政的过程中，部分党员干部仍然存在贪污受贿、官僚主义等不正之风，对我国各项工作的顺利实施造成了严重的阻碍，使社会主义生产力受到束缚。而以江泽民为核心的领导集体把"以廉洁促发展"作为社会主义现代化建设中的廉洁主题，正是我党代表先进生产力的重要体现。

（2）以教育促廉洁。在"三个代表"重要思想指导下，我党全面贯彻《建立健全教育、制度、监督并重的惩治和预防腐败体系实施纲要》文件精神，狠抓廉洁文化教育环节，以党员为重点教育对象，通过多种形式加强党内整体廉洁文化水平。

（3）以廉洁为民服务。立党为公、执政为民是我党优秀的思想本质，在"三个代表"重要思想的指导下，我党通过清正廉洁的工作作风和稳定高效的工作成果赢得广大人民群众的信任。对于人民利益问题，我党从"入学难、就医难"的问题入手，坚决遏制部分学校中高收费、乱收费的问题，对于医院中各类医疗用品回扣和就医送"红包"等现象进行严厉打击。对于土地和农民，政府积极解决征收和征用土地的问题，并严格按照减轻农民负担的各项规定稳抓减负工作，取缔了大量在农税改革过程中的不合法收费点。对于群众关心的热点问题，我党积极调查、深入了解，并开放多种信息反馈渠道，使人民群众参与到我国政策的完善工作中，以使党能为人民群众办实事、办好事。以江泽民为核心的党的第三代领导集体通过一系列惠民政策，切实为民众营造廉洁的生活环境，代表了"最广大人民群众的根本利益"。

4. 科学发展观教学中渗透廉洁文化教育

科学发展观是我党在马克思主义中国化过程中的理论成果，是社会主义市场经济发展的指导方针，也是指引全国人民世界观和价值观形成的科学依据。大学生通过对科学发展观的学习，有助于树立正确的人生观，并在将来的经济活动中以正确的利益观迎接各种难题和挑战。科学发展观是在经济全球化不断深化的世界环境下提出的，它为财经类专业大学生的个人成长指明了方向，在培养大学生世界观问题上向各高校提出了基本要求。财经类高校的大学生更要认真学习科学发展观中的思想理论，确保在走入社会后能保持清正廉洁的工作作风。

（1）树立以人为本的群众观。科学发展观的提出，是党和国家对于怎样面对广大人民群众问题做出的正面回答、是执政党是否秉持廉洁治国良好作风的重要标志。在课堂教学中，教育者要向大学生指出身边以人为本的实际案例，帮助大学生理解以人为本的真正内涵。马克思主义唯物史观指出，人民群众是历史的创造者，在我国现代化建设和市场经济发展的过程中，人民群众依然对经济增长和社会进步起着举足轻重的作用。科学发展观以人为本的精神在校园生活中表现在很多方面，如奖学金、助学金的设立，社会各界向大学学生提供的实习机会，校园硬件设备的提升等都是各高校本着以人为本的精神为大学生提供的物质条件。

（2）坚持全面协调可持续的权力观。科学发展观提出的另一要求，是提倡官员培养全面协调可持续的权力观。权力来自人民，并服务于人民，党员干部要利用手中的权力，协调政治建设、经济建设和文化建设的关系，使各项建设都能稳步发展。经济发展直接影响着社会的经济基础，决定着社会的上层建筑，如果不在经济发展中控制腐败现象的滋生，社会的政治发展和文化发展就会受到威胁。教育者必须强调，班级党员干部必须端正自身的权力观念，时刻考虑如何使用其他同学给予的权力来造福全班，以清正廉洁的工作作风积极投身于班级工作。只有时刻关注全体同学，赢得大家的广泛信任，才能使班级工作顺利开展。

（3）渗透统筹兼顾的大局观。科学发展观要求党在处理各项利益关系时要统筹兼顾，时刻把群众利益和集体利益放在第一位。对于班级党员干部来说，不仅要考虑到班级内部全体同学的利益，还要考虑到全校的整体利益，不能因为班级利益而侵害学校的利益。因此，在课堂教育中把统筹兼顾和班级工作结合并举例,强调大多数人的意愿和利益得到满足,是社会安定、持续发展的集中体现。良好的执政党既要在宏观上把握全局,合理规划,又要稳抓重点工作,解决关乎人民利益的突出问题。

5. 新时代全面从严治党渗透廉洁文化教育

(1) 以理想信念强基固本,筑牢拒腐防变思想防线。习近平总书记指出,理想信念是立党兴党之基,也是党员干部安身立命之本。马克思主义信仰、共产主义远大理想、中国特色社会主义共同理想,是中国共产党人的精神支柱和政治灵魂,是保持党的团结统一的思想基础,也是党员、干部抵御各种诱惑的精神支柱与力量之源。革命时期,江西省苏维埃政府主席刘启耀身患疾病,仍在两年多的时间里背着金条乞讨,命悬一线不动公款一分一毫;长征过雪山,管被装的军需处长把棉衣给了其他战士,自己却被冻死……我们党之所以无坚不摧、无往不胜,就是因为革命先辈们有着远大理想和崇高追求。把新时代廉洁文化建设抓紧抓实抓好,要教育引导党员、干部筑牢理想信念根基,自觉做习近平新时代中国特色社会主义思想的坚定信仰者和忠实实践者,永葆清正廉洁的政治本色。

(2) 培养廉洁自律道德操守,提升清廉自守精神境界。扎实推进新时代廉洁文化建设,要求党员、干部坚持廉洁自律,切实做到严以修身、严以用权、严以律己。为政之道,修身为本;为人之道,正心为本。"提升清廉自守精神境界,要靠长期的自我修养和党性锻炼。要教育引导党员干部自觉保持人民公仆本色,自觉维护人民根本利益,自觉提升思想道德境界,自觉树立良好家风,做廉洁自律的表率。要持续抓好《中国共产党廉洁自律准则》等党内法规的学习教育,强化党员、干部对廉洁操守、廉洁行为的主观认知、日常实践,形成自觉的意愿和态度,树立正确的权力观、政绩观、事业观。教育引导党员干部自觉遵从规章制度,自觉遵守公序良俗,把法纪要求、道德戒律内化为日用而不觉的言行准则,真正做到明大德、守公德、严私德。"①

---

① 曹英. 加强新时代廉政文化建设 [N]. 人民日报, 2023-04-20 (9).

(3) 以上率下压实责任，强化廉洁文化建设政治责任。党的十八大以来，我党牢牢把握政治主动，坚持党中央对反腐败工作的集中统一领导，明确全面从严治党主体责任和监督责任，成功走出一条中国特色反腐败之路，找到了跳出治乱兴衰历史周期率的第二个答案。不断开创新时代廉洁文化建设新局面，必须不断加强党的领导，强化廉洁文化建设政治责任。各地区各部门要担负起廉洁文化建设的政治责任，把廉洁文化建设纳入党风廉洁建设和反腐败工作布局进行谋划，建立廉洁文化建设统筹协调机制，真正做到以上率下、敢抓敢管，努力把负责、守责、尽责体现到推进新时代廉洁文化建设的各项部署上，通过抓具体、具体抓，让新时代廉洁文化建设深入开展、落实落地。

(三)"中国近现代史纲要"课程教学渗透廉洁文化教育

在中国近代史这一特殊的历史时期里，社会转型、制度更替、局势动荡，这一段时间内廉洁文化的发展过程同其他历史时期相比有着一定的特殊性。认真学习中国近现代史，可以让大学生学习前人的廉洁模范榜样，同时吸取社会腐败的教训，直观地认清廉洁对于稳定社会发展的重要作用。

1. 认识清政府在鸦片战争时期的腐败

清政府腐败而灭亡的前车之鉴，是全中国人民都应该谨记于心的。在具体教学中，教育者要帮助大学生认识到腐败必将带来统治的终结。鸦片战争以来，中国饱受西方列强的欺压，清末政府腐败无能，统治者贪图享乐，对人民疾苦漠不关心，在鸦片战争失败后，又同列强签订各种丧权辱国的不平等条约，国内革命情绪不断高涨，推翻封建制度、建立民主政权、消灭腐败现象，已经成为迫切的时代要求。康有为等人发起的戊戌变法，是以改良主义为指导思想的资产阶级政治改革，旨在通过向西方学习政治体制来挽救近代中国水深火热的局面。然而，戊戌变法最终的失败，应该使大学生认识到，晚清政府的腐败统治已经无法带领中国前进，必须推翻腐败的封建政府，建立新政权，才能彻底改变政府的腐败现状。晚清政府的腐败而至覆灭是中国人最惨痛的教训，大学生在学习这一段历史时应充分认识腐败的破坏力，教育者也应在教学过程中说明清政府腐败和其覆灭有着直接的联系，帮助大学生树立抵制腐败的坚定信念。

2. 吸取民国初期的腐败教训

民国初期，廉洁建设虽被重视，但其失败也与腐败分不开关系。以孙中山先生为代表的中华民国创立者们推翻几千年的封建体制，认为清政府没落的根本原因是腐败，并提出要对西方的政治体制进行学习和借鉴，从而建立廉洁、高效的政治制度。这是近代中国廉洁文化建设的开端。孙中山在《中华民国临时约法》中着重强调了政府的廉洁问题，在约法第三章第十九条中，孙中山提出要"受理人民之请愿，得以关于法律及其他事件之意见建议于政府……得咨请临时政府查办官吏纳贿违法事件"。可见，民国初期政府不仅对廉洁提出具体要求，还体现出一定的民主平等思想。《中华民国临时约法》的施行，是给腐败的封建制度宣判死刑，以廉洁的政治制度明确了中华民国的合法性。大学生在学习这段知识时要认清这一时期廉洁文化的发展过程，并从中吸取教训。

在教学中，教育者应以分析各个历史时期廉洁建设的局限性为主，指出孙中山的《中华民国临时约法》本身具有廉洁性，但其对帝国主义的妥协态度最终导致其廉洁文化没有发展的土壤。而后袁世凯统治时期的腐败历史又一次证明了腐败会破坏一切革命成果。因而，我们必须珍惜当下的革命果实，吸取历史经验，发扬廉洁文化传统，积极投身于社会主义廉洁文化建设。

（四）"思想道德与法治"课程教学渗透廉洁文化教育

对于廉洁文化的学习，归根结底是为了提高自身的思想觉悟和道德修养，以在社会主义核心价值体系指导下树立廉洁治国的崇高理想。当今大学生的历史使命是建设中国特色社会主义、实现中华民族的伟大复兴，高等院校要使大学生成人、成才，必须帮助他们认清当前的社会现实，并在此基础上勇于面对来自科技、文化、国际环境等多方面的新挑战。此处就个人理想、利益关系、诚信道德教育三方面举例说明。

1. 正确树立个人理想

作为21世纪的财经类高职大学生，必须清楚地认识到理想与现实是辩证统一的，脱离现实、盲目远大的理想不仅会给自身带来巨大的压力，长此以往还会对身心造成一定程度的伤害。实现理想的根本途径是勇于实践、刻苦奋斗。然而，如果理想不切实际，自身目标长期无法达成，悲观情绪就会在青年心中滋长，为个人理想放弃社会理想、假公济私的现象就会频频发生。在这一问题上，思想政治教育工作者必须充分发挥教育者的主导作用，积极引导每位大学生树立正确的个人理想，并对有偏激思想的大学生进行合理耐心的疏导，争取使大学生学会把自己的个人理想与社会理想相结合，让个人理想与社会现实相统一。

2. 妥善处理利益关系

在社会主义道德中，以集体主义为基本原则是有一定的社会根据的。在进行这一内容的教学时，教育者可以同科学发展观中的统筹兼顾联系起来，帮助大学生理解。把集体利益放在首位，个人利益服从于集体利益，而集体利益又同时保障着多数人正当的个人利益，从而达到个人利益和集体利益的统一，才是我国集体主义的根本原则。社会中的所有腐败现象，都是个别人把个人利益摆在第一位，抛弃了集体利益，使多数人的利益受到了损害。例如在学校中，学校修缮体育场是为了满足大学生的个人利益，而当学校开展大型活动需要使用场地时，学生就要让出场地，保证学校的利益。如果体育场长期被货物占据无法正常使用时，学生的利益就受到损害，这也是不可取的。

3. 加强诚信道德教育

诚信是高尚的人格力量，也是每一位大学生必须具备的良好素质。廉洁文化从道德层面上看未尝不是一种诚信文化。无论市场经济活动还是社会各界交流，诚实守信都是一项基本的道德准则。对于大学生个体而言，养成诚信的品格是一种无形的资产。对于教育者而言，诚信教育是"授人以渔"的最佳手段。贪污受贿、假公肥私等腐败行为就是抛弃诚信、自欺欺人的外在表现。加强对大学生的诚信道德教育，是保障社会正常秩序的根本保证，同时也为我国塑造良好的国际形象奠定了扎实的基础。

二、校园文化建设结合廉洁文化教育

廉洁文化教育是一项系统的工程，是我国廉洁建设的价值引导和理论支柱。廉洁文化包括廉洁氛围、廉洁制度、廉洁环境等多方面文化范畴，但维系其永续发展的核心是廉洁文化理念的不断完善和进步。

（一）树立正确的校园廉洁文化理念

廉洁文化理念从根本上看是一种普遍的规范，它是对从政者提出的最基本的思想要求。在财经类高职大学生的日常学习过程中，难免会在探索前沿经济知识的同时接触到来自国外的不良思想，只有树立正确的廉洁文化理念，才能让廉洁文化成为大学生坚不可摧的基本意识。

剑桥大学于20世纪末成立政府道德研究中心，专门研究本国政府的廉洁问题，英国公务员廉洁"六原则"即来源于此。剑桥大学本身的廉洁规定也十分严格，例如，对于研究设备的购买程序有着详细的说明。剑桥大学的一系列手段都是从日常学习和科研中端正大学生的廉洁理念，使廉洁成为学生的一种习惯。国内部分财经类专业也采用了类似剑桥大学的做法，浙江工商大学设有廉洁文化办公室，专门研究如何培养大学生正确的廉洁理念，以及如何将国内马克思主义中国化思想走进日常课堂教学的方法。近年来许多高职院校成立了廉洁工作办公室，对校内廉洁教育模式进行研究，为普及全校廉洁文化教育作准备。各大学成立廉洁独立单位的目的，都是通过对制度、环境、手段的研究，把廉洁文化融入大学生的日常生活，让清正廉洁成为每一名大学生的思想基础和行为习惯。

（二）构建学校廉洁文化教育管理体制

健全高校廉洁文化的管理体系，为高校廉洁文化教育的有序开展提供制度保障。鉴于我国高校廉洁文化教育基础有待加强，当前要加快建设廉洁文化教育管理体制，以加大教育的推进力度，并在日后的教学工作中不断完善和优化。

1.在管理手段上与时俱进

廉洁文化教育管理手段至关重要，往往直接影响着教育活动的效果。美国著名的大学——麻省理工学院采用师生共同管理模式，这种模式是美国高校管理体制的典范，大学生不仅参与教学质量的评价，还直接参与教师的晋升和任免；教师在此压力下竞相提高学术水平，不断在经济领域有所突破，这种管理模式是麻省理工学院闻名世界的重要原因之一。麻省理工学院之所以采用这种管理制度，主要源于"企业式"管理思想的影响。美国大部分企业所采用的管理模式和麻省理工学院非常相似，共同管理可以实现企业的积极化、活力化，同时也能保证人员任免、资源分配上的廉洁。

对于国内财经类院校来说，与世界接轨，建立共同管理试点院系，是有一定必要性和可行性的。共同管理不仅保障了我国经济人才质量，还能和廉洁文化建设有效结合，在培养了大学生的同时，也使教师队伍的整体实力得到提升。同时，采用企业式管理，也能让大学生提前适应工作单位的管理模式。

2.建立内部协调的管理机制

在大学生廉洁文化教育实施过程中，往往会出现内部不协调的现象，从而导致廉洁文化教育出现思路和工作不相符、行动滞后于计划、廉洁理念表达不清晰等问题。因此，协调管理是规范廉洁文化管理体制的又一重要因素。

财经类高职院校的内部协调管理机制可以表现在实施责任下放，让大学生承担起廉洁文化教育的责任。财经类高职院校中有很多工商管理类专业，这些专业的学生大多只有课堂学习的机会而几乎从未涉及管理类的实践活动。将廉洁文化管理工作交付给工商管理专业的大学生，在为他们提供管理实践机会的同时，可以有效提高大学生对于廉洁文化的重视，主动担负起上下级思想交流、工作协调的职责，还能把课堂中的教学要求和实际工作紧密结合，充分发挥学生内部整体合力。同时在学生会和班级等学生自主管理的工作中，学生负责人可以有效地以最直接的方法处理班级和学生会中出现的贪腐问题，使各项工作进入良性循环。

内部协调的管理机制还体现在教师和大学生之间的相互协调、相互促进上，避免以逸待劳、被动拖沓的教育状态，把监督大学生的日常行为规范和引导大学生树立廉洁文化思想相结合，将监督、管理的工作层级推进；动员党员带头监督和接受监督、师生相互监督、学生内部自我监督，严格执行学校的考评和检查工作，将廉洁文化落实到学校的每个角落，切实提高廉洁文化教育工作效率。

（三）营造健康的廉洁文化环境

廉洁文化的生根发芽离不开优质的土壤，要使廉洁文化教育取得预期的效果，优秀的校园文化环境至关重要。校园文化环境包括校风和环境两大方面。

校风是校园文化产生的源泉，也是凝聚全体师生共同推进廉洁文化发展的根本保障。鉴于廉洁文化的长期性这一重要特点，必须要把廉洁文化教育升华成长期不变的办学理念，并与校风建设相结合，营造全校性的廉洁文化氛围。廉洁文化的永续发展不仅要以大学生正确的廉洁理念作基础，还必须把廉洁文化贯彻于整个办学体系，有目的、有条理地提高教育工作的实施效率，为廉洁文化提供广阔的发展空间。以廉洁为主导思想的校风建设，首要任务是加强师生党员队伍为主体的廉洁文化建设，使其与党员党性教育有机结合，并倡导党员队伍在思想和行为上做到光明磊落、清正廉洁，主动承担发扬廉洁思想的重任，以体现党员的模范带头作用。一方面，在党员队伍的带领下，高校中的各项廉洁文化教育才得以在有组织、有纪律的条件下进行。在廉洁文化活动中，党员干部要积极动员其他教师及学生参与到廉洁文化活动中来，并在活动结束后认真总结，以便把活动的内容和精神传达给没有参加活动的人，使全体师生都切身感受到廉洁文化就在身旁。另一方面，党员的重点培养也使廉洁文化教育的反馈工作更有效率。廉洁文化在不同的时代有不同的含义，同一时代也有不同的理解，每一位大学生的要求、意见和想法都能通过党员反映到党支部。本着求同存异的原则，鼓励全体大学生对廉洁文化发表个人看法，由党员进行收集和总结，对好的意见和建议加以采纳，使所有人都体会到为廉洁文化建设尽一份力的使命感，从而极大提高整体的参与率和积极性。

环境造就人才，要在财经类高校中全面开展廉洁文化教育，良好的环境不可或缺。廉洁文化教育作为一项难度较高的教育工作，首先需要完善的硬件设施作支撑，竭尽所能地利用各种教育工具不断完善教学过程，其中包括投影仪、电脑、显示屏等电子器械的购置，社会实践的必要工具和活动资金，文化活动的校内场地和设施的提供等。其次，打造室内文化环境，在教室、走廊、寝室内张贴廉洁文化的相关海报以及以廉洁思想为主题的名人名言，使廉洁思想在学生和教师的日常生活中随处可见，通过心理学中环境暗示的科学原理，以反复的信号刺激和强调，把廉洁文化植入人们的潜意识中。最后，要加强对大学生课余生活的引导，对学校内外的报亭、复印社、图书社的报刊资料进行抽查，杜绝不良刊物流入高校。此外还要对校外浴场、棋牌室、网吧等公共场所实施监督，防止学生接触社会的不良风气，净化廉洁文化成长的土壤。

（四）搭建丰富的廉洁文化载体

任何一类文化发展的载体都是直接影响文化传播效率和效果的因素，而现阶段我国文化事业的发展多以公益的形式进行，由国家拨款、政府操办，与文化市场的关系并不密切。长期以来，以公益活动为主导的廉洁文化建设都是被动地执行上级下达的任务，消极应付地设立数个廉洁文化载体，在各地市会展中心向市民免费开放。面对这一免费的"文化大餐"，大部分群众甚至党员干部对其缺乏必要的重视，参与者大多是老人和少年，无法充分消化这一"文化大餐"。

面对这一情况，财经类高校必须灵活运用自身优势，把廉洁文化载体的模式从被动的无偿获取转变为主动的积极争取。根据消费心理学的相关知识，通过一定消费来换取的资源才能让消费者觉得珍贵，从而认真使用并印象深刻。对于财经类高校的廉洁文化教育，建立基础性的廉洁文化市场，以有偿的方式向大学生灌输廉洁文化思想，从而得到事半功倍的效果。在具体措施中，"有偿"的廉洁文化并非狭义上以货币购买为主要方式的交易，而是把它作为对在校园日常生活中有积极表现的集体或个人的奖励。例如，在校园卫生活动、校外公益活动、"三好"学生或奖学金评比等活动中，对于表现突出的个人和集体予以参与廉洁文化活动的殊荣，而不是向全部师生开放。获得参与机会的人将会格外珍惜这次廉洁文化的学习过程，并在学习完毕后主动向周围同学或同事传达活动的精神和内涵。如此一来，把廉洁文化活动变为人人向往、人人推崇的难得机会，将大大提高廉洁文化的群众参与率和积极性。

廉洁文化载体的另一转变在于对乏味的说教表现形式的创新。通过文化创新，可以赋予优秀传统文化在现代中新的表现形式，使其发挥巨大的历史作用；通过文化创新，可以把文化伟人的思想精髓从小范围的学术交流转变为公众的文化盛宴。财经类高校的廉洁文化教育具有很强的时代性，廉洁文化载体的创新，就是顺应这种时代性，创造与时俱进的廉洁文化表现形式。文化载体的创新主要是通过网络来实现，微博与微信是信息时代的新兴产物，教育者一方面可以通过这些平台向财经类高校大学生传达国家最新的经济政策，另一方面也可以把廉洁文化教育的最新成果发布给大学生，使大学生在享受新载体带来便捷讯息的同时，也认识到廉洁文化教育也是与时俱进、不断创新的，从而提升他们对廉洁文化教育载体的认同感。

三、培养大学生的廉洁能力

廉洁不仅体现在理论思想和行为准则的提高方面，同时它还是我国大学生的一项必备能力。在具备清正廉洁思想道德约束的前提下，良好的廉洁能力是保证各项廉洁工作达到预期效果的重要条件。廉洁能力已经在国内部分高校被予以重视，清华大学、湖南大学、东北师范大学分别开设了廉洁方向的专业，其中包括本科教育和研究生教育，三所高校每年向社会输送近百名廉洁人才，这些毕业生多在纪检机关参与研究和实践工作，虽然规模尚待扩大，但也对廉洁文化起到一定的推动作用。廉洁能力的培养主要包括以下几个方面。

（一）廉洁认知能力

在廉洁文化教育的历史进程中，思想政治教育工作者对如何提高大学生的廉洁文化认知水平进行了深刻而透彻的研究。面对新时代党和国家对廉洁文化提出的新要求，教育者开始从培养大学生的认知能力入手，试图在方法上寻求创新思路，以提高大学生对于廉洁的认知能力。廉洁文化认知能力是指对廉洁现象关注与评价的能力以及对腐败现象发现和警惕的能力。认知能力是学习能力的一种，具体包括对知识的储备、信息的加工、整理与反馈等，同时还要具备正确的是非观，以便能对身边的事物有基本的判断。

在培养大学生的廉洁能力方面，清华大学采用的是借助校园廉洁文学活动，以教师和部分大学生为教学主体培养全体大学生的廉洁认知能力，并在清华大学时代论坛中成立了"廉洁文化"板块供校内学术交流。廉洁文学活动重在参与，只有主动参与到廉洁文学作品的阅读和创作中，廉洁文化的知识才能有显著提高。而对于财经类高校而言，大部分学生多把时间花在实验和演算上，并没有很多精力创造廉洁文学作品。为改善这一状况，财经类大学生的廉洁认知能力培养应和其专业活动有机结合，例如在实践报告中指出实习单位的廉洁点、在社会活动总结中概述该活动的经济廉洁情况等，充分利用每一次培养廉洁认知的机会，逐步提高大学生的廉洁认知能力。

（二）廉洁实践能力

实践是锻炼廉洁能力的重要环节，优秀的实践能力不仅需要正确的价值导向和实干精神，还需具备灵活的头脑。在大学生的日常生活中，廉洁能力主要体现在廉洁文化活动的组织、安排和廉洁文化宣传的内容撰写上。思想政治教育者在培养大学生实践能力时，要从系统性、原则性、预见性和创造性四方面入手，使大学生在廉洁实践中能够以社会主义核心价值体系为引领，对实践活动进行系统规划，对可能出现的问题进行积极预测并提出解决方案，并发扬以改革创新为核心的时代精神，妥善完成日常学习生活中的各项廉洁活动。廉洁实践能力的培养是一项长期的过程，要通过反复地组织、参与活动才能逐步形成，在思想政治教育者努力引导的同时，也需要大学生的自觉参与。

在具体实践中，西南财经大学的廉洁能力培养方法值得借鉴。《西南财经大学采购工作廉洁管理办法》对本校学生的学生会工作、班级工作做了廉洁方面的要求，具体包括以下几类：第一，针对采购活动中的印章使用问题，教师或辅导员须做出流程图，并要求大学生严格按照印章管理制度执行，防止印章滥用；第二，在学生会外联部对外交涉、接待经费上，学生会要向学生会管理处老师申请，经同意后本着节约的原则办理，禁止浪费；第三，班级班费使用时，班干部要及时向辅导员申请，各项开销要列出详细清单，并实报实销；第四，定期开展总结与汇报，定期进行工作检查。

（三）廉洁管理能力

上海财经大学早在 2004 年就发布《上海财经大学廉洁工作实施办法》，

其中针对大学生日常生活中的管理问题提出了具体要求，要求大学生从集体管理能力和自我管理能力两方面培养自身的廉洁管理能力。

集体管理能力通常是指大学生自身在组织或集体中担任领导或参与管理的职务，从事人员的分配、主要计划的拟定、校方思想的传达等工作的能力。辅导员和教师要全力帮助学生干部养成公平分配、合理计划、理性传达的良好工作习惯。具体指：第一，要求大学生干部做到人员分配合理公正，做到集体内部成员各司其职；第二，大学生干部在工作计划上能做到长远规划，并具备一定的大局观；第三，大学生干部在传达校方指示时，不能因个人感情因素影响而歪曲校方的本意。集体管理能力的培养有很多途径，例如：在班级工作中，班干部可以采用轮替制，让大多数学生都能参与和管理班级工作；支持大学生参加社团，并鼓励其以社团的名义组织活动，在培养大学生管理能力的同时，丰富校园文化；为大学生提供社会实践机会，增设校外实习基地，在实习期间就使学生养成清正廉洁的工作作风。

自我管理能力主要包括长期规划、时间安排、严以律己三方面。大学生活相对自由，大学生自我支配的时间较高中大幅增加，迷茫、享乐、放纵的思想容易在这一时期蔓延。因此，大学生迫切需要提高自我管理能力，以防止缺乏斗志、自由散漫地学习生活。自我管理首先要从长期规划做起，认清自身能力，本着切合实际的原则合理规划未来几年的学习生活计划。同时要对每天的生活起居有一个大致的时间安排，有规律、有效率地生活。最后，要对自己严格要求，不能满足于现状，时刻警醒外来不良文化的冲击，并不断充实自身，以面对即将到来的各种挑战。

（四）廉洁决策能力

大学生在日常生活中总会面对社会各界的多方面诱惑和抉择，如何正确选择自身的奋斗方向已经成为每位大学生必须具备的能力。现在部分财经类院校出现的大学生参与经济造假案例，就是大学生决策能力缺乏的表现。决策能力的培养必须以廉洁思想为指导，在保证自己的决策不会影响到社会公平公正的前提下，依据自身实际情况理性选择。

从众心理是培养决策能力的最大障碍。思想政治教育者要帮助大学生拒绝不合理的从众现象，并以树立自信为主要途径渐渐培养大学生克服从众的心理。校园中的从众现象有很多，小到为绕近路集体踩踏草坪，大到为通过考试给老师送礼，甚至在财经类院校频频发生的大学生参与社会经济造假事件上，从众心理也一定程度地助长了这种不正之风。此类现象都不同程度地与校园廉洁文化建设思想相背离，并使腐败在财经类高校中滋长。作为大学生，首先，要选择力所能及的近期目标，通过不断达成预期来培养个人自信，为克服从众心理打好信心基础。其次，要认真学习思想政治教育内容，用马克思主义思想武装头脑，积极学习国家廉洁精神，以扎实的理论基础铸造坚定的廉洁文化信心。当然，过分的自信也无法培养自身的决策能力，财经类大学生的就业情况普遍良好，部分大学生因此盲目自信和乐观，忽视了对自身能力的培养，个人意识不断膨胀。老子曰：自见者不明。过分的自信最终会导致个人发展的停滞，最终会被社会淘汰。

（五）廉洁创新能力

创新能力是决定一名大学生个人价值的重要标准，是将认知、实践、管理、决策四项能力综合运用并推陈出新的一项能力，同时也是廉洁能力中最不容易培养的一项能力。创新能力体现在对校园廉洁文化活动、廉洁文化硬件设置以及廉洁文化课堂教育方式的创新，需要以大量的廉洁文化知识为基础，有选择地吸收和借鉴外来文化，取精去糟，从而为校园廉洁文化建设贡献力量。

廉洁创新能力主要通过联想法和组合法来提高。联想法是多数创新过程中都采用的方法，通过对已知廉洁理论的学习，对其可能的发展方向进行联想，并大胆加以尝试。例如，在自主管理过程中，大学生内部不断提出和讨论可以保证廉洁的工作方式，这些工作方式都是廉洁文化可能的发展方向，只有在实际教学中检验这些方法的可行性，择优采用并不断完善，才能真正完成一次完整的创新。组合法通常是将现有的理论加以梳理，把看似没有关联的事物加以组合。通过组合法创新的成功率较低，但偶尔会出现令人耳目一新的结果。例如，在廉洁文化活动中，尝试将其与动漫、游戏等看似毫无关联的事物结合，可能会获得预料之外的教学效果。但这类组合有待在大量的教学实践中验证。

  创新能力的养成要避免抄袭,必须合理分析和研究各种文化,在进行充分的消化后结合客观实际情况,提出符合文化发展基本规律的方法。廉洁文化的创新切忌原版复制,世界各国的国情大不相同,国内各地的具体情况也存在差异,只有将外来廉洁文化转变为符合自身发展条件的廉洁文化,才是创新能力的体现。

第八章　高职财经教育有效课堂持续改进创新举措

财经类专业创新已经成为不可抗拒的时代潮流。2015年，国务院发布《关于大力推进大众创业万众创新若干政策措施的意见》，在国家和地方政策的强力推动下，"互联网+"与传统产业加速融合，不断催生新兴业态。由此促使财经类专业必须与时俱进，赶超时代变革的要求，及时做好专业及专业人才培养方案和模式、课堂教学方法等层面的改革。

第一节　高职财经教育有效课堂持续改进的缘由

一、新商业模式对财经类专业人才培养提出新的挑战

云计算、大数据、人工智能等新技术引领中国制造业进入了智能化的时代。智能化生产系统对技术技能人才工作模式产生了几个根本性影响，即工作过程去分工化、人才结构去分层化、技能操作高端化、工作方式研究化及服务与生产一体化[1]。在此背景下，职业结构呈扁平化发展趋势，职业之间的边界变得更为模糊，高度复合的专业型技术技能人才成为产业的普遍需求[2]。这种人才不仅要掌握扎实的技术理论知识和基本的软硬件操作技能，还需要

---

[1] 闫广芬，李文文. 新中国成立70年来职业教育人才培养目标的"中国特色"[J]. 中国职业技术教育，2019（36）：27-33.

[2] 苏金英. 系统论视域下1+X证书制度的理论建构与误区规避研究[J]. 职业教育研究，2020（12）：4-10.

理解整个生产系统与流程的基本内容与特征，在完成基本任务的同时结合需求进行研究与创新。智能化时代需要培养复合型人才，财经类专业的职业教育人才培养也势必要发生变革。

（一）新商业模式的主要表现

（1）新商品不断涌现。新商业所销售的商品的竞争力是商业企业立足的关键。新商业要不断面对各类创新产品，根据消费者的消费升级和消费爱好，打通货源的上下游，不断组织适应消费趋势的新货源，迎合主流消费群体的需求。

（2）新业态层出不穷。目前的新商业基本上以"互联网+"为依托，利用大数据、人工智能等现代先进技术手段，在生产链、流通链、供应链上进行升级改造。譬如，传统供应链是一个由产品、生产者、供应商、销售商及消费者构成的链状结构，也可以说是产品从加工、销售到运输的全过程。而新业态构建了基于大数据的产品集散中心作为供应链核心的模式，实现了产地到超市的源头直接供货，省去了烦琐的中间环节，最大程度地保证了销售商家引进产品的效率，保障了优质的产品质量。

（3）新技术推陈出新。商业作为过去的劳动密集型行业，目前已逐渐转化为技术密集型行业。新商业中的"新"主要是指技术新。当今社会，商业生存发展的重要因素就是新技术的运用，其作用日益彰显。一类是诸如移动支付、电子标签、智能停车、在线订单、智能试衣、AR/VR体验等提升消费体验的新技术；另一类是移动办公、信息化、大数据等提高企业经营管理效率的技术。这些技术也是财经类专业学生课程体系改革中需要重点添加的职业技能。

（4）管理方法不断改善。新商业业态在新技术支撑下需要采用新的管理方法，借助大数据等新技术手段实施更加精准到位的管理，有效提升服务效率，控制经营成本。

（5）营销环境不断创新。万众创新理念在商业经营环境中变得越来越重要。精准对接消费者需求，找到自己的客户，吸引消费者关注，抓住消费者的购物心态，让消费者产生共鸣，从而实施成功的营销。

（二）新商业模式对财经类专业人才培养提出新的要求

新一轮的科技和产业革命正在进行，新技术正在改变人们的思维、工作和学习方式。我国的商贸服务业也进入消费升级、数字经济、共享经济时代，已经完成了由商业实体店到电子商务，再到线上线下结合的新零售模式的转变。因此，在大数据背景的新形势下，财经类专业人才的培养，必须顺应现代经济社会发展的客观要求，必须符合现代财经类专业教学改革的方向。产教融合共同研究财经类专业人才培养的新方案，根据实体经济供给侧的需求，走市场化、企业化的合作之路，在政府的扶持培育和行业的支持引导下，与企业进行校企合作，推进财经类专业教育的市场化、国际化和智能化发展，不断培养出高素质、新思维，适应新时代发展的创新型技术技能人才。

新商业模式给财经类专业人才培养带来了巨大的挑战，具体表现为：一是对财经类专业人才专业知识的新要求。财经类专业人才知识结构应该是跨界复合的，除了要懂得传统的商业知识，还应该了解信息技术、大数据、数据挖掘、人工智能等新知识。二是对财经类专业人才专业能力的新要求。强调应用型技术技能人才的培养，除具备传统技能之外，还应具备新商业背景下大数据分析应用能力、智能优化分析能力以及智能技术下的协同决策能力。三是对财经类专业人才职业素质的新要求。财经类专业人才应该是跨界复合型人才，要有创新意识和创新精神，有国际化的专业视野，擅长团队合作、沟通协作和谈判等。

二、财经类专业人才培养目标对课程实施提出新的要求

（一）财经类专业人才培养目标需要与时俱进

随着信息技术在商业领域的加速应用，新兴商业模式的不断拓展对重构财经类专业人才培养目标提出了新要求，高职院校专业教学团队要改变以往人才的培养模式，培养出真正满足新经济社会需求的高技术高技能财经人才，就需要产教融合、校企合作。学校要定期深入市场，聚焦财经行业企业的新需求，做好岗位调研，将企业对人才需求的新标准纳入到财经人才培养方案中，做到及时调整财经类专业人才培养目标、及时修订人才培养方案和课程

体系。在制订相关课程标准、重构教学内容、修订教学方案时，要注意把握课程体系中可以固化的课程及内容，调整需要对接新业态与新岗位的课程设置及其内容，构建出人才培养调整的长效机制，夯实学生的职业核心能力。

（二）财经类专业人才培养需要更加重视职业核心能力培养

各开设财经类专业的高职院校应在发展中为各大企业输送符合企业用人标准的人才。在日益激烈的市场竞争的趋势下，降低人才培养成本、实现自身利益最大化是企业发展的根本。当下，职业学生的行业通用技能出现匮乏趋势，毋庸置疑，这已成为学生职场竞争力发展的一大瓶颈，以致学生毕业后无法完全胜任财经职业岗位，造成学生就业难等问题。因此，财经类专业既要注重对财经类专业实务性的"硬技能"的培养，也要重视对专业中"软技能"的培养。

在高职财经类专业课程中，需要通用技能与专业技能培养并重，将职业核心能力培养贯穿人才培养教育教学全过程。现阶段，我国高职院校财经类专业比较重视职业能力培养，教育教学也始终围绕技术技能人才培养进行改革创新。但从学生的企业实践和岗位工作情况来看，财经类专业管理人才需具备一些可以跨专业的商业通用技能及必需的职业核心能力。商业通用技能通常包括计算机操作、办公软件运用、写作、沟通协调、心理调适等能力，具有普适性、应用性等特点，是从事各类商业服务行业所必需的基本技能。除此之外，还有一部分更重要的职业核心能力需要学校去重视和培养，这些能力可以不针对具体的某专业职业岗位，但无论从事哪一种职业都离不开，是从事商业服务行业及实现在行业内可持续发展所需要具备的一些特殊能力、素质。具体如下：方法能力层面有自主学习能力、解决商业问题的能力、商业信息技术应用能力、商业大数据分析和数字应用能力、创业创新意识和品质；社会能力层面有团队合作能力、组织协调能力、语言表达能力、分析观察能力、社交信息收集与处理能力；个人素质方面有敬业精神、诚实守信、合作精神及社会责任感等。

（三）财经类专业职业核心能力培养需要贯彻教学中"做中学"的原则

各财经类高职院校在新商业模式发展之中要为各大企业输送符合企业用

人标准的人才，就要对财经类专业人才培养模式进行调整，对课程体系进行修订，在此基础上实施基于核心能力培养的课程教学。

首先，在课程教学中需要贯彻任务型课程的"做中学"原则，以项目引领、任务驱动，在专业技能和知识学习基础上，将专业通用技能和职业核心能力的培养贯穿其中，做到一举多得。高职教育课程改革多年的经验已经验证传统的知识传授型课程教学是绝对无法在有限的教学时间内实现一举多得的目标的。

其次，随着就业取向的多元化与职场竞争的加剧，财经类专业的跨专业课程设置及实训基地建设也势在必行。财经类专业课程之间具有较强的相通性，财经类专业有必要建立以核心专业为龙头的专业群，构建专业群课程体系，建设校内外统筹的跨专业实训设施，打通专业群基础平台课程和部分选修课程，开展一专多能的综合职业能力培养，这是财经类专业教学改革的新任务。

最后，开展跨专业实训是提升财经类专业学生综合职业能力的有效手段。跨专业实训要以财经职业岗位的工作过程为主线，以相关项目任务或实践活动为抓手，将综合职业能力目标分解到各个子项目任务的实训模块中。通过多类专业学生的参与，在实践活动的实战演练中，培养学生的沟通交流、团队协作、管理协调、分析与解决问题等职业核心能力，让学生既掌握专业基本技能，又具备创新创业意识和可持续发展能力。

三、信息技术的应用助力任务型课程的持续改进

《职业教育提质培优行动计划》提出，职业院校要推动信息技术与教育教学深度融合，要主动适应科技革命和产业革命要求。鼓励职业学校利用现代信息技术推动人才培养模式改革，满足学生的多样化学习需求，大力推进"互联网+""智能+"教育新形态，推动教育教学变革创新。2020—2023年遴选100个左右示范性虚拟仿真实训基地；面向公共基础课和量大面广的专业（技能）课，分级遴选5000门左右职业教育在线精品课程。近年来，在国家政策和资金的大力支持下，新的信息技术在职业教育领域的应用呈现爆发式增长态势。

（一）信息技术在教育领域的应用

前面已经提到过信息化教学的条件包括三个方面：硬件设施、软件平台、教学资源，此处不再赘述。随着现代信息技术的不断创新，许多新的技术也不断涌现，比如大数据技术、移动无线技术、云技术、VR技术、人工智能等，并在教育领域得到广泛应用。在这种情况下，教育领域的教学组织方式得到改变，为创设教学情境、开发数字教材、优化教学资源、创新教学方法、丰富学习体验、构建多元评价方式等提供了良好的生态教学"场域"。

1. 大数据技术

在教育特别是在职业教育中，数据成为教学改进最为显著的指标。通常这些数据是指考试成绩，当然，也可以包括入学率、出勤率、辍学率、升学率等。对于具体的课堂教学来说，数据应该是能说明教学效果的，比如学生识字的准确率、作业的正确率、积极参与课堂科学的举手次数、回答问题的次数、回答问题的正确率、师生互动的频率等。具体来说，例如每个学生回答一个问题所用的时间是多长，不同学生在同一问题上所用时长的区别有多大，回答的正确率是多少，这些具体的数据经过专门的收集、分类、整理、统计、分析就成为大数据。大数据技术能够对教师的教学和学生学习产生巨大的影响，学校可以利用教学管理信息数据准确把握教与学的规律，提高管理效率，实施精准管理。

2. 移动无线技术

移动学习在研究和教育实践中已经日趋成熟，但日益增长的网络流量已经被网络带宽所拖累，已经成为有效沟通的瓶颈，而这也成为移动无线技术融合5G网络的动力。利用移动无线技术的学习设计，注重关注学习者的能动性、创造力，并能够建立联系现实世界的合作学习活动。同时，移动无线技术凭借其极高的传输速度、简单的部署方案、极佳的扩展性和灵活性、极小的网络延迟成为5G网络数据分流的首选方案。它既可以方便地把教育服务输送到比较偏远的地区，解决优质教育资源不均衡问题，更能够解决"时时可学、处处可学、人人可学"的碎片化、个性化、终身化学习的可能性问题。

3. 云技术

云技术是指在广域网或局域网内将硬件、软件、网络等系列资源统一起来，实现数据的计算、储存、处理和共享的一种托管技术。通过云技术运用，教育部门促进了区域教育均衡发展，各类高职院校则依此构建出集教学、科研、知识分享的综合信息服务平台。教育的最终目标是帮助学生成长、成功，教育不仅仅在教室里，更是在教室之外的广大领域。云技术是实现这一目的强大的助力，在学生和教育者之间提供更多的连结。现阶段，教育领域是云技术应用市场热点，因为云技术有助于改善学生学习成果和保护数据安全，有助于教师在网上讲课、布置作业、分享学习资源、评定成绩，并与学生和家长交流。同时，通过云技术，教师可以得到最新的备课资源，发现更好的课堂教学干预方法，节省了大量的宝贵时间。

4. VR 技术

2022年11月，教育部、工信部等五部门联合发布《虚拟现实与行业应用融合发展行动计划（2022—2026年）》，突出强调虚拟现实在教育应用场景中的作用：要推进"虚拟仿真实验教学2.0"，强化与各类虚拟物品、复杂现象与抽象概念的互动实操，推动教学模式向自主体验升级，打造支持自主探究、协作学习的沉浸式课堂。VR 技术在教育领域中的应用，能够极大改善学习者的学习体验，激发学习者的学习兴趣和动力，进而提高学习者学习参与度与学习质量，为个性化、社会化、开放式学习提供技术支撑，解决教学情境变化太少、缺乏生动活泼表现力的问题。利用强大的3D引擎和物理引擎可以创设逼近真实的虚拟学习情境，极大地丰富教学手段和表达力。

5. 人工智能

人工智能是一种技术，它通过计算机硬件和软件来模拟、实现人类和其他生物的某一方面或者某些方面的自然智能，包括感知、行为、记忆、思维和语言等。教育是提高受教育者的自然智能的过程和系统，所以说人工智能是在计算机上实现的教育[①]。人工智能在教育中的应用使教师可以大规模地定制教育内容，如帮助老师批改作业、与学生交流、促进个性化学习等。国内

---

① 贾积有. 人工智能赋能教育与学习 [J]. 远程教育杂志，2018（36）：39-47.

外一些著名科技公司竞相开发、推广和应用人工智能教育产品。国内企业已经依托人工智能技术研制和开发了各类教育智能产品，构建了智慧校园、智慧课堂、智慧学习、智慧考试一体化的教育智能产品体系。

（二）信息技术引领教育模式创新，提高任务型课程的有效性

以信息技术创新为依托的大规模在线开放课程，如哈佛大学与麻省理工学院开发的 edX 平台，借助信息技术手段，不仅可以提供视频课程和论坛，还提供模拟实验间，可以有效调动学习者的积极性、降低教育成本、促进教学交互和实现深度学习。以"中国大学 MOOC"为代表的学习平台通过开创性的方法、游戏般的体验和学习分析的支持，提供了全新的适应性学习体验。学生利用信息化技术能够提高学习体验，促进深度学习；同时通过学生的学习体验，可以反馈信息化技术在教育中的应用情况。

在财经类专业的任务型课堂教学中，借助信息技术的应用采取翻转课堂、混合式教学，能够有效提高课堂的教学效率，更好地将理论与实践相结合，真正将课堂"还"给学生，让高职的教学重点回归到培养学生的实践性、开放性和职业性，助推学生综合职业能力的训练。其主要作用有以下几点。

1. 越来越丰富的网络课程平台为教师的课堂教学创新创造有利条件

教师通过搭建网络课程，将课程资源和各类行业相关的信息上传，或者将课件、微课、视频、任务单、作业等提前发布到网络课程上，可将课堂教学与虚拟教学相结合，使翻转课堂等混合式教学方法得到应用及普及。

2. 信息化教学手段可以缩短教学中学生实训与企业岗位工作的距离

随着大数据应用时代的到来，学校可以利用大数据技术为财经类专业学生提供企业真实工作场景下的各类大数据供学生实际分析和研讨；利用人工智能、VR、AR 及其混合的 MR 技术可以搭建越来越真实的在线实训教学平台，紧密联系行业实际情况，将企业的真实工作场景在课堂中再现，将教学中的重点与难点穿插其中，比如模拟谈判、签约、法律咨询等场景，让学生身临其境。借助这些技术，学生即使不在企业现场也能参与企业真实岗位工作情境下的工作任务。对于财经类专业学生来说，这类技术的应用比工程类专业实际技能操作的难度要低得多，更容易实现。

3. 移动无线技术及云技术可以为学生搭建不受时间、空间限制的学习条件

可以通过移动无线技术和云技术将先进地区的教学成果和教学资源高效率、低成本地辐射到落后地区；可以为入伍、休学或在家休养的学生提供在线学习机会，使其获取学分；可以利用视频通话技术请专家学者、企业代表等行业知名人士为学生远程上课。

四、能力本位课程开发和实施需要教师不断改进优化

（一）任务型课程实施存在的问题

1. 知识传授和实操训练仍然存在"两张皮"现象

所谓的"两张皮"，就是在对教师实施职业教育的教学能力培训以及有效课堂认证过程中，教师本着完成任务的心态去迎合评审专家的要求。按照要求完成任务以后，在常规性的课堂教学实施过程中，不少教师上交的教学设计材料是符合要求的内容，但是实际授课的课件和内容还是传统的知识传授型模式。课堂的理论讲授和技能操作也是完全割裂开来的，先讲后练，或者只讲不练。这就是典型的"两张皮"现象。

2. 在课程组织和教学方式上，学生的主体地位体现不够

尽管教师深知职业教育应该让学生动手参与，但课程的设计先天不足，不是依据"做中学"理念实施理实一体化的教学，不能让学生在完成完整的项目任务过程中学习知识。教师自身缺乏企业实践经验，在课堂上往往越讲越多，教师还是课堂的主角。以上这些实践中的不足也是部分学者们对能力本位课程诟病的主要原因。

（二）高职课程改革永远在路上

目前，对高职课程改革的探讨呈现百花齐放、百家争鸣之态。立足于提高教学质量、办出学生和社会满意的职业教育这个出发点和落脚点，围绕如何提升学生的专业技能和知识、如何提升岗位通识技能及职业核心能力，只有采取更有效的办法应用于课堂教学和人才培养，才能逐步形成共识。职业教育的任务型课程教学模式是公认的最适合职业教育课堂教学的一种教学模式。职业教育发展更关键的是通过建立高职课程改革的体制机制，调动职业

教育工作者尤其是广大教师的积极性和主动性，促进教师的职业教育教学能力和课堂组织能力的提高。广大高职院校应构建对教师的激励评价机制，包括职称评审、评优推优等各个方面。

教育生态论认为，在教学生态中教师与学生都是主体，教与学是一项双边活动。为此，需要不断调整视角，从而形成一种整体或局部的"能量流"，尤其教师作为活动的组织实施者，其"能量"大小极大影响着其他教学生态因子的"活跃度"。我国高职院校总体师资力量较为薄弱，首先，在"能量"来源上，教师来源单一，多为应届普通高校毕业生，缺少技能性的专业训练和实战性的工作经验。生态化理论认为，能量来源是生态系统中所有生态因子不可或缺的主要基础，教师的来源对教学生态的构建起到了基础作用，而来源单一，削弱了教学生态构建的力度。其次，在"能量"驱动上，有的高职院校考核评价和监督体系不全面，教师自我价值实现的认可感与获得感不高，以致教师在教学生态的构建上力气不足、积极性不高。最后，在"能量"环境上，有的高职院校与企业的合作，常常是签完一份战略性的协议后就没有了后续工作，这些都阻碍了核心生态因子"能量流"——教师在教学生态中发挥应有的重要功能。所以，重视课堂的有效性，为教师营造良好的教学工作环境，解决后顾之忧是高职院校教育教学改革创新的关键所在。

第二节　高职财经教育有效课堂持续改进的方法

一、明确有效课堂的教学改革路径和内容

（一）高职院校的课程教学改革必须从教师有效课堂认证开始

本书在第一章中已经就高职院校有效课堂建设路径作了分析，并提出了与一般高职院校课改实施路径不同的"逆向路径"，这一观点正逐步被一些高职院校所接受，并快速在国内高职院校中得到推广。"逆向路径"最核心的观点就是高职院校的教学改革首先要从提升教师职业教育教学能力出发，

从学校层面深入推进有效课堂建设，以有效课堂认证为抓手引导教师去关注课堂，从课程整体设计、单元设计到课堂教学实施都始终贯彻"做中学"理念，将课程思政、信息化建设、"岗课赛证"融通、教学评价改革等渗透其中。只有如此，高职院校的课程和教学改革才有可能真正落实在人才培养质量的提升层面，真正惠及学生。

（二）梳理有效课堂的教学改革内容

为了适应职业教育改革创新的要求，进一步提升财经类专业人才培养教育教学质量，全面提高学生的学业成绩，开展"有效教学"的教学改革，探索一条"教育观念新、教学方法活、学生训练实、课堂效率高"的教改新路，必须系统梳理有效课堂的教学内容。

1. 把握课改核心，突出能力本位的课程教学改革

以建构主义理论为基础，通过对高职院校学生生源及学情状况的分析，结合目前课堂教学中存在的关键问题，得出结论："高职课程改革必须贯彻以能力为本位，以学生为主体，教师为主导。教师要强化对学生核心素养和实践能力的培养，以职业活动为导向选择学习内容，按照知识理论实践一体化原则，以项目和任务为载体精心设计能力训练过程。将对学生可持续发展能力的培养贯穿在课程教学过程的各个环节。"[①]

2. 改革教师校本培训内容，打造有效课堂

在厘清有效课堂的构建目标基础上，坚持"边实践、边探索、边研讨、边改善、边提升"的原则，在教师中开展各种校本培训，打造有效课堂。一是强化校本教研。要求各个专业开展听课、评课、集体备课活动。每周组织一次有效课堂反思会，反思一周内在课堂教学中发现的问题，集体探讨，及时纠正，达成共识。学校每月组织一次有效课堂研讨会，总结、收集、反馈课堂教学中普遍存在的问题，研究解决问题的办法。二是构建网络教研。各教师用心发表博文及评论，要经常登录博客学习，并把自己在打造有效课堂中的心得体会、经验做法，以及有效课堂中的小故事、动态等博文定期上传

---

① 周亚. 能力本位的高职院校课程改革路径及有效课堂教学研究 [J]. 中国职业技术教育，2017（13）：93-96.

到学校网站上,定期发布有效课堂中出现的共性问题,全体教师要及时跟帖学习,发表评论,营造浓厚的有效课堂研究氛围。三是做好有效课堂资料的收集整理工作。学校每学期要拍摄一至两节课改录像并刻录成光盘存档,同时收集精彩博文、示范导学案等有效课堂资料编印成册。

3.改革教师校本培训路径,创新教师执教能力培训路径

受训教师通过培训和研讨能真正在"做中学"的过程中转变教学观念,理解新的执教观念。在此意义上,创新高职院校培训路径,提升教师执教能力,一方面要强化师德师风建设,引导教师树立高尚的师德师风,坚守以德立人、以德育人的职业道德,在课堂教学生态中传播能量;构建和完善师德师风考评和监督体系,建立个人师德台账、师风档案,增强教师的师德意识、责任意识,在"能量"流动的过程中提升教师的职业素养和职业道德。另一方面,要强化教师生态教学。专业带头人要通过与其他高职院校合作、企业挂职等方式,发挥"能量"的引领功能,助力产业技术和产品上的创新,提升教学成果的转化能力;骨干教师通过解决企业生产技术上的难题,发挥"能量"的主力功能,加强横向课题研究和科学技术研发,提升教师服务社会发展能力;青年教师通过各级各类培训和下厂实践等途径,发挥"能量"的预备功能,增强职业教育适应性,提升教学能力。

二、完善学校和各院(系部)层面的有效课堂认证工作制度

(一)学校层面的工作制度

"有效课堂认证"的目的是通过开展"有效课堂认证",促进教风、学风建设,真正提高课堂教学质量,构建起具有高职院校特色、国内领先的高职教师执教能力认证培训体系及长效机制。为进一步明确课堂教学质量主体责任,充分发挥课堂教书育人的主渠道作用,增强课堂教书育人的时代性、针对性和实效性,应对"有效课堂认证"工作的推进提出具体制度层面的要求。

1.进一步提高对开展课堂教学创新重要性的认识

(1)教书育人是高校教师的历史使命,传道者自己首先要明道、信道。习近平总书记在全国高校思想政治工作会议上强调"高校立身之本在于立德

树人。"高校教师要坚持教育者先受教育，努力成为先进思想文化的传播者、党执政的坚定支持者，更好地担起学生健康成长指导者和引路人的责任。要加强师德师风建设，坚持教书和育人相统一、坚持言传和身教相统一、坚持潜心问道和关注社会相统一、坚持学术自由和学术规范相统一[①]。通过"有效课堂认证"，把向课堂要效率、向课堂要质量化为每一位教师教书育人的自觉行动。

（2）高校课堂是教师教书育人的重要阵地，要紧紧抓住这个教学主渠道。学校育人水平的提升直接取决于教师的"教"和学生的"学"，基础在教学，主阵地是课堂，教师是影响和决定教学质量的主导力量。学校应坚持不懈地抓课堂教学，把深入推进"有效课堂认证"作为进一步提高课堂教学质量的重要抓手。教师要认真研究并遵循高职教育教学规律和技术技能人才成长规律，深入了解高职学生特点和需求，建立起相互尊重、互动和谐、耐心友好的师生关系，这也是学校抓教风、学风建设的重点所在。

2. 各院（系部）要成为开展"有效课堂认证"的主体，确保课堂认证的质量标准

（1）各院（系部）要群策群力，制订出科学合理的"有效课堂认证"个性化评价标准。"教学有法，而无定法。"有效课堂体现在以学生为中心，让学生学起来，使学生有收获；体现在教师善于激发学生学习兴趣，改变"满堂灌"现象，课堂有互动，教学效率高；体现在充分利用信息技术等现代化手段，采用多种教学法。这些是课堂教学的共性要求，也是不能放低的基本要求。各院（系部）如何在学校"有效课堂认证"共性要求下制订出体现个性化特色的标准，是难点也是重点，切勿简单化、一刀切。

学校教师发展中心要加强整体指导和辅导工作，各院（系部）要主动与学校认证专家充分研讨，结合专业实际和学生基础，力求指标科学严谨，符合当代高职学生的学习特点和认知规律。各院（系部）修订后的"有效课堂认证"评价表，需由学校有效课堂认证工作领导小组认定后实施。各院（系

---

① 徐海鑫. 新时代高校思想政治工作的理论基础、内在逻辑与实践遵循[J]. 四川大学学报（哲学社会科学版），2019（4）：99-105.

部）如无特别要求，也可直接参照学校提供的评价表。

（2）把"磨课"作为基层教学组织教研活动的主要内容，将评审和"磨课"有机结合，解决课程设计与实施"两张皮"问题。各院（系部）要把"磨课"作为集中智慧、学习研究、实践交流、反思创新的教研过程，通过"磨课"使每一位教师对"有效课堂认证"的理念把握更准确，不断提升教师的教学创新能力、临场应变能力。

要把评审作为"磨课"中的一个特殊环节，把一次次评审过程作为一次次"辅导"过程，关注文化基础课教师、思政课教师、专业课教师的不同，关注青年教师和老教师的不同，关注不同专业、不同课程的多样化特点，互相尊重，求同存异。专业性内容评审以各院（系部）本部门专家和企业行业专家联合审核确定；课堂教学整体设计、单元设计及实施过程评审由各院（系部）负责组织，由校内本部门专家、外部门专家（不少于2名）及行业企业专家组成，组长一般由外部门专家担任。各院（系部）给出结论后由组长交学校有效课堂认证工作领导小组认证部核查，认证的最后结论（包括数据统计汇总）由学校有效课堂认证工作领导小组审核后公布。

（3）学校有效课堂认证工作领导小组要做好统筹、协调工作。学校有效课堂认证工作领导小组要统筹好不同部门的分工协作，有关牵头部门要不断提高管理和服务水平，主动加强工作指导，服务教师成长发展。教师发展中心重在学校层面的研究、指导、辅导；质量管理与控制办公室重在加强质量监督与抽查，确保院校两级督导标准与有效课堂认证标准的一致性；人事处重在政策配套，在新一轮职称评聘指标制订中切实反映对有效课堂认证工作的要求导向；教务处重在总体组织协调，发挥有效课堂认证在课堂教学创新中的龙头作用，落实教学评优与教改研究的配套政策。

（二）各院（系部）层面的操作规程

各个学校的二级教学单元应在学校总的制度框架下开展有效课堂认证，制订本单位的具体操作规程。基于"做中学"理念，倡导"工学结合、知行合一"，以信息化建设推动课堂教学创新，以学习结果、学习效率等为衡量指标，真正让学生学起来，着力解决课程教学设计（教案）与课堂教学实施"两张皮"问题。

各院（系部）分步推进，鼓励骨干教师和青年教师带头参与有效课堂认证。各院（系部）首先应成立由"一把手"做组长的有效课堂认证工作小组及办公室，明确各个成员的工作职责。部门领导应首先发挥模范带头作用，带头主动申报参与有效课堂认证。

根据认证要求，各院（系部）需按照以下规程分步开展对部门全体教师的整体设计和单元设计文稿的研讨、指导、修改；实施对参与认证教师的推门听课、评课和评价工作。

（1）明确任务，实施动员布置。每学期末组织开展下一学期有效课堂认证动员会。会上动员教师积极申报参加下一学期的有效课堂认证工作，明确有效课堂认证要求，布置有效课堂实施任务，要求每位任课教师完成符合规范要求的课程整体设计和单元设计。同时明确教师信息化建设要求，使每位任课教师的每一门课程都有相应网络课程，并作为活跃课程的补充资料使用。

（2）落实专业，开展教学研讨。专业的教学研讨分为专业课程定位研讨、课程整体和单元设计"磨课"两个部分。专业课程定位研讨要求对专业所有核心课程和部分专业选修课程的课程定位、教学内容、教学目标、教学载体（项目、活动等）进行研讨，采用项目教学的课程从专业层面系统规划专业学生在校期间实施的教学项目名称、数量，以及落实到的一门课程或多门课程的要求。此外，要求每两周至少安排一次认证教师在整体设计和单元设计方面的专业"磨课"。

（3）对接教师，做好培训和"磨课"工作。各院（系部）应做好对认证教师的培训和"磨课"工作，每学期至少组织一次各院（系部）层面的有效课堂认证培训，组织两次整体设计和单元设计的各院（系部）"磨课"活动，帮助教师把握有效课堂认证的核心要求。

（4）各院（系部）组织开展有效课堂认证。定期组织各院（系部）专业建设委员会对各个专业的人才培养定位、人才培养方案、专业课程体系、专业课程定位及教学条件建设进行审核；组织专家对参与认证教师的课程设计进行面对面指导、修改；邀请学校和有关部门有效课堂认证专家、企业专家对教师整体设计进行评价鉴定并申报到学校；组织学校和部门有效课堂专家开展推门听课工作，要求每位参与认证教师至少被听课两次。

三、开展基于有效课堂教学的职业教育教学能力培训

教师的职业教育教学能力培训是开展有效课堂认证工作的最基础工作，具体的培训内容及组织路径如下。

（一）教师执教能力培训内容

教师执教能力培训的内容，要以《关于实施职业院校教师素质提高计划（2021—2025年）的通知》《国家职业教育改革实施方案》为依据，以提升教师职业教育教学能力为目标，从宏观、中观和微观三个层面进行系统设计。宏观层面上，要以学校师德师风为首要标准，以改革教学科研评价机制、完善绩效考核办法、多措并举深化教育评价改革、打造一批彰显职教特色的标志性成果等为培训内容；中观层面上，基于"三教"改革的研修，围绕优化调整专业布局、开发财经类专业的课程体系、进行财经类专业的人才培养方案设计以及制订相关课程标准等，优化专业结构和资源配置，突出财经类专业的优势特色；微观层面上，基于课堂革命更新教师职业教育教学新理念，基于新理念对接相关企业岗位新需求，基于新需求精准设计与有效达成能力目标、知识目标和态度（素质）目标，并以此重构大数据背景下的教学、培训内容。

（二）教师执教能力培训的组织实施

在教师职业教育教学能力培训的实施中，需要从专业实践能力、教育教学能力、自我学习能力三个维度展开，培育一支高质量的教师队伍。大数据背景下课堂教学模式重构既是教师开展有效课堂教学的最终目标，同时也是教师执教能力尤其是信息化教学有效提升的方法与抓手。其组织实施可采用设计性学习的研修模式，通过"观摩—体验—设计—反思—实践"的连续而系统的过程，帮助教师真正实现信息技术与专业教学的融合、理论知识与实践知识的相互转化，促进教师信息化教学能力的螺旋上升。第一，观摩环节。为教师展示教学模式设计示范、活动示范、策略示范、工具示范等，增强教师对新型教与学模式的具象化认知。第二，体验环节。需要对教师研修等专业发展活动进行虚拟现实再设计，让教师通过财经类专业的真实或仿真活动，在直接经验中建构对信息化教学的深刻理解。第三，设计环节。提升

教师教学能力最有效的方法是让教师在设计中学习，以真实的教学任务为情境，将信息技术支持下的教学模式再设计为任务驱动，在专家指导与同伴协作的支持下，综合应用所学理论知识与实践技能探索信息技术与优质教学设计实践的融合。第四，反思环节。在教师开展设计性学习的过程中，要不断设计反思活动，引导教师对自己或同伴的教学设计方案进行评价和有意义的反思。通过设计—反思—改进的循环迭代，增强教师对信息化教学的理解，也增强其教学实践能力。第五，实践环节。教师的教学能力提升最终要落地在日常教学实践中。鼓励教师将信息化教学设计方案应用到实践中，并在日常教学实践、真实的教学情境中不断尝试和探索信息技术支持的教学模式的创新与重构，使每位教师逐渐形成自身成熟的教学模式，提升教学能力。

四、开展学校层面的有效课堂认证

（一）组织开展各院（系部）的有效课堂认证

一般而言，高职院校基层教学组织的核心管理部门是教务处，其在推进各院（系部）有效课堂认证的过程中发挥着至关重要的功能，对学校教育教学改革创新与质量提升起着不可替代的作用。

1.各院（系部）有效课堂认证的组织实施

各院（系部）应根据学校的指导性意见，制订本教学单位的实施方案，明确有效课堂认证的核心工作内容，并就具体工作做好阶段性部署，对各时间节点作出具体安排。将有效课堂认证工作作为各院（系部）教学管理的关键工作，各院（系部）负责人从工作部署、组织动员、教学研讨、专题培训、教学竞赛等方面入手，整体工作逐步有序推进。

2.组织各院（系部）教学"磨课"

（1）整体设计"磨课"。各院（系部）课程整体设计的"磨课"分专业（教研室）层面和各院（系部）层面。通常是从专业（教研室）层面开始，从课程定位、课程目标设计、任务载体（情境）设计、考核方案设计等方面对本专业（教研室）下学期参加有效课堂认证的教师的课程进行多次系统研讨，群策群力协助认证教师做好课程整体设计。也建议各院（系部）对认证教师进行课程整体设计评审之前组织整体设计"磨课"，对参与认证教师的课程整体设计进行汇报、点评、互评,帮助教师及时修改整体设计文稿。整体设计"磨课"环节建议最好能够邀请校内外专家一起进行。

(2)单元设计"磨课"。参与认证教师通过课程整体设计评审以后即进入课堂推门听课评审环节。在推门听课之前,建议同样组织开展分专业(教研室)层面和各院(系部)层面的单元教学设计"磨课",通过反复"磨课"既有助于认证教师通过有效课堂认证,也有助于提升参与"磨课"的其他教师的教学能力。

(3)单元课堂推门听课。当参与认证的教师经过单元设计"磨课"以后,在组织正式的推门听课评审之前,建议各院(系部)组织院(系部)层面的对参与认证的教师的推门听课(或公开课),结合教师的课程单元设计现场评价教师课堂实战教学,依照有效课堂的课堂教学评价标准对教师的课堂教学及时予以反馈,进行点评、互评,以便教师不断优化课堂教学设计。

3.各院(系部)层面的有效课堂认证路径

各院(系部)层面的有效课堂认证路径见图8-1。各院(系部)有效课

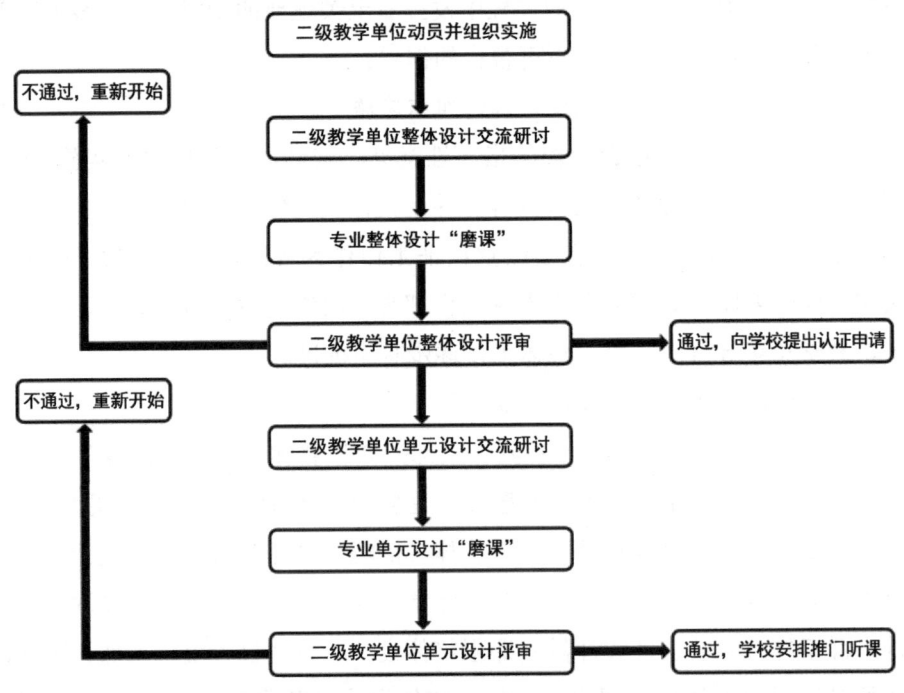

图8-1 各院(系部)有效课堂认证路径

表 8-1　各院（系部）有效课堂认证课程整体设计评分表

专业名称：　　　　　　课程名称：　　　　　　任课教师：

指标	评审标准	分值/分	得分
课程定位及目标设计	明确本课程在实现人才培养目标中的作用与价值，能够说明本课程在整个专业课程中的开设依据、所处地位及主要功能等；明确本课程对学生职业能力培养和职业素养养成所起的支撑或促进作用；清晰本课程与前、后续课程衔接的关系	10	
	能够针对教学对象的不同生源情况进行客观说明，以激发和调动学生的学习动力为前提，对学生学习该课程的条件（知识水平、能力水平）等方面有具体、实际的分析，并提出针对性举措	10	
	以能力培养为核心，明确课程教学目标，包括知识目标、技能目标、态度（素质）目标，技能目标结合职业岗位需求，描述明确、具体、可检验。态度目标要求具体说明通过什么方式在课堂教学中落实，并能贯彻课程思政	10	
教学内容、载体及情境设计	教学内容重在训练学生运用知识解决实际问题的能力，根据行业企业发展需要和完成职业岗位实际工作任务所需要的知识、技能、态度（素质）要求，以职业活动、工作过程为导向选取教学内容，并为学生可持续发展奠定良好的基础	10	
	教学载体（项目、活动、问题等）的选择和设计能够最有效达成教学目标，能力训练项目的设计充分结合教师参与企业实践获取或搜集的企业项目，并进行适合教学的改造；项目具有覆盖性、真实性、典型性、趣味性、挑战性、跨界性、德育性	10	
	情境设计合理，能说明项目任务的工作由来，既有引出项目的总情境，又有引出每一个子项目和任务的分情境，情境类型齐全，包括正常情境、出错情境、意外情境、紧急情境和违规情境	10	
教学活动及考核方案设计	进度表设计以每一次课为单位，能从进度表中看出整门课程的设计步骤、设计思路。整门课程项目编排合理，学习训练递进层次清晰	6	
	能力训练过程设计合理，引导学生积极思考、乐于实践。训练项目数量合适，可操作、可检验；能根据课程教学目标需要和学生特点灵活选用项目教学、案例分析等多种合适的教学方法，实现"做中学"；项目完成后有系统知识的归纳，突出知识为项目服务、围绕项目所用，认知过程符合初学者的认识规律	8	
	善于运用各种信息化手段优化教学过程，提高教学效率和质量	8	
	考核方案能有效促进学生学习，体现全面考核、综合评价，考核项目应涵盖学生的知识、技能、态度（素质），突出能力考核，各项考核项目分值合理，比例适当，并关注学生受益面的大小。教师能积极探索结合技能竞赛、职业资格证书获取、产品制作的能力考核方式。工学结合课程要注重校内成绩考核和企业实践考核相结合	8	

(续表)

指标	评审标准	分值/分	得分
特色与创新	总结提炼本课程实施的理念、特色及创新之处	10	
合计		100	
专家对课程整体设计的总体评价			

（二）组织开展学校层面的有效课堂认证

成立专门的有效课堂认证部门，通常由教师发展中心负责牵头整个学校的有效课堂认证工作，从一学期的工作布置开始，积极发挥对各院（系部）的管理和指导作用，同时完成有效课堂认证学校层面的实质性工作。该部门主要负责以下三个部分内容。

1. 组织整体设计材料评审

在各院（系部）组织完成教师参评课程的整体设计基础上，学校将汇总的材料发给评审专家，然后组织评审专家对相关课程设计进行现场评议并打分。每一次现场评议专家通常至少有5人，每一位专家对初审情况发表自己的见解，有效课堂认证部门工作人员当堂记录专家的意见和建议，在形成基本一致意见的基础上由专家依据整体设计评审标准进行打分，根据专家们的意见决定该门课程是否通过整体设计评审。最后部门应将汇总的专家意见反馈给相关各院（系部）及教师。没有通过评审的教师将由各院（系部）重新组织下一次的申请。

2. 组织课堂推门听课评审

通过学校整体设计评审的教师将进入下一阶段推门听课环节的评审。在各院（系部）对教师单元教学设计"磨课"和初评的基础上，学校的有效课堂认证部门工作人员根据教务处提供的参评教师参评课程的课表，安排专家组成员对参评教师实行课堂推门听课。为保证听课的有效性，通常整个过程要保密，听课课时一定要是完整的一次课内容，也就是教师单元授课时数（一般是2课时）。参评教师被听课次数建议至少2次，越多越好。特别是对每一次听课反馈有争议的教师，可以适当增加听课人次，一般每次至少安排

2位专家听课，安排听课的专家尽可能选择相近专业的专家。对每一次的听课结果，专家都应有对该课程明确的评价意见和建议，应在听课完毕之后当堂（无法做到的话也要尽快）面对面向参评教师反馈。

3.汇总并公布有效课堂认证结果

推门听课工作完成后，由学校有效课堂认证部门对所有评审结果进行汇总。对于没有通过听课评审的教师将结果反馈至各院（系部），参评教师可以申请教学诊断服务，对接课程专家，进行"结对子"指导。各院（系部）对没有参评或没有评审通过的教师的单元教学设计提出改进要求，通过各院（系部）评审以后再申报到学校等待下一次听课评审。对于通过了整体设计和推门听课两个环节评审的参评教师，学校有效课堂认证部门将认证结果提交相关部门（通常以教务处、人事处、质量中心为主）合议，最后提交校长办公会议通过，形成公文予以公布。

五、开展学生有效学习方法大赛

（一）各院（系部）有效课堂认证与有效学习紧密结合的创新实践

结合学校开展的有效课堂认证工作，遵循高职教育教学规律，深入研究当代高职学生的学习特点和认知规律。坚持"以学生为中心，让学生学起来，使学生有收获"，加强师生教与学的互动，强化学生在学习活动中的主角意识，激发学生学习的动力，切实帮助学生不断发掘适合自己的最有效的学习方式，促进学校的教风学风建设。各院（系部）将教师有效课堂认证与学生有效学习紧密结合，制订各院（系部）层面的有效课堂实施制度文件和评价标准，注重教师课堂教学实效，同时将教师有效课堂教学实施与学生的有效学习指导结合起来，组织开展分院有效课堂与学生有效学习方法竞赛活动。教师依照有效课堂整体设计要求整体规划对学生的有效学习指导（见表8-2），各院（系部）层面进行过程监控，通过考核、督导听课、学生访谈和调研统计对教师的教学效果进行整体考评（见表8-3）。

表 8-2　教师有效课堂教学和学生有效学习方法设计表

课程名称		学分	
课程代码		课程类型	
授课对象		总学时	
课程团队成员：			

	教师有效课堂教学方法	学生有效学习方法
主要学习结果/目标	概括说明教师为达成目标结果的主要教学举措	概括说明如何引导学生达成目标结果
课堂教学载体及实施设计	说明教师课堂教学"做中学"的主要教学载体，例如：项目、任务、活动、问题、案例等，以及课堂教学是如何实施的	说明教师为保证教学载体的落地在课堂教学实施过程中需要引导学生配合完成的具体工作，以保证教学目标的达成
课程主要信息化资源及其相应教学方法	说明教师使用的网络课程平台及资源类型，以及借助这些资源在课堂教学中的应用举措	说明如何引导学生借助网络课程资源采取有效学习的举措
课程主要考核方法	说明教师在教学中的过程性和终结性考核方法	说明为完成考核要求学生应配合的事情

表 8-3　教师有效课堂教学和学生有效学习评价表

教师姓名：　　　　　　授课对象：　　　　　　所授课程（工作坊等）名称：

模块	指标	评分标准	分值/分	得分
教师有效课堂教学	主要学习结果/目标	教学结果/目标明确、具体、可检测，达成目标的手段多样化，实用、可操作	5	
	课堂教学载体及实施	教师的教学载体设计合理，能够覆盖教师所承担课程（工作坊、协会、竞赛等）的主要教学目标，教学过程能自觉以"做中学"的教学理念指导自己的教学行为，能够结合课程的特点和学生的实际状况，采用符合"做中学"教学理念的教学方法	10	
	课程主要信息化资源及其相应教学方法	教师具备良好的信息化教学能力，能结合课程实际、在课程教学中充分且恰当地运用各种教育信息技术来提高教学效率、改善教学效果	10	
	课程考核方法（除课程教学外形式可灵活）	课程既有检验学生学习效果的形成性考核，又有形式灵活的终结性考核。课堂氛围好，学生乐于学习，且经过检验，确实学有所得。教师作业布置及批改情况良好	10	

（续表）

模块	指标	评分标准	分值/分	得分
学生有效学习方法	采取的主要学习方法	学生能在教师指导下采取诸如团队合作互动式学习、探究式学习、问题导向学习等学习方法，学生的学习方法运用能够满足教师课堂教学目标及教学载体实施要求	15	
	采用的有效学习工具	学生能够借助合适的工具开展课程学习，这些学习工具的运用能够有效提高学习效率和效果	15	
	信息化学习资源的应用	学生使用信息化教学资源开展自主学习的频率高，信息化学习方式多样，如自主学习、混合式学习、翻转课堂学习等	15	
	学习方法的借鉴价值	学生所采用的学习方法具有一定的创新性，能够强化学生在学习活动中的主体意识，激发学生学习的动力，具有较好的借鉴意义和推广价值	10	
总体评价		通过教师的教学指导和学生的有效学习，能够把知识的学习和技能的训练作为培养学生自主学习能力的重要载体，在教学过程中能够恰当地进行职业素养教育，切实帮助学生不断发掘适合自己的最有效学习方式，促进学生成长发展，改善教风学风	10	
合计			100	

评价人：

（二）学校层面的有效学习方法大赛

1. 大赛内容和形式

组织参赛的每一个学生团队（个人）以课内外学习的经历为参赛内容，陈述在学习中如何进行有效学习。内容可以是总体的学习方法，也可以是一门课程或一项技能的学习方法；可以是提高课堂听课效率、做好笔记的学习经验交流，也可以是自主学习、主动学习的体会分享；可以是考级考证、复习考试的方法总结，也可以是学习专业课程与训练核心技能的心得体会；可以是思政课学习方法、体育课锻炼之道的总结，也可以是参与工作坊、竞赛训练、学会或专业社团等第二课堂学习方法的介绍；可以是网络课程或结合网络线上线下结合的学习感悟，也可以是企业实训实习学习、创新创业的实践体会。团队参赛要侧重于团队内的合作学习，分工协作、互帮互助、集思广益完成学习任务。大赛形式不限，鼓励创新，要求其内容必须是真实的，对全校学生具有一定的学习与借鉴价值。

2. 工作要求

学校要求各部门要充分认识到开展学生有效学习方法大赛对深入推进有效课堂认证工作的重要性和必要性，要结合学生的特点和存在的实际问题，精心策划切实可行的活动方案，扎实、深入地开展此项工作。同时，各院（系部）要以此活动为契机，将本次比赛作为教师对学生学业指导的一项重要内容。

在此基础上要求教学线与思政线要形成合力，专业教师、辅导员、班主任要深入到学生中间，指导学生有目的、有计划、有组织地开展各项活动。要注重发挥学生的主体作用，充分调动学生的积极性、主动性和创造性。如表 8-4 是"网络营销"课程的参赛资料。

表 8-4 教师有效课堂教学和学生有效学习方法设计表

课程名称	网络营销	学分/分	4	总学时/学时	56
课程代码	N204866	课程类型		理实一体	
授课对象		营销 A 班、营销 B 班			
课程团队成员： 陈老师、程经理（企业）					

	教师有效课堂教学方法	学生有效学习方法
主要学习结果／目标	学习目标：能够帮助企业运营一家淘宝网店（跨境购），提升网店的访问量和销售额。能够应用网络营销工具和方法提升企业经营效果。帮助一家企业进行电子商务运营 方法：引入企业教师平行上课。同时引入企业的真实项目作为训练的载体	项目训练学习法为主；案例分析和问题导向学习法辅助学生按要求和进度完成对应的企业任务和课程理论知识的学习。同时处理和解决工作中的问题
课堂教学载体及实施设计	教学载体是以某保税区某进出口贸易有限公司的跨境购网店为平台，组织学生为该网店进行运营管理： 1. 分工：由金珊珊负责财务和任务监督；赵雅莉、郑琪带队负责运营推广；邵珍珍带队负责美工和文案 2. 主要工作任务：（1）爆款打造，满送、折扣等的应用；（2）淘宝联盟推广，淘宝客、淘宝直通车的应用；（3）微博推广，新浪、腾讯微博应用；（4）微信、QQ 推广，关系营销，微商的应用；（5）百度贴吧、论坛推广；（6）其他推广工具；（7）详情、图片与文案的设计；（8）客服训练，售中、售后的服务提升 3. 课程实施的方法：课堂教学＋第二课堂（工作坊）平行运作。目前企业愿意亏本销售并按时发津贴，这在一定程度上让学生积极参与项目，完成工作	真实项目工作任务载体；日常除了上课时的训练和学习，还需要按照企业网络营销经营目标和任务完成每周的工作任务 企业按工作任务的完成情况，每周发放奖金，责任和激励让学生更努力完成任务；学习中实操能力得到锻炼 期末根据企业签订的合作协议，完成既定经济目标，进行利益分成。小组目前由负责财务的金珊珊督促监督同学完成工作任务

(续表)

	教师有效课堂教学方法	学生有效学习方法
课程主要信息化资源及其相应教学方法	1. 教学信息化资源：课后配套了BB平台（Blackboard平台）网络课程（2014年）；同时在建的河北省高等学校精品在线开发课程共享平台也为同学们提供学习素材（2017年），资源类型：PPT、PDF、Word资料案例、少量视频、JPG图片等。网络课程有阶段性测试题库 2. 学习方法：除了课内课外的教学与自学提升之外，课堂教学以项目任务训练为主。因为跟企业签订有合作协议。课外单独与不同小组同学一对一辅导	日常使用BB平台和河北省高等学校精品在线开发课程共享平台课后下载资料，自我学习提高 另外，因为真实项目经常遇到问题，需要通过网络检索问题解决方法。互联网的应用比较频繁。课程本身经营网店也是商业信息化的一种应用
课程主要考核方法	过程性考核（项目任务效果40%）+终结性考核（笔试60%） 过程性考核（任务项目）包括： 1. 营销策划方案（5分） 2. 营销组合策略应用（2.5分） 3. 爆款打造（2.5分） 4. 淘宝联盟推广方案（2.5分） 5. 论坛贴吧推广（2.5分） 6. 博客微博推广（2.5分） 7. 微信、百科、问答推广（2.5分） 8. 详情设计与文案（5分） 9. 全店管理方案（5分） 10. 期末PPT工作汇报（5分） 11. 期中测试（5分） 终结性考核（笔试）包括： 案例分析（2题）、综合应用（1题）、简答（4题）、分析题（2题）、选择题（10题）	1. 按时完成作业和训练项目，确保平时拿高分 2. 积极备考期末考试。理论结合实践加深记忆和理解，根据实践工作积累的知识解决案例分析和综合应用题

第三节 高职财经教育有效课堂的持续改进措施

一、依据岗位新发展的专业课程体系持续改进

随着新技术的推广应用，新商业业态也在变化之中，随之而来的是商业行业的职业细分和能力跨界融合成为新的趋势，商业服务业出现了跨境电商、互联网金融、O2O全渠道零售、智慧旅游、网络创意设计等新兴的热门商业领域及相应的工作岗位。这些新的商业业态及工作岗位的出现促使高职院校及时跟踪行业变化及学生就业岗位工作领域及工作任务变化，调整专业学生的毕业标准，及时修订专业人才培养方案，进而调整专业课程体系，推进课程教学改革，这种改革需要随着商业业态的不断创新而持续改进。

财经类专业课程改革的起点是专业课程体系的开发。一方面，专业教学团队要进行市场调研，深入企业，组成由"行业专家＋企业管理人员＋企业技术骨干人员＋专业教学教师"的课程开发团队，共同分析研讨企业财经岗位能力与素养的新需求，依据财经岗位工作流程、工作职责与逻辑关系构建项目中的主要工作任务体系。另一方面，教学团队要按照企业财经工作的真实情境与项目，遵循"00后"学生的学习规律和心理特征，将企业财经岗位的主要工作任务转化为财经课程模块教学中的核心任务，通过"理实一体、工学结合"的任务驱动，突出学生主体地位，提升财经类学生的职业能力与职业素养。

财经类专业课程开发要结合我国经济政策及法律法规新动向与行业企业财经岗位新需求，坚持价值塑造、知识获得、能力培养"三位一体、协调发展"的原则，突出"育人为本，学生为中心"，以岗位职业能力标准为主线，以课岗融合为特征持续更新教学内容，不断完善课程体系。鉴于课程设计是整个课程建设的核心和关键所在，应实现系统性和科学性的有机统一，课程目标、内容、教学方法、教学效果的有机统一。财经类专业课程设计聚焦四个新要求：一是聚焦"思政＋专业＋科技"新财经人才培养战略的要求；二是聚焦"严谨规范、守正创新"的教学新要求；三是聚焦自我优化和终身学习能力培养的新要求；四是聚焦教学相长的工作和发展理念的新要求。

二、依据新课标的课程教学目标持续改进

财经类专业的课程体系改革创新要"打破传统学科分割状态，创新细分领域的专业课程，形成专业集群化发展。例如，将管理学、经济学、会计学、物流概论、市场营销基础等专业基础课合并为专业群大类基础平台课程，构建真实商业情境"[①]。设计开发专业课程和专业选修课程，依据课程开发过程的职业能力分析过程来重新定义每一门课程的知识、技能和态度（素质）目标要求，重新编写新的课程标准。财经类专业的课程设计应重点把握

---

① 宋莹，杨永光.综合职业能力本位下职业院校商科专业课程改革研究[J].高等职业教育，2018，27（3）：67-70.

六个要素：一是思想要素。要用马克思主义世界观、方法论和马克思主义的最新成果武装学生的头脑，培养学生掌握科学规范地思考问题、分析问题、解决问题的方法。二是主体要素。教师要归纳总结和提炼出本课程的思维方法、知识结构、理论体系，并在教学过程中具体体现出来。三是目标要素。通过逻辑推理、形象比喻，达到学生掌握本课程重点难点、理论体系和思维方法的目的。四是路径要素。通过科学匹配的教学方法、教学手段促使学生完成从专业到一般规律的感悟，帮助学生实现思维的升华，促使其能够将一般规律举一反三，灵活使用，从而解决经济、生活、社会中的现实问题。五是思维要素。注重现代科技与专业实践的紧密结合，了解行业、产业、业态发展趋势，掌握现代科技方法在专业领域的运用，培养学生运用互联网思维、大数据思维、区块链思维、人工智能思维解决现实问题。六是环节要素。课程设计是目的性和系统性的有机统一，教学环节细节的设计要具体匹配，互为因果，体现科学性、逻辑性和系统性。

同时，专业课程的教学目标也需要随着课程标准的变动而持续改进。财经类专业课程教学目标的持续改进和有效课堂教学目标的设计，包含三层意思：一是合理安排课程内容，要注重分析本节课内容与前后内容的逻辑关系，做到融会贯通，对内容进行分层，对重要性进行分类，要分析内容中所含的思维与方法是什么，思政感悟点是什么，找准课程内容与现代科技的结合点；二是科学设计课堂教学各环节，包括课堂讲授切入方法、重点难点的讲授方法与手段、提问和设问、参考书目与课下活动、作业布置设计、考核与测试、辅导与答疑、课程资源建设、讨论课的组织与设计等；三是课堂要使学生掌握重点难点，强化其逻辑思维和形象思维，要注重培养学生正确的世界观和方法论，要使学生掌握现代科技在业态中的运用、现状和趋势，要使学生理解课程理论体系和专业思维方法、专业规律，从而实现自我优化。

三、依据新目标的课程教学内容持续改进

随着全球经济一体化趋势的加强，经济进一步的发展，我国目前对财经类人才的需求更加突出，尤其是大数据背景下的财经类岗位工作异彩纷呈，

新业态、新岗位、新需求层出不穷，对财经员工跨岗位工作的要求越来越高，课程目标持续改进的同时也需要教师对课程教学内容及时进行调整。依据课程目标的要求来梳理课程知识体系和技能体系，对课程的教学内容进行基于工作过程的模块化处理。

课程内容的重构需要质量信息的获取、反馈及利用，才能持续改进。首先，课程内容持续改进必须聚焦产教融合、校企合作与科教融汇，要将校企双方的深度合作作为首位，利用合作企业资源，推动教师到企业实践，使开发结果更接近真实工作岗位。其次，为配合课程教学内容的持续改进，还需要更新建设校内外实训基地，挖掘校内外实训资源，教师团队要充分发挥"校中厂""厂中校"等实训资源的优势，开发学习性任务与实践性项目，在"理实一体、工学结合"的真实或仿真环境下开展以行动导向、任务驱动为主线的模块化教学。

四、依据新技术的课程教学方法持续改进

课程改革是循序渐进、环环相扣的过程，课程实施是其中关键环节，是培育学生核心职业能力与素养的重要保障。在大数据背景下，VR 技术、云技术、移动无线技术等现代信息化技术与手段的广泛应用，对职业教育教学方法的创新起着不可替代的作用，教师要充分利用现代信息化技术与手段，持续改进课程教学方法，有机融合课程思政元素，突出学生主体地位，打造"智慧课堂"。

鉴于"财经法规与会计职业道德"是会计学专业的专业必修课、财务管理专业的选修课，因此，以该课程为例。该课程包括会计法律制度、支付结算法律制度、税收征收管理法律制度、财政法律制度和会计职业道德五部分内容，旨在培养学生在现实经济业务中运用相关法律制度解决实际问题的能力，同时提高学生的职业道德素养，未来做一个合格的会计人。一是充分利用翻转课堂的教学方式。翻转课堂的教学方式使得学生的学习不再受限于课堂时间，实现课前的知识预习、课上知识内化、课后知识拓展，促进了课堂内外的联动，实现了课上课下、线上线下的无缝衔接。课前借助于超星泛

雅平台，发送线上学习资源，完成各章节练习题以实现提前预习，还可根据知识的理解情况反复多次学习，学习效果高于传统课堂一次性讲授。课中基于翻转教学的课堂运行特点，将课程思政融入课上知识内化阶段，借助于实务操作、案例讨论、角色扮演、情景模拟、"大家来找茬"等系列课上活动设计，让学生从过去的只可"意会"转变成可以"言传"与"实操"。课后引入学生感兴趣或广泛关注的社会热点话题，如生态文明、业财融合、商业文化等，作为专题或者讨论素材，与学生分享并启发思考，实现了知识内化和价值引领的统一，课程形式多元化、丰富化。二是多元化的授课方式渗透思政教育。如何实现专业知识和思政元素的有机契合和融会贯通，而非生硬地套入思政内容，是课程思政的重中之重。课程组结合课程特点构建翔实的资料库，包括视频、音频、新闻、图片、拓展阅读材料以及丰富的自建案例库。根据课程各模块知识点的特点，采用隐形嵌入、热点导入以及专题嵌入等不同思政元素嵌入方式，不同的模块设置不同的思政元素；运用项目教学和案例教学等方法，模拟或创设经济事例情境，使课堂更贴近企业实际，使枯燥的专业知识立体化、形象化、可视化，使课堂真正地"活"起来，引导学生增强理论自信、制度自信、文化自信。三是从教学方法上，将碎片化、系统化的思政内容与专业教育相结合。借助思政改革，通过寓道于教、寓德于教、寓教于乐的方法，向学生传递课程知识的同时，引导学生树立正确的价值观。课程以中国本土化的情境案例为主，将会计概念框架和职业道德基本原则一以贯之地应用于会计人员所面临的各种道德困境示例，全面提升学生识别、评价与应对各种不利影响的能力，更好地实现知识传授与价值引领相统一，实现隐性教育与显性教育的有机结合。

五、依据新方法的课程评价方案持续改进

课程评价是对课程开发、教学效果进行评估的重要手段，课程评价体系是课程改革的重要一环。相比于工程类专业实体产品与设备操作的评价，财经类专业隐性技能相对较多，其评价难度也相对较大。因此，综合职业能力本位下财经类专业的课程评价应是一个多元化、多维度的体系。譬如，在

"财经法规与会计职业道德"课程中,采用结果性评价和过程性评价相结合的全过程立体化考核评价体系。结果性考核内容是提交课程案例论文,考核标准参考学校毕业论文的要求。过程性考核集课前、课中、课后于一体,课前自学环节的考核内容包含学习通平台任务和资料收集、视频拍摄等的完成情况。课上表现环节的考核内容包括课堂出勤率、课堂提问参与、师生互动、情景模拟、角色扮演、案例讨论、小组任务展示等表现。课后巩固环节的考核内容包括案例分析报告、课后作业完成情况等。在这个课程评价方案持续改进的过程中,学生不仅仅掌握了专业知识和技能,还获得了发现问题、分析问题、解决问题的能力,学生的综合素质得以提升。作为教师团队,通过可测可评的科学可行的课程评价,不仅能够看到人才培养质量的日益提升,而且更能够深切地体会到课程改革创新所带来的积极效果,从而获得认可感、成就感,进一步提升了高职财经教育有效课堂持续改进的内驱力。

附录:"销售与收款循环全流程审计"教学实施报告

一、教学整体设计

(一)精准对需求,全域构模块

1. 教学内容重构

为践行《职业教育提质培优行动计划(2020—2023年)》,精准对接产业需求,"审计实务"课程组依据审计专业人才培养方案、注册会计师执业准则、注册会计师职业道德规范以及智能审计职业技能等级标准,结合审计工作过程对职业能力的需求重构教学模块。打破传统教材理论、实践分开的状态,依据完整审计工作流程进行教学内容重构(见图1)。

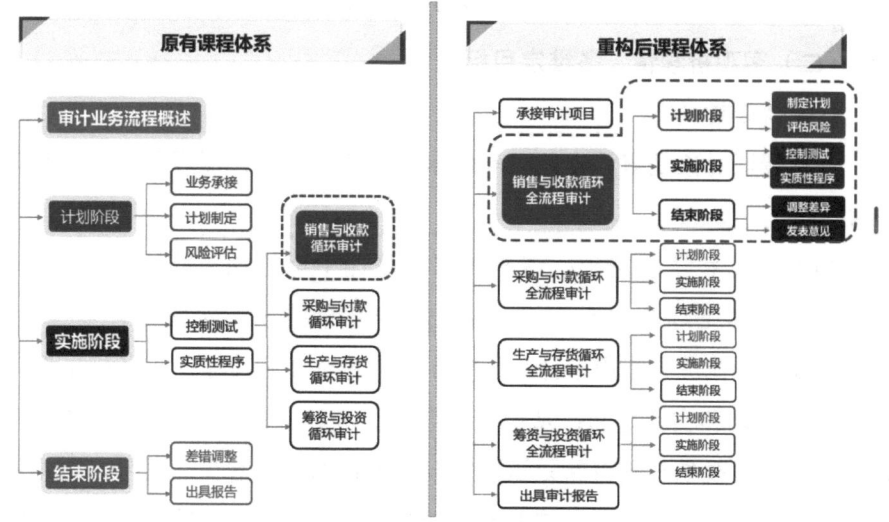

图1 审计实务课程重构

2. 教学内容设计

为适应新时代对审计专业人才的新要求，探索大数据技术在发现审计问题、查找审计问题、分析审计问题中的应用；充分实现岗课赛证融通，将教学内容与审计助理岗位职业标准、智能审计职业技能等级标准、全国高职审计技能大赛标准相融通；对接职业取向，课程内容主要服务于北京东审鼎立国际会计师事务所（以下简称东审会计师事务所）审计助理岗位；构建三层次课程思政体系，思政化雨，潜润身心；根据学情及教学目标，时刻把握教学重难点，厘清工作流程。重点详解具体操作，延伸培养审计思维的教学内容、设计思路。具体教学内容设计见图2。

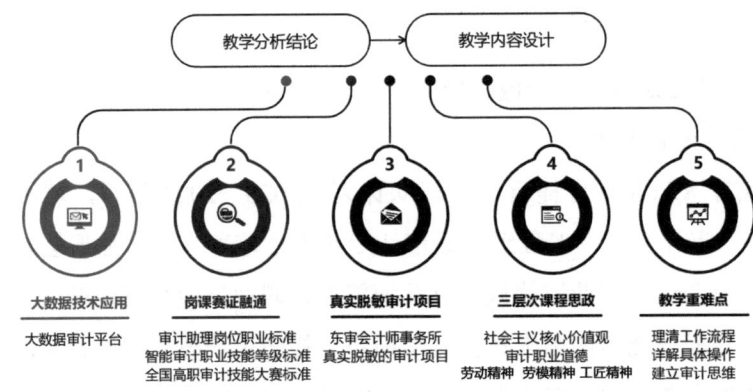

图2 教学内容设计

（二）客观析学情，多维定目标

1. 学情分析

课程授课对象是审计专业二年级东审订单班学生，课程开设时间是第四学期。

（1）知识和技能基础：该班在课前测评中审计知识测试平均84.5分，审计技能测试平均78.5分。可以看出，学生掌握了一定的审计基础理论，但在认知审计流程、运用审计具体程序及构建审计思维等方面有待加强。

（2）认知和实践能力：从课前问卷调查（见图3）可知，学生更倾向于通过观察和实践参与获得新知识，相较于理论的抽象想象与思考，更倾向于具体直观的事物。他们喜欢微视频、PPT、新型活页教材等资源，喜欢情景演绎、小组协作、头脑风暴等活动。

（3）学习特点：该班学生有一定的审计、会计理论基础，但深度思考不足；学习目的性、计划性、组织性较弱；学习自主性不强。

图3　学情调研

2. 教学目标与重难点

为适应新时代对技术技能人才培养新要求，对接智能审计职业技能等级标准，紧扣审计专业人才培养方案和"审计实务"课程标准，参考学情，多角度分析，制订教学目标和重难点，助力精准施教（见图4）。

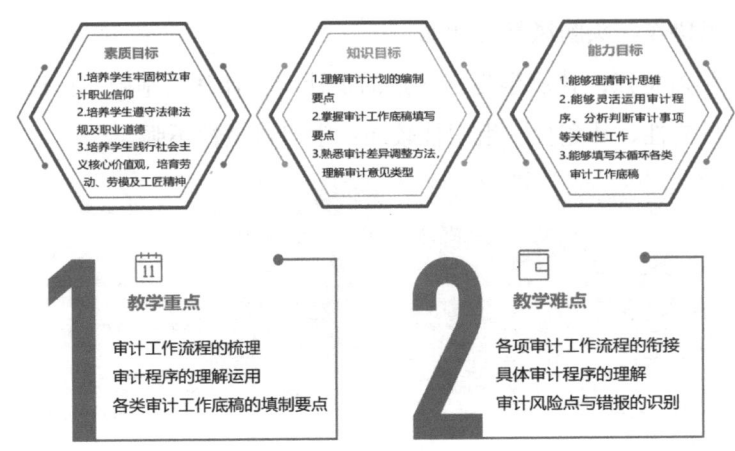

图 4　教学目标与重难点

（三）适时定策略，智能育优才

依据建构主义教学观，采用学生主体、教师主导的教学模式，深挖学生主动潜能；充分考虑大数据、智能化环境，采用线上线下混合式教学模式，探寻智能审计；基于丰富、优质教学资源通过项目导向、任务驱动等方式设计课程主线，采用云班课实现全过程信息采集，灵活运用情景演绎、小组协作、头脑风暴等活动组织课堂教学，突破重、难点。

1. 教学理念

依据建构主义教学观，采用学生主体、教师主导的教学模式，校企双主体育人。

2. 教学组织与方法

采用线上线下混合式教学模式，根据审计工作的项目化特征、学生学习能力和性格特点，建立销售与收款全流程审计工作流程。将33名学生分成6个项目组，通过工作岗位分工，协作完成各项学习任务，最终实现本模块素质、知识及能力教学目标。

3. 教学方法

通过项目导向、任务驱动设计整体课程主线，采用自主学习、小组协作、头脑风暴、汇报展示、情景演绎等方法组织课程教学，引导学生开展学习。

4. 教学资源

借助云班课、智能审计 X 证书教学平台、大数据审计教学平台、审计法律法规、东审日常系列资源、东审财税公众号、审计案例库、国家公信系统等资源（见图5），完成课前引入任务、课中导学任务、课后拓展任务，实现素质、知识、能力的全面提升。

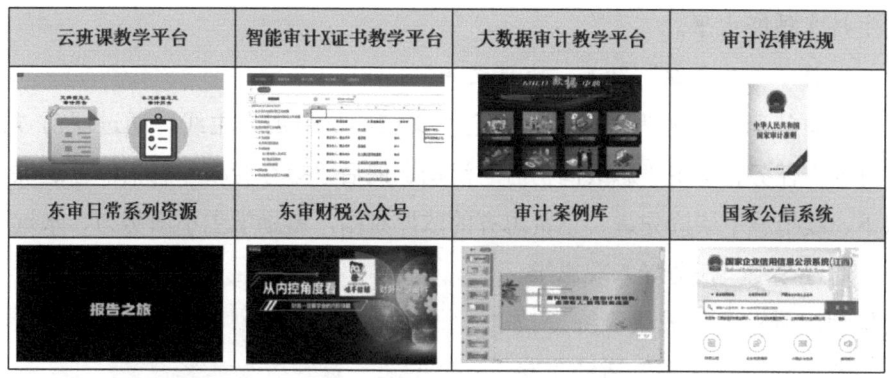

图5　教学资源

二、教学实施过程

（一）三段一闭环，螺旋提升，保质量

构建"三段一闭环式"教学组织形式，将课堂前后延伸，分成了三个环节。即课前启发式学习，分析学情；课中项目化教学，观察状态；课后总结性提升，评定成效（见图6）。通过视听学习，探究新知；通过主动融入，感受新知新技；通过项目实战，体悟知技合一。全过程通过平台进行信息采集，熟知学生整体和个体学习情况，进而有的放矢地设计、实施教学活动。

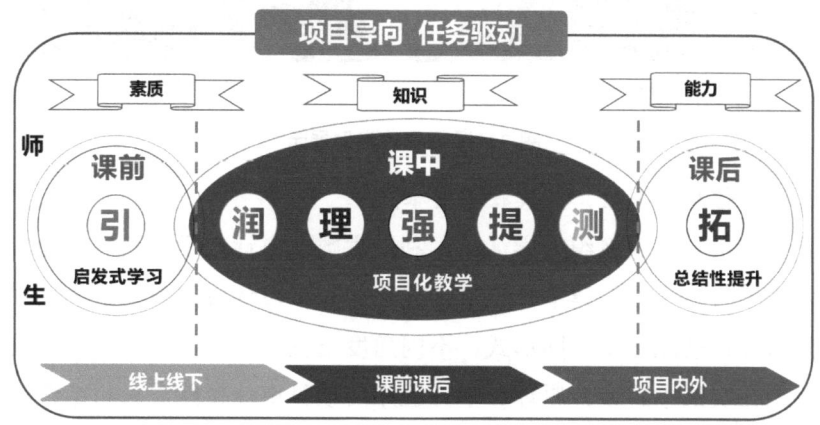

图6　"三段一闭环式"教学组织形式

（二）五层构递进，精益求精，提技能

课中项目化教学创建"课程思政润初心、任务导入理思维、实施程序强业务、成果凝练提技能、竞赛试题测效果"五项教学活动，层层递进，提升学生技术技能水平。

1.将"思政之盐"融入"审计之汤"

以审计职业道德为基础，以社会主义核心价值观为主线，通过课前"读书打卡"任务、课中"思政润初心"活动、课后"审计劳模"感悟，营造课上课下、线上线下崇尚先进、见贤思齐的浓厚氛围，激励学生不懈努力、永远奋斗。通过课中"任务导入理思维、实施程序强业务、成果凝练提技能、专业知识测效果"活动贯穿崇尚劳动的劳动精神、精益求精的工匠精神，爱岗敬业的劳模精神，构建"一基一线三精神"的课程思政体系，如图7所示。

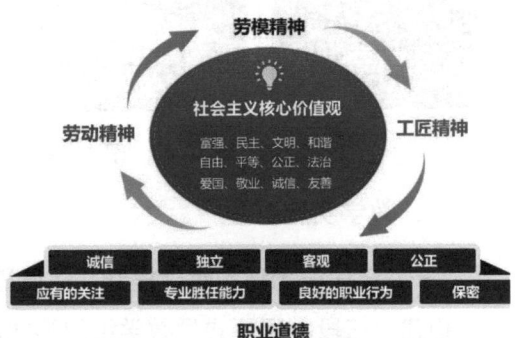

课程思政润初心

审计劳模

图7 课程思政案例展示

2.运用信息化手段，突破教学重难点

充分利用云班课组织教学活动，利用大数据审计教学平台、智能审计X证书教学平台等手段搭建审计项目多元化智慧学习环境，帮助学生运用多种方式学习知识技能，从不同形式、不同角度出发理解知识内涵，掌握技能要领，并能在实践中将审计原理、审计程序与项目审计技能需求相结合，解决了教学重点、突破了教学难点。例如：在销售与收款循环风险识别中，通过

"大数据审计教学平台"的"可视化数据"分析功能,学生直观地感受到了大数据带来的便利,直接观察到被审计单位横向、纵向数据对比状态,利用大数据手段解决了风险识别这一教学难点,如图8所示。

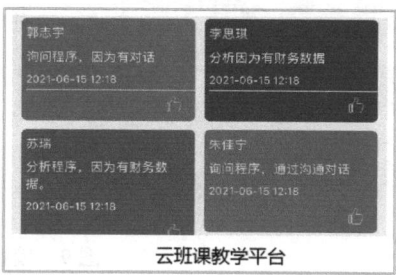

图8 信息化突破重难点

3. 岗课赛证综合育人,培养新时代技术技能人才

课岗融通,对接企业职业能力需求。依照东审会计师事务所审计助理岗位需求,重建课程内容。例如,审计助理岗位中"函证控制"能力需求通过学生情景演绎活动实现。

课证融通,对接智能审计职业技能等级标准。将智能审计职业技能等级标准融进教学内容、融入课程评价。例如,智能审计职业技能等级标准中"能够确定应收账款余额正确性"通过完成应收账款和坏账准备实质性程序来实现。

课赛融通,对接全国高职审计技能大赛标准。将大赛内容融入课程教学内容、大赛评价融入课程评价,以全国高职审计技能大赛项目撬动高技能人才培养质量的提升。例如,全国高职审计技能大赛中"填制营业收入实质性程序工作底稿"通过智能审计X证书教学平台营业收入审计工作底稿填制的活动来实现。

4. 产教融合,校企共育,协同发展

从企业专家、毕业生助教,到企业业务进校园、人才培养方案、课程标准、课程资源等多方面,学校与会计师事务所进行了深度合作,硕果累累。函证中心承接企业函证业务;企业专家课上难点连线、课后答疑解惑。课程资源丰富多样:真实脱敏审计项目、审计工作底稿、毕业生录制的"东审日常"工作小视频等,为学生学习审计知识、提升审计技能、零距离接触审计助理工作提供了良好的条件。例如,"东审出报告日常"工作小视频由已毕业的学生将会计师事务所出具审计报告日常工作录制成小视频,让学生直观感知审计工作日常状态，如图9所示。

图9 校企合作案例展示

（三）多维共评价，客观及时，强自信

本模块教学活动涵盖了多个评价主体，包括授课教师、企业专家、一对一毕业生助教和学生；多维评价标准包括岗位能力需求标准、大赛考核标准、智能审计职业技能等级标准等；多层次评价贯穿课前、课中、课后整个教学过程，实现评价全覆盖（见图10）。

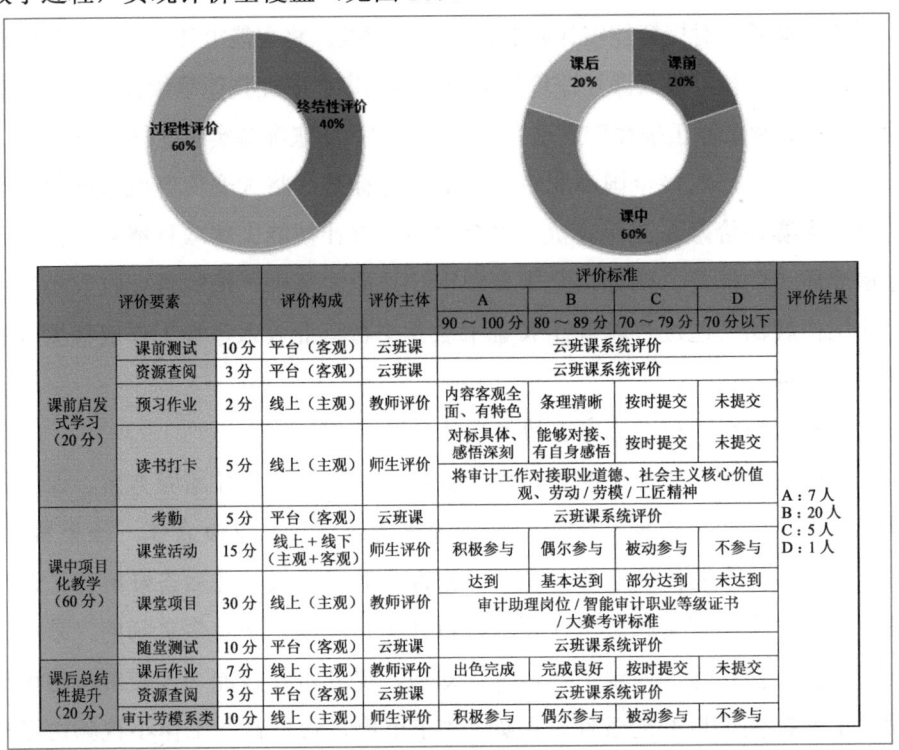

图10 课程评价

三、学生学习效果

（一）多措并举，达目标

云班课教学平台的高效利用，搭载企业真实脱敏项目的大数据审计教学平台、智能审计 X 证书教学平台的创新使用，通过"三段一闭环式"教学组织的实施，达成教学目标。例如，云班课知识点测试百分制平均分高达 88.8 分；学生能利用大数据审计教学平台进行销售与收款循环风险的识别；学生能以爱岗敬业、诚实守信为原则，以精益求精的工作态度，完成应收账款函证程序（见图 11）。

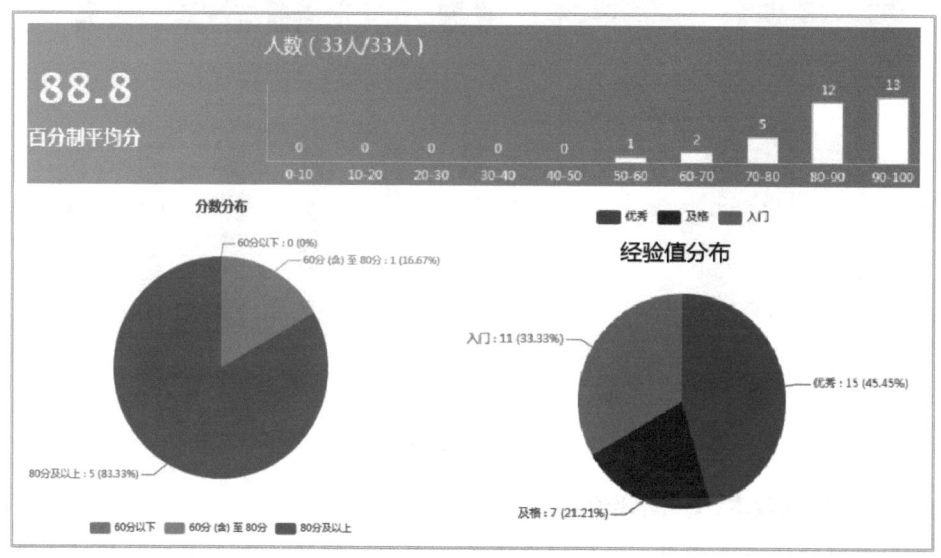

图 11 云班课数据分析

（二）突破传统，提兴趣

通过线上线下混合式教学的实施，头脑风暴、情景演绎、小组讨论等课堂活动的开展，学生由被动学习变主动学习，学生课堂参与程度提高，课堂活力满格。例如，云班课资源学习达 100%，活动参与度均超过 94%；课上研讨热烈、汇报展示积极；课下学生主动创作情景演绎脚本，并进行编排（见图 12）。

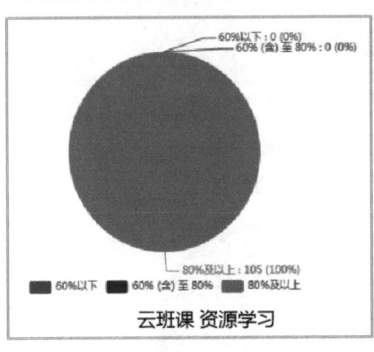
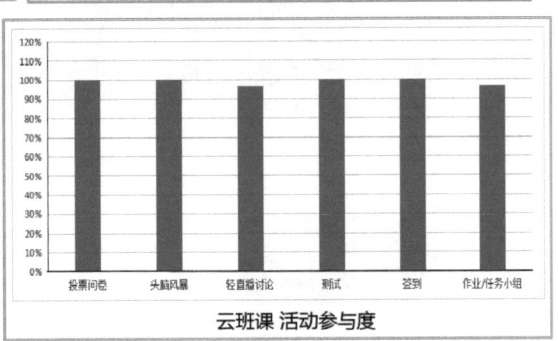

图 12　课堂活动

（三）练就本领，高评价

通过完成审计项目，学生综合素养水平快速提升。在全国高职院校审计技能大赛中屡获一、二等奖，表现出扎实的理论功底和较强的专业技能，专业口碑在同类院校中首屈一指。

四、特色与创新

（一）构建课程思政体系，培育审计初心

以审计职业道德为基础，以社会主义核心价值观为主线，贯穿崇尚劳动的劳动精神、精益求精的工匠精神、爱岗敬业的劳模精神，构建"一基一线三精神"的课程思政体系，履审计监督职责，守"经济警察"初心。

（二）深化岗课赛证融通，内化审计思维

教学团队积极参与智能审计职业技能等级标准制订、《智能审计》教材研发以及承担师资培训等工作，努力做好审计专业建设"领头雁"。打破传统审计教学，依据审计岗位需求，参考智能审计职业技能等级标准、全国高职审计技能大赛标准，将各审计循环进行全流程重构，利用真实脱敏的企业账套资料，执行年报审计业务，实现学生就业的无缝链接。让学生对接真岗位、运用真项目、执行真操作、习得真本领，并将审计思维内化于心。

（三）高效运用大智移云，助力智能审计

依托智慧教室、智能审计中心、函证中心、东审工作室等场所，配置智能审计 X 证书教学平台、大数据审计教学平台等信息化平台，利用微课、在线开放课程、东审财税公众号等数字资源，高效使用云班课平台的多样活动，时时能学、处处可学、互助共学，营造线上线下随机转换的智慧学习环境。

五、反思改进措施

（一）存在问题

1. 典型审计项目不够丰富

审计项目库中典型审计项目还不够丰富，需要会计师事务所兼职教师提供更多更好的项目，并转化为教学资源，供学生学习参考。

2. 智能审计平台与课程对接有待提升

"大智移云"时代的到来给审计行业提供了新的突破口。大数据审计、智能审计平台陆续研发，各平台特色明显，各有侧重，但覆盖面不足，不能直接满足教学需求。

（二）改进设想

1. 深化校企合作，丰富审计项目

紧抓"1+X"证书推行机遇，与会计师事务所及其他企事业单位开展深度的校企合作，共同开发审计项目，充实审计项目库。

2. 充分调研，深入研究，内化平台

在明确"培养什么人、怎样培养人、为谁培养人"的基础上，结合地方

经济建设发展战略以及审计行业发展趋势，充分调研市场需求，准确预判人才培养方向，深入研究智能审计相关平台知识点、技能点，消化、吸收、重组、重构，以实现与课程教学内容的融通。

（高丽霞 赵丽洪）

参 考 文 献

[1] URBINATI A, BOGERS M, CHIESA V. Creating and capturing value from big data: a multiple-case study analysis of provider companies [J].Technovation, 2019（5）: 21-36.

[2] 任韬. 大数据时代背景下对数据分析教育的思考：以财经类高校为例 [J]. 学周刊，2016（34）：40-42.

[3] MISHRA B K, KUMAR V, PANDA S K, et al. Handbook of research for big data: concepts and techniques [M]. Florida: Apple Acadamic Press, 2022.

[4] 张余. 大数据背景下高职院校财经专业教育改革研究 [J]. 中国管理信息化，2021，24（21）：234-235.

[5] 陆纯梅. 财经类高职院校文化素质教育实施创新路径 [J]. 高教学刊，2015（20）：137-138.

[6] 徐松. 财经类高校人才培养的制度、选择与路径 [M]. 北京：中国原子能出版社，2019.

[7] 王巍. 财经类专业 1+X 证书实践研究：以智能财税职业技能等级证书为例 [J]. 质量与市场，2020（19）：159-161.

[8] 戚高峰. 集团公司数字化财务管理共享平台建设的研究 [J]. 当代会计，2021（4）：54-56.

[9] 苏春林. 关于高职课程目标的再探讨 [J]. 北京经济管理职业学院学报，2016，31（4）：42-46.

[10] 刘莹，胡淑红，汤百智. 高职院校专业课程目标开发的理念、结构与方

法[J].职教论坛，2018（9）：67-73.

[11] 王炜，杨欣.基于能力本位的高职"会计职业基础"课程标准设计[J].长春理工大学学报，2011（11）：167-169.

[12] 王重润，李恩，赵冬暖.精品课程资源共享应用现状、问题及对策[J].高教论坛，2010（2）：20-23.

[13] 祁丛林.高职课程项目化教学整体设计要素研究[J].吉林省教育学院学报（下旬），2015（9）：77-78.

[14] 潘绍来.TAFE关键能力培养目标的研究[J].职教论坛，2006（4）：62-64.

[15] 赵志群.职业教育工学结合一体化课程开发指南[M].北京：清华大学出版社，2009：15.

[16] 毕玉江.财经类高校专业课程推行课程思政的对策建议[J].大学教育，2019（9）：131-133.

[17] 佘颖玲.案例教学法在高职《管理沟通》中的运用研究[J].经贸实践，2018（22）：265.

[18] 宗叶君."问题导向式"教学法在高职数学教学中的应用[J].中国多媒体与网络教学学报（中旬刊），2018（10）：77-78.

[19] 张晶.基于翻转课堂模式的高职商科课程教学研究[J].中国成人教育，2015（14）：179-181.

[20] 程炜杰，陈虹.高职院校商科专业混合式教学模式设计与实践[J].高等职业教育，2018，27（1）：56-60.

[21] 应智国.商科类高职院校实训基地的战略构建[J].中国高教研究，2008（8）：80-81.

[22] 中华人民共和国国务院.国务院关于印发国家职业教育改革实施方案的通知[EB/OL].（2019-1-24）[2023-10-13].https：//www.gov.cn/gongbao/content/2019/content_5368517.html.

[23] 教育部等九部门关于印发《职业教育提质培优行动计划（2020—2023年）》的通知[EB/OL].（2020-09-16）[2023-10-14].https：//www.gov.cn/zhengce

zhengceku/2020-09/29/content_5548106.html.

[24] 钟碧芬，祝志勇，潘菊素. 高职院校"嵌入式双师型"课程教学团队构建初探[J]. 职教论坛，2016（3）：76-79.

[25] 于玉林. 论会计人员道德观[J]. 现代会计，2002（1）：1-3.

[26] 中华人民共和国教育部. 教育部关于在大中小学全面开展廉洁教育的意见[EB/OL].（2007-03-27）[2023-10-26].http：//www.moe.gov.cn/srcsite/A07/zcs_zhgg/202009/t20200929_492299.html.

[27] 杨瑞森. 关于"两论"的当代价值（一）：纪念《实践论》《矛盾论》发表80周年[J]. 马克思主义理论学科研究，2017，3（6）：88-103.

[28] 曹英. 加强新时代廉政文化建设[N]. 人民日报，2023-04-20（9）.

[29] 闫广芬，李文文. 新中国成立70年来职业教育人才培养目标的"中国特色"[J]. 中国职业技术教育，2019（36）：27-33.

[30] 苏金英. 系统论视域下1+X证书制度的理论建构与误区规避研究[J]. 职业教育研究，2020（12）：4-10.

[31] 贾积有. 人工智能赋能教育与学习[J]. 远程教育杂志，2018（36）：39-47.

[32] 周亚. 能力本位的高职院校课程改革路径及有效课堂教学研究[J]. 中国职业技术教育，2017（13）：93-96.

[33] 徐海鑫. 新时代高校思想政治工作的理论基础、内在逻辑与实践遵循[J]. 四川大学学报（哲学社会科学版），2019（4）：99-105.

[34] 宋莹，杨永光. 综合职业能力本位下职业院校商科专业课程改革研究[J]. 高等职业教育，2018，27（3）：67-70.